Das Reisemotiv im neueren deutschsprachigen Roman

Untersuchungen zu Wolfgang Koeppen,
Alfred Andersch und Max Frisch

von

Sahbi Thabet

Tectum Verlag
Marburg 2002

Bei der vorliegenden Arbeit handelt es sich um die erweiterte und überarbeitete Fassung einer Dissertation, die 1981 an der Philosophischen Fakultät der Westfälischen Wilhelms-Universität zu Münster (Westfalen) vorlegt wurde. Der Titel der Dissertation lautete: Aufbruch und Wiederkehr - Studien und Interpretationen zum Reisemotiv im zeitgenössischen Roman, dargestellt am Beispiel Wolfgang Koeppens, Alfred Anderschs und Max Frischs. Das Rigorosum fand am 09.06.1982 statt.

Die Deutsche Bibliothek - CIP-Einheitsaufnahme

Thabet, Sahbi:
Das Reisemotiv im neueren deutschsprachigen Roman.
Untersuchungen zu Wolfgang Koeppen, Alfred Andersch und Max Frisch.
/ von Sahbi Thabet
- Marburg : Tectum Verlag, 2002
ISBN 978-3-8288-8366-6

© Tectum Verlag

Tectum Verlag
Marburg 2002

# INHALT

0. EINLEITUNG 7

1. ZUM VERHÄLTNIS VON REISEMOTIV UND
   ROMAN 15
   1.1. Miguel de Cervantes 16
   1.2. Laurence Sterne 17
   1.3. Moritz August von Thümmel 19

2. DAS REISEMOTIV IM MODERNEN NEUEREN
   ROMAN 21
   2.1. Versuch einer Abgrenzung 22
   2.2. Der Aufbruch 24
     2.2.1. Peter Handke als Beispiel 25

3. WOLFGANG KOEPPEN 31
   3.1. Die verlorene Zentrizität 31
     3.1.1. Der entfremdende Raum
            in >Das Treibhaus< 33
     3.1.2. Der entfremdende Raum
            in >Tauben im Gras< 39
   3.2. Die Grenzsituation 42
     3.2.1. Erzählte Bewegung
            in >Eine unglückliche Liebe< 43
   3.3. Das Nicht-Ankommen 52
     3.3.1. Erzählte Fremde 52
     3.3.2. Die Darstellung des Provisorischen 57
     3.3.3. Mythologisches Durchdringen des Textes 59
     3.3.4. „Die Schicht, die uns trennte" 62
   3.4. Die Sehnsucht nach dem Offenen 64
     3.4.1. >Tauben im Gras< 64
     3.4.2. >Das Treibhaus< 68
   3.5. Die Enttäuschung des Zeugen 71
     3.5.1. Koeppens Außenseitertum 71
     3.5.2. Das eigene Ich, ein letzter Halt 74

4. ALFRED ANDERSCH 77
   4.1. Die „unabänderliche Wirklichkeit" 77
      4.1.1. >Sansibar oder der letzte Grund< 78
      4.1.2. >Die Rote< 80
      4.1.3. >Efraim< 83
   4.2. Dasein und Bewusstsein 85
      4.2.1. >Sansibar oder der letzte Grund< 95
      4.2.2. >Die Rote< 91
      4.2.3. >Efraim< 97
   4.3. Chiffren der Sehnsucht 101
      4.3.1. Das Meer 101
      4.3.2. „Sansibar" 105
      4.3.3. Die Resignation 106
   4.4. Das Ausreißen als Biographie 111
      4.4.1. Die Reise in die Kunst 112

5. MAX FRISCH 117
   5.1. Die begrenzte Wirklichkeit 117
      5.1.1. Das Reisen in >Die Schwierigen< 117
      5.1.2. Die Poetik des Draußen in >Stiller< 122
      5.1.3. Die „bloße Addition" in >Homo faber< 125
      5.1.4. Die Überlistung des Vertrauten
            in >Mein Name sei Gantenbein< 127
   5.2. Die Überwindung des Bestehenden 129
      5.2.1. Die erzählte Reise als biographischer Exkurs
            in >Stiller< 129
      5.2.2. Das unaufhaltsame Reisen in >Homo faber< . . . 136
   5.3. Die erträumte Reise 146
      5.3.1. Bildhaftigkeit der Fremde in >Stiller< 147
      5.3.2. Die Reise und die unverbindliche Geschichte
            in >Mein Name sei Gantenbein< 153
      5.3.3. Die suggestive Reise in >Stiller< 158
   5.4. Unterwegs 161
      5.4.1. Das reisende Ich und die literarische Fremde . . 161
      5.4.2. Der Aufbruch als Ausdruck existentieller
            Heimatlosigkeit 163

6. SCHLUSSBETRACHTUNG 167

LITERATURVERZEICHNIS 171

Beate gewidmet

Beim Tore hielt er mich und fragte: „Wohin reitest du, Herr?" „Ich weiß es nicht", sagte ich, „nur weg von hier, nur so kann ich mein Ziel erreichen." „Du kennst also dein Ziel?" fragte er. „Ja", antwortete ich, „ich sage es doch: 'Weg-von-hier', das ist mein Ziel."
Franz Kafka, *Der Aufbruch*

0. EINLEITUNG

In seinem 1884 erschienenen >A rebours< präsentiert Karl-Joris Huysmans das demonstrative Protokoll einer autistisch geführten Existenz, das Prototyp einer bis in die letzte Einsparung hinein erlebten Reduktion. Über Jean des Esseintes, die Zentralfigur des Romans und eine durch Elitismus und Ästhetizismus hervortretende Erscheinung des Fin de siècle, sagt der Erzähler: „Il se procurait ainsi, en ne bougeant point, les sensations rapides, presque instantanées d'un voyage au long cours"[1]. Des Esseintes, der bislang stets von einem „immense ennui"[2] befallen wurde und für die Menschen nur Verachtung empfand, zieht sich aus dem gesellschaftlichen Leben zurück, in die klosterhafte Einsamkeit[3] einer eigens eingerichteten Welt. Anders als bei Ilja Iljitsch in Iwan A. Gontscharows Roman >Oblomow<, der „Veränderungen einfach nicht leiden [kann]"[4], „einfach neutral"[5] aussieht und das „Herumliegen" als den „normalen Zustand"[6] wählt und erlebt, zeigt sich das Stationäre bei des Esseintes mehr als ein bloßes Nichtstun. Jenseits jener allzu monotonen, gelangweilten und farblosen Alltäglichkeit eines Oblomows, der aus seiner Geburtsstadt nie hinauskam[7] und nun seine Wohnung nicht mehr verlässt, der, wenn auch „so wenig"[8], immerhin noch liest und „mitunter Nachrichten von draußen"[9] durch gelegentliche Freundesbesuche erhält, lebt Huysmans' Hauptprotagonist hingegen noch nach einer kultivierten, sowohl planmäßig durchdachten als auch strikt durchgeführten Geschäftigkeit. Des Esseintes „ne recevait aucune visite [...], aucun journal, aucune revue, aucune lettre"[10] und genießt seine selbst auferlegte Einsamkeit in einem „cabinet de travail, une pièce définitive,

---

[1] Karl-Joris Huysmans, A rebours, Paris 1989, S. 101, (Folio. 898.).
[2] Ebd., S. 85.
[3] Vgl. ebd., S. 100.
[4] Iwan A. Gontscharow, Oblomov, München 1980, S. 45, (dtv. 2076.).
[5] Ebd., S. 8.
[6] Ebd., S. 9.
[7] Vgl. ebd., S. 39.
[8] Ebd., S. 35.
[9] Ebd., S. 54.
[10] Karl-Joris Huysmans, A rebours, a.a.O., S. 127.

outillée pour le ferme maintien d'une existence casanière"[11]. Seine Arbeit besteht nur noch darin, durch künstlich hervorgerufene Sinneseindrücke, Halluzinationen, Traum, Erinnerung und Phantasie, in eine Welt des Artifiziellen einzutauchen und sich somit der Natur (eine „dégoûtante uniformité"[12]) zu bemächtigen. Denn:

> Le tout est de savoir s'y prendre, de savoir concentrer son esprit sur un seul point, de savoir s'abstraire suffisamment pour amener l'hallucination et pouvoir substituer le rêve de la réalité à la réalité même. Au reste l'artifice paraissait à des Esseintes la marque distinctive du génie de l'homme[13].

Fungiert der Traum von der Wirklichkeit in >A rebours< in seiner Sebstverständlichkeit mehr als deren Ersatz, als eine Art ausgedachter Flucht aus der Welt, um die Welt dennoch durch List *anders* zu erleben, besteht die Anstrengung eines individuellen Bewusstseins hauptsächlich darin, die Horizonte konkreten räumlichen und zeitlichen Erlebens zu neutralisieren und zu reduzieren auf ein Minimum an künstlichen Reizen, so kann es nicht verwundern, wenn des Esseintes, im Strudel seiner endlosen Reflexionen, rekurrierend fragt:

> A quoi bon bouger, quand on peut voyager si magnifiquement sur une chaise? [...] En somme, j'ai éprouvé et j'ai vu ce que je voulais éprouver et voir [...] il faudrait être fou pour aller perdre, par un maladroit déplacement, d'impérissables sensations[14].

Auch in Gontscharows >Oblomow< stellt sich die Titelgestalt – obwohl sie es in ihrer ungestörten Bequemlichkeit aus ganz anderen Gründen tut – gegen ein solches „maladroit déplacement". Mit gleicher Intensität wird jedoch in beiden Situationen stets auf ein stationäres und räumlich reduziertes Leben als auf das *Nicht-Reisen* hingewiesen. Nichtsdestoweniger, ja gerade wegen einer derart ausstechenden Ambivalenz, bildet das Reisen in beiden Werken ein zentrales Motiv, das eine eher *unkonventionell* vermittelte Gestaltung erfährt. Das Unförmliche seiner Darstellung, das seine Modernität durchaus begründet, resultiert primär aus dem Erzählten selbst, als ei-

---

[11] Ebd., S. 101.
[12] Ebd., S. 103.
[13] Ebd.
[14] Ebd., S. 247 f.

nem im Werk unmittelbar aufgerollten Thema. Gleichviel entspringt eine solche nonkonforme Thematisierung des Reisemotivs einem künstlerisch *neuartig* angewandten Verfahren der *stilistischen Beschwörung und Betonung des abgeriegelten Refugiums als dem unmissverständlichen Unterstreichen dessen Pendants, des tatsächlichen Reisens.* Die Konzentration des Geistes in >A rebours< auf *einen Punkt, als auf ein Konvergenzziel und einen Katalysator aller Vielfalt des Realen,* und die Neutralisierung der Außenwelt bzw. ihre Reduktion auf das Bett, das in >Oblomov< zu einer Mitte wird, um die die ‚Berichte und die Nachrichten' von Außerhalb sich gruppieren und somit den *Gegensatz von gewählt-erzählter Häuslichkeit bzw. Einsamkeit und Reisen* unmittelbar ansprechen, bilden eine moderne Form des Diskurses, „der in seine Wörter das Draußen aufnimmt" und „eine Wiederholung dessen [darstellt], was draußen immer weitermurmelt"[15].

Fast ein Jahrhundert nach dem Erscheinen von Huysmans' >A rebours< sagt der Erzähler in Gerhard Roths Roman >Winterreise< über Nagl, die Hauptfigur:

> Er wußte nicht, wohin er reisen würde. Er überlegte, nach Sizilien zu fahren, nach Catania oder Messina. Dann hatte er die Idee nach Florenz zu fahren oder nach Venedig. Im Grunde war es egal, wohin er fuhr[16].

Und nur ein paar Seiten weiter wiederholt der Text:

> In der großen, gläsernen Bahnhofshalle erst hatte Nagl am frühen morgen beschlossen, nach Florenz zu reisen. Während sie im Zug dahinfuhren, wußte er noch immer nicht, wo sie aussteigen würden. In Florenz? In Bologna? Würden sie nach Mailand umsteigen? Oder nach Venedig fahren?[17]

---

[15] Michel Foucault, Schriften zur Literatur, F.a.M. 1988, S. 137 f., (Fischer-Tb. 7405.).

[16] Gerhard Roth, Winterreise, F.a.M. 1979, S. 62, (Fischer-Tb. 2094.). Vgl. ferner S. 43. Vgl. in diesem Zusammenhang auch die Willkür, die die Reisebewegungen der Hauptgestalt in Alfred Anderschs Roman >Die Rote< bestimmt. In: Alfred Andersch, Die Rote, Zürich 1974, S. 12, (detebe. I/V.). Vgl. auch: Max Frisch, Stiller, F.a.M. 1976, S. 202, (st. 105.).

[17] Gerhard Roth, Winterreise, a.a.O., S. 43.

Zwar wird das Reisen hier als die ununterbrochene Bewegung eines ständigen Ortswechsels vorgeführt, aber es unterscheidet sich in seiner dichterischen Gestaltung und literarischen Aussage kaum von der beschworenen Regungslosigkeit und gewählten Isolation in Huysmans' und Gontscharows Romanen. In seiner manifest sich offenbarenden Beliebigkeit bzw. Vergeblichkeit fungiert das Reisen in Roths Text als ein nicht zu übersehendes Indiz einer inneren Stimmung. Es steht als Signal für die Verlorenheit und Orientierungslosigkeit Nagls, der ein „kalter Mensch"[18] ist, niemanden versteht[19] und dem das *Herumirren* keine Erfüllung gewährt. Seine Reise durch Italien entpuppt sich als „eine wahrhaft ungeheure Geschichte"[20], eine andere Art, die Kindheit samt der eigenen Vergangenheit (Kälte), die sie evoziert und zur Sprache bringt, in Erinnerung zu rufen. Derart ballen sich die im Roman dargestellten Stationen und aufgesuchten Orte zu einem einzigen Platz zusammen, der – als erzählerische Unterminierung herkömmlichen, befreienden bereisten Raums – das Sinnbild einer solipsistisch bzw. hermetisch sich manifestierenden Existenzform darstellt und, mimend, eine Suche nach dem Selbst inszeniert:

> Ich bin niemand. Ich habe alles erfunden, was ich sehe. Diese Straße, den Vesuv, Anna, die Schiffe, alles habe ich erfunden[21].

Der Himmel, das Meer und die Schiffe stellen deshalb für Nagl keine rettenden und Hoffnung bringenden Paradigmen, keine neuen offenen Möglichkeiten dar. Im Text werden sie vielmehr zu Chiffren, die ihre ursprüngliche Zweckbestimmung und Bedeutung im Endlichen und an der Oberfläche einer langweiligen Erde einbüßen: „Das Gewöhnlichste und Normalste, das Alltäglichste, das sich tausendfach wiederholte, so daß er es gar nicht mehr wahrnahm, war die Erde"[22]. Solche Chiffren stehen nun für das *Ende der Erholungsreise*, den Gang in das Nichts und die Kälte des Todes, das Fliegen nach „Fairbanks, Alaska"[23]. Damit hebt sich für den Reisenden die *problemlos*

---

[18] Ebd., S. 77.
[19] Ebd., S. 33.
[20] Franz Kafka, Der Aufbruch, in: Sämtliche Erzählungen, F.a.M. 1975, S. 321, (Fischer-Tb. 1078.).
[21] Gerhard Roth, Winterreise, a.a.O., S. 27.
[22] Ebd., S. 11.
[23] Ebd., S. 107.

wahrnehmbare horizontale Dimension der Außenwelt auf und tritt die *tiefe* und endgültige Einsamkeit der Schneewüste, dieses unerforschten Selbst, ein: „Er hatte die Erde hinter sich gelassen, und vor ihm lag die Unendlichkeit"[24]. Damit rekurriert das Erzählte auf die Vergeblichkeit des Reisens des Textanfangs, ein Thema, das einen zentralen Gegenstand modernen Erzählens darstellt.

Eine kritische Betrachtung des Reisemotivs im zeitgenössischen Roman stellt den Untersuchenden vor eine schwer zu lösende Aufgabe, deren Bewältigung in starkem Maße von dem rechtzeitigen Erkennen bestimmter Gefahren abhängt, die mit dem Vorhaben als Konzept automatisch zusammenhängen. Diese Gefahren abwenden, bedeutet einerseits, das Reisemotiv im modernen Roman – um es als Begriff von dem verwirrenden und allgemein verbreiteten Verständnis zu lösen – neu definieren, andererseits, seinen poetischen Aussagegehalt aus einem konkreten Ansatzpunkt heraus bestimmen.

Eine nähere Befragung der Arbeiten zum Reisen und seiner Funktion in der Literatur zeigt, dass ihre Verfasser, wenn sie sich auf der einen Seite nicht gänzlich der Besprechung des herkömmlichen *Reiseberichts*[25] widmen, so befassen sie sich auf der anderen Seite doch ausschließlich mit der Rolle des Reisemotivs innerhalb des *Reiseromans*. Zwar wird von der Kritik hie und da auf die poetische Relevanz des Reisens im Werk dieses oder jenes Autors hingewiesen[26],

---

[24] Ebd., S. 87.
[25] Die Grenzen zwischen den Bezeichnungen *Reisebericht* und *Reiseroman* sind in vielen Fällen fließend. Sterne nennt z.B. seinen Roman >Sentimental Journey< einen *Bericht*. Auch die Kritik übernimmt vielerorts diese problematische Bezeichnung. Mit *Reisebericht* bezeichnet die vorligende Arbeit die Mitteilung und die Beschreibung äußerer Begebenheiten sowie innerer Vorgänge als *tatsächlich erlebter* und nicht den fiktionalen Bericht.
[26] Hierzu, und im Zusammenhang mit den hier zu behandelnden Autoren, sind besonders folgende Aufsätze und Arbeiten zu erwähnen: Reinhard Döhl, Wolfgang Koeppen, in: Deutsche Literatur der Gegenwart in Einzeldarstellungen, Bd. I, Hrsg. Dietrich Weber, Stuttgart 1976; Klaus Haberkamm, Wolfgang Koeppen. „Bienenstock des Teufels" – Zum naturhaft mythischen Geschichts- und Gesellschaftsbild in den Nachkriegsromanen, in: Zeitkritische Romane des 20. Jahrhunderts, Hrsg. H. Wagener, Stuttgart 1975; ders., Max Frisch, in: Deutsche Literatur der Gegenwart in Einzeldarstellungen, a.a.O.; Manfred Koch, Wolfgang Koeppen, Literatur zwischen Nonkonformismus und Resignation, Stuttgart 1973, (Sprache und Literatur. 88.).

zu einer tieferen, weiterführenden Erhellung seines Leistungsvermögens im modernen Roman als Darlegung seiner dichterischen Tragweite ist es jedoch bislang nicht gekommen. Angesichts der eindeutigen *Ambivalenz*, die dem spezifischen Darstellungscharakter des Reisemotivs (einerseits im eigentlichen Reiseroman, andererseits im Roman schlechthin) eigen ist, und um möglichen, aus der Komplexität des Sachverhalts sich ergebenden Missverständnissen entgegenzutreten, bedarf der Gegenstand der vorliegenden Studie der näheren Differenzierung.

Als Gegenstand romanhafter Darstellung bietet das Reisemotiv die Möglichkeit, neue Erkenntnisse über das Selbstverständnis des poetischen Subjekts zu gewinnen. Im eigentlichen *Reiseroman* tritt die Reise als dasjenige Feld hervor, das sowohl Vorkommnisse, Begegnungen, Erlebnisse als auch Reflexionen der *reisenden* Person in sich vereinigt[27]. Während das Reisen sich darin meist in Form von Berichtetem als Aufrollen von Erlebtem darbietet, das sich vor allem als epische Totalität auf das gesamte Werk erstreckt, kommt dem Reisemotiv als einer *ansatzweise erfolgenden Gestaltung* im modernen Roman eine *andere*, differenziertere Funktion zu. Hier ist Gegenstand des Erzählens keineswegs die Reise als solche, sondern eine selbständige, davon unabhängig strukturierte Thematik, in der das Reisemotiv *ein zusätzlich erhellendes Licht* auf das Verhalten dichterischen Bewusstseins zu werfen versucht[28].

Sieht man von Romanen ab, die die Reise und ihren detaillierten Verlauf zum alleinigen generierenden Topos der Erzählung erheben, so kommt dem Reisen als einem poetischen Merkmal auch im zeitgenössischen Roman eine große Bedeutung zu, ob als Gradmesser, der

---

[27] Da das Reisen in dieser Gattungsform sowohl Gestaltung als auch Inhalt des Dargestellten, im Sinne einer umfassenden Thematik, bestimmt, erübrigt sich an dieser Stelle, auf die verschiedenartigen Gründe und Motivationen, die zum Reisen Anlass geben, einzugehen. Die Zentralfiguren der Reiseromane treibt es in die fremde Ferne aus unterschiedlichen Anlässen, die – auch wenn sie sich nicht immer unter der Bezeichnung ‚Reiselust' und dem Wunsch, andere Länder und ihre Menschen kennenzulernen, subsumieren lassen –, in ihrer Mannigfaltigkeit, den Hauptgegenstand literarischer Gestaltung im Werk als Reise liefern.

[28] In vielen Fällen trägt ein Roman den Titel ‚Reise', ohne zum Genre ‚Reiseroman' zu gehören. Vgl. hierzu u.a. Gerhard Roths >Winterreise< und Bernward Vespers >Die Reise<.

die Psychologie dichterischer Subjektivität erkennt und vermittelt, oder als Form der Bestimmung von Leistung bzw. Eigentümlichkeit moderner Erzählkunst.

Die vorliegende Arbeit stellt sich zur Aufgabe, das Reisemotiv in den Romanen von Alfred Andersch, Wolfgang Koeppen und Max Frisch zu untersuchen. Die Wahl, sowohl des Gegenstandes dieser Studie als auch der Autoren entspricht der Intention des Verfassers, die Spannung des poetischen Subjekts zur Welt, in einer Zeit, in der das Schreiben sich den Gesetzmäßigkeiten traditioneller Erzählweise entzogen hat[29], aufzuzeigen. Es handelt sich um den Versuch, das Reisemotiv in seinen möglichen Gestaltungsformen verfolgend, die Psychologie dichterischer Disposition aufzuspüren sowie den erzählerischen Standort des zeitgenössischen Romans näher zu bestimmen. Dabei setzt die Untersuchung, die sich nicht ausschließlich als Eingrenzung eines poetischen Leitgedankens, sondern auch als Deutung einzelner Werke begreift, auf die Befragung der im jeweiligen Text konkret gestalteten poetischen Momente.

Im Mittelpunkt der hier zu besprechenden Texte steht der Mensch in seiner Auseinandersetzung mit gesellschaftlicher Konvention und alltäglichen Zwängen. Sowohl in seinen herkömmlich vorkommenden Gestaltungsvarianten (Aufbruch – Wiederkehr)[30], als auch in seiner thematisch hergestellten Korrelation zu anderen Motiven wie Traum, Mythos, Phantasie etc., soll sich die Untersuchung mit dem Reisen als dichterischem Merkmal modernen Erzählens befassen. Da Werke der Reiseliteratur keineswegs zum Gegenstand des vorliegenden Beitrags gehören, versteht sich die Besprechung des Reisemotivs hier entsprechend nicht als eine Analyse, die gattungsgeschichtlich[31] bzw. traditionsmäßig sich mit dem Reiseroman, dem Reisebericht oder gar der

---

[29] Vgl. diesbezüglich die Ausführungen Manfred Durzaks in: Manfred Durzak, Gespräche über den Roman, F.a.M. 1976, S. 9. ff., (st. 318.).
[30] Vgl. hierzu: „Versuch einer Abgrenzung" im zweiten Kapitel dieser Arbeit.
[31] Vgl. in diesem Zusammenhang: Peter J. Brenner (Hrsg.), Der Reisebericht, F.a.M. 1989., (st. 2097.). In der Einleitung zu seinem Buch insistiert Brenner vor allem auf die Notwendigkeit, „eine erste Bestandsaufnahme der Gattungsgeschichte vorzulegen" (S. 8). „In diesem Rahmen will der Versuch gesehen werden, eine Geschichte des Reiseberichts im deutschsprachigen Kulturraum in Angriff zu nehmen" (S. 9).

Reisebeschreibung befasst. Weder historisch, im Sinne einer Befragung der literarischen Tradition oder einer Deutung ihrer Entwicklungsgeschichte, noch spezifisch-strukturell, in der detaillierten Beschäftigung mit einzelnen Werken, ist mit diesem Versuch beabsichtigt, die Reiseliteratur zu behandeln.

In einem ersten Kapitel wird versucht, das Verhältnis von Reisemotiv und Roman zu skizzieren. Mit der Eingrenzung und Bestimmung seiner Variationen im modernen Roman, im Sinne eines typologischen Entwurfs, geht die Untersuchung zum Hauptteil über, der sich der Gestaltung des Reisens als dessen dichterischen Relevanz im einzelnen widmet.

1. ZUM VERHÄLTNIS VON REISEMOTIV UND ROMAN

Ob im Heldenepos des griechischen Altertums[32], im später einsetzenden sophistischen Roman[33], in der höfischen bzw. nicht-höfischen Epik des Mittelalters[34], in der Dichtung der Renaissance[35], im baro-

---

[32] Schon im griechischen Altertum bot jegliche Form erzählerischer Kunst die Möglichkeit, Helden auf Reisen, ihre zahlreichen Abenteuer und mannigfaltigen Erlebnisse darzustellen. Homers >Odyssee< weist z.b. unzählige Merkmale einer Reisedichtung auf. Ihrer inneren Struktur nach ist sie ein Heldenepos, aber sie bleibt eine unreflektierte Darstellung rein äußerer Vorkommnisse. Ihr fehlt die Entfaltung menschlichen Seelenlebens, die das Romanhafte jeglichen modernen Erzählens ausmacht. Vgl. hierzu: Eduard Schwarz, Fünf Vorträge über den griechischen Roman. Das Romanhafte in der erzählenden Literatur der Griechen, Berlin 1943, S. 22 f. Durch die Beschreibung der Größe ihrer Menschen stellten die Griechen gleichzeitig die Ambivalenz ihrer Situation dar. Während bei Homer die Götter sehr mächtig erscheinen, ist ihnen der Mensch, trotz der Darstellung seiner Heldentaten als seiner eigentlichen Größe, stets unterlegen. Erst Hesiod und Parmenides gelingt es, dieses Bild umzukehren. Walter Jens sieht das zentrale Thema der griechischen Dichtung in „Vereinzelung und Schuld", in der Darstellung des Principium individuationis. Vgl.: Walter Jens, Die griechische Literatur, in: Kindlers Literatur Lexikon, Bd. 1, München 1974, S. 95.

[33] Im sophistischen Roman (z.B. in Heliodors >Aithiopika<) rückt die Darstellung privater Verhältnisse in den Vordergrund. Das Eigentümliche an der neuen Romanform betrifft nicht nur den Hinweis auf menschliche Beziehungen, es besteht auch darin, eine Art Gleigewicht zwischen Individualität und Totalität, Selbst- und Weltverwirklichung herzustellen. Die Darstellung des Reisens und der Erzählrhythmus werden hier meist von einer schablonenhaft aufgerollten Liebesgeschichte bestimmt. Vgl. hierzu: Erwin Rohde, Der griechische Roman und seine Vorläufer, Darmstadt 1960, S. 182 f.; Rudolf Helm, Der antike Roman, Göttingen 1956, S. 41 f.

[34] Das Motiv des Ziehens in weite, unbekannte Länder bestimmt auch die Dichtung des Mittelalters. Unter dem Einfluss des hellenischen Romans und durch die Verarbeitung der Stoffe christlicher Legendendichtung gelang es dem nachantiken Roman – besonders mit dem Einsetzen der Kreuzzüge –, Abenteuerlust mit Glaubensverbreitung zu verbinden.

[35] Vgl. z.B. Wickrams Romane >Knabenspiegel< und >Von guten und bösen Nachbarn<.

cken Roman³⁶ oder in dem des Anfangs des 18. Jahrhunderts³⁷, die Darstellung des Reisens erfreute sich stets einer großen Beliebtheit. Doch angesichts der *Formeinheit zwischen Ich und Welt*, die diesen Werken von vornherein innewohnt und die sich im Erzählten letzten Endes als Spiegelung einer harmonischen Beziehung präsentiert, erhält das Reisemotiv lediglich die *äußere Funktion eines Beiwerks zur aufgerollten Geschichte*. Dies ergibt sich zwangsläufig aus der a priori festgelegten Erzählintention dieser Werke selbst, die, mittels beherrschter Kunstgriffe, primär eine spezielle Wirkung beim Leser (Erzeugung von Spannung, Vermittlung von moralischen Lehrsätzen etc.) hervorzurufen suchen. Aufgrund innerer formaler Gestaltungszwänge und äußerer Wirkungsintentionen des Erzählten, hing hier die Darstellung des Reisens primär von der Ausbreitung des Abenteuerlichen und Phantastischen ab.

1.1. Miguel de Cervantes

Ein die konventionelle formale Einheit von Gott und Welt sprengendes, die Dissonanz zwischen Faktischem und Seelischem aufzeigendes Werk stellt Cervantes' >Don Quijote< dar. Dieser pikareske Roman, der im Zeichen einer realistischen Literaturtradition steht, die höfische Epik eines Amadis-Genres und besonders das Idyllische des Schäferromans zu parodieren sucht, weist bereits Merkmale und Entwicklungstendenzen eines modernen Erzählens auf³⁸. Zwar handelt Cervantes' Text von Phantastischem und Irrealem, aber dies wird ausschließlich als Welt im Kopf, als *Einbildung des Helden* und Pendant zur Wirklichkeit, dargestellt. In >Don Quijote< geht Cervantes über das Parodieren hoher Dichtung hinaus, indem er seinen Helden mit dem Bewusstsein ausstattet, Heros eines *poetischen* Abenteuers

---

[36] Vgl. Grimmelshausens >Abenteuerlicher Simplicius Simplicissimus< und Christian Reuters >Schelmuffskys curiöse und sehr gefährliche Reisebeschreibung zu Wasser und Lande<.

[37] Vgl. Daniel Defoes >Robinson Crusoe< und die vielen, dieses Werk nachahmenden Robinsonaden.

[38] Vgl. dazu Georg Lukács' Ausführungen in: Die Theorie des Romans, Berlin 1974,
S. 85 ff., (SL. 36.).

zu sein. Dieses Bewusstsein, dessen Darstellung zugleich ein Reflektieren von innerer Disposition veranschaulicht, erfährt seine entsprechende Entfaltung als Identität ausschließlich *auf der konkret erlebten sowie erdachten Reise*: Don Quijote „lebt sich als Held einer großen Dichtung", und „das Buch seines Lebens kann er sich nicht anders denn als ein Epos denken"[39].

Cervantes' Werk weist einen Unterschied zu den bis dahin verbreiteten Darstellungsweisen des Reisens insofern auf, als >Don Quijote< es auf seinem poetischen Rittertrip mit der Wahrnehmung realer Gegebenheiten nicht mehr zu tun hat, sondern lediglich mit einer Vorstellung von ihnen. Ob im Kampf gegen die Windmühlen, beim Angriff gegen die für ein feindliches Heer gehaltene Schafsherde, oder dort, wo eine Herberge sich in ein Schloss verwandelt, überall kommt das Groteske jenes Zusammenpralls der Ideale mit der Wirklichkeit zum Ausdruck. Don Quijote, der sich einbildet, zum fahrenden Ritter berufen zu sein, erscheinen die eigenen wiederholten Aufbrüche als die eigentlichen Momente, in denen Dasein und Bewusstsein auseinanderklaffen: Einmal ist seine Reise eine eingebildete, jenseits des Vernünftigen, zum anderen vollzieht sie sich real in einer Wirklichkeit, an der die Einbildungskraft scheitert. Cervantes gestaltet in seinem ‚Abenteuer'-Roman[40] eine Reise, in der die Spannung bzw. Polarität aller Seins- und Daseinsweisen (Phantasie/Wirklichkeit, Don Quijote/Sancho Pansa, Don Quijote/Alonso Quijano etc.) sichtbar werden.

1.2. Laurence Sterne

Die eigentliche Entstehung eines *poetischen Reisemotivs* fällt mit jener Erneuerung auf der Ebene des Reiseromans zusammen, die gleichzeitig einen Durchbruch in der Geschichte des Romans

---

[39] Harald Weinrich, Das Ingenium Don Quijotes, Münster 1956, S. 114.
[40] Don Quijote sieht die Welt nicht, wie sie ist. Kraft seiner Phantasie kehrt er das ihn Umgebende um, so dass bei ihm durchaus von einer umdachten Realität gesprochen werden kann, in der das Äußere unmittelbar zum Abenteuer wird.

schlechthin und die Geburt des modernen Erzählers signalisiert. Im Jahre 1768 veröffentlicht Laurence Sterne >A sentimental journey through France and Italy. By Mr. Yorick<, einen fiktiven Bericht, in dem das Reisemotiv erstmals mit den *Empfindungen und der inneren Reflexion* einer reisenden Person unmittelbar verknüpft wird.

Der Landpfarrer Yorick, eine vertraute Figur aus >Tristram Shandy<, berichtet von seiner Reise durch Frankreich. Jenseits der Beschreibung des Landes samt seinen Bewohnern, handelt es sich hier in erster Linie um Gefühle, innere Stimmungen und Seelenvorgänge, die die äußeren Begebenheiten beim reisenden Subjekt hervorrufen. Als Grund für seinen Aufbruch nennt Sternes Yorick nicht jene oft erwähnte Flucht vor dem Alltag. Auch während seines Aufenthaltes in der Fremde geht er auf die Realität unmittelbar ein. Ihr entnimmt er die nötigen Regungen für sein Gemüt, um wieder bei sich selbst eine Art Erfüllung zu erleben. Das Eigentümliche dieser Alternanz spiegelt sich in darstellerischer Hinsicht konzentriert auf der Ich-Ebene wider: Beim Subjekt manifestiert sich dieser Vorgang als Reduktion der Außenwelt (die als bloße Totalität von Objekten, als Ding oder Gegenstand, für das empfindsame Herz nicht existiert), auf ein Wunschbild, das das Ich von der Realität entwirft. In der Wechselwirkung von Empfindung und Kontakt mit der Wirklichkeit in ihrer reduzierten als repräsentativen Form begreifen sich die Menschen in Sternes Roman als *Teil der Welt*. Es ist ein Zustand, der ihnen die Möglichkeit bietet, von ihrem Glück zu *sprechen*[41]. Ihr Verhältnis zu *ihrer* Welt nimmt Gestalt an in einem vorgeformten Bewusstsein, das die Dissonanzen des Alltags keineswegs als Entfremdendes interpretiert, sondern sie als Schönheitsfehler duldet und in Kauf nimmt. Sternes eigentliche Leistung auf dem Gebiet des Romans besteht in erster Linie in seinem Beitrag zur Entstehung des modernen Erzählers. Durch die Verbindung von Reisemotiv und wahrnehmendem Subjekt gelingt es ihm in erster linie, die Fülle des Erlebten auf die motivierte Haltung des Reisenden abzustimmen, so dass das Erzählen über das *Berichten von rein äußerlichen Begebenheiten* hinausreicht und die *romanhaft-*

---

[41] Vgl. hierzu: Peter Michelsen, Laurence Sterne und der deutsche Roman des achtzehnten Jahrhunderts, Göttingen 1962, S. 229, (Palaestra. Bd. 232.); Berta Doerk, Reiseroman und -novelle in Deutschland von Hermes bis Heine, Diss (masch.), Münster 1925, S. 6.

dichterische Darstellung eines inneren Zustandes mit einer diskursiv und *individuell erlebten* Empfindung als Entwicklung zusammenfällt.

1.3. Moritz August von Thümmel

Den Schritt vom betont empfindsamen Reisenden zum kritischen *Selbstbeobachter* vollzieht Moritz August von Thümmel in seiner >Reise in die mittäglichen Provinzen von Frankreich<. Anders als bei Sterne und seinen vielen Nachahmern[42], veranschaulicht das Reisemotiv in Thümmels Roman primär das *gespannte Verhätnis* von reisendem Hypochonder und angeblich heilbringender bereister Welt. Eine solche konfliktträchtige Situation konstituiert von Anfang an die Hauptthematik in Thümmels Text und erklärt die ihm innewohnende Pozesshaftigkeit.

Während Sternes Reisender sich spontan zum Aufbruch entschließt und, frohen Herzens, sich auf die Suche nach angenehmen Empfindungen begibt, tritt Thümmels Sonderling (Wilhelm) seine Reise an in einem Zustand des Zerwürfnisses, sowohl mit sich selbst als auch mit der Außenwelt. Sein launenhaftes Gemüt und seine Krankheit hindern ihn daran, die Kommunikation mit dem ihn Umgebenden herzustellen bzw. aufrechtzuerhalten. Zwar kommt es in der *Reise* zu Situationen, in denen das Gefühl (Natur, Liebe etc.) die Gemütsverfassung des reisenden Subjekts bestimmt, aber Wilhelms Philosophie erschöpft sich nicht – anders als bei seinen Zeitgenossen – im naiven, unbeschwerten Erleben des Augenblicks (Genuss), bei vollständigem Ausschalten des Verstandes. Wilhelm begibt sich nicht auf die Suche nach Empfindungen, um darin ein Richtmaß für weitere Verhaltensweisen und mögliche Kontakte zu sehen. Ihm – im Gegensatz zu Sternes Reisendem – scheint das Gefühl lediglich die Rolle eines re-

---

[42] Um nicht als Sterne-Nachahmer zu gelten, gibt Thümmel nicht die Empfindsamkeit als Hauptgrund seiner Reise an. Dennoch wählt er ein in einem Sterneschen Katalog von Reise-Gründen erwähntes Motiv, die Hypochondrie. Vgl.: Laurence Sterne, Yoricks Reise des Herzens durch Frankreich und Italien, F.a.M. 1977, S. 18, (Insel-Tb. 237.). Ferner hierzu: Gerhard Sauder, Der reisende Epikureer. Studien zu M. A. von Thümmels Reise in die mittäglichen Provinzen von Frankreich, Heidelberg 1968, S. 64 f., (Heidelberger Forschungen. 12.).

gulierenden Notbehelfs zu spielen. Seine eigentliche Funktion besteht in der Folge nur darin, das *Gleichgewicht* in einem durch übermäßiges Denken gestörten Kopf-Herz-Verhältnis wieder herzustellen.

Das, was bei Thümmels Sonderling den Prozess seelischer Ausgeglichenheit verlangsamt, ja gar verhindert, ist, dass der Reisende sich mit unbeschwertem Erleben nicht begnügt und über seine Erfahrungen *ununterbrochen reflektiert*. Solcherweise steht die Reflexion über das Selbst der Überwindung hypochondrischer Anfälle, und somit der ersehnten Heilung als Ganzem, im Wege. Denn, schreibt Peter Michelsen, „indem die Reflexion über die Selbstreflexion deren Schädlichkeit für das Selbst konstatiert [...], ist die Gefahr einer unendlichen Reflexion gegeben"[43].

---

[43] Peter Michelsen, a.a.O., S. 253.

2. DAS REISEMOTIV IM MODERNEN NEUEREN ROMAN

Angesichts der ästhetischen und reflexionsbedingten Komplexität zeitgenössischen Erzählens erweist sich jegliche typologische Einordnung des modernen Romans in die gattungsgeschichtlich sowie erzähltechnisch tradierten Kategorien als ein den Anforderungen und Intentionen heutiger Romanpoetik keineswegs entsprechendes Unterfangen. Die Aufhebung der ursprünglichen Orientierung an einer transzendenten Wirklichkeitsidee führt hier zur Sprengung überlieferter poetologischer Grundbegriffe wie Handlung, Charakter, Fabel etc. sowie zur formalen Dislokation der damit verbundenen ästhetischen Einheit[44]. Mit dem Verzicht auf tradierte Orientierungshilfen gibt der moderne Schreibende jedoch das Reale nicht preis. Hinter der im Werk ästhetisch dargestellten Wirklichkeit steht oft die Erkenntnis einer transparent bzw. faktisch vermittelten Welt, deren Sinndeutung zunächst mit der erzählerischen Entlarvung ihrer Beschränktheit einsetzt. Denn erst in der Darstellung jener Diskrepanz zwischen dichterischem Bewusstsein und Außenwelt kristallisiert sich das Unwirkliche ebendieser erfahrenen Welt heraus. Anstelle der Thematisierung eines einheitlich-allgemein waltenden Wirklichkeitsbildes, präsentiert das Werk nun eine Reduzierung der objektiven Welt auf einen einzelnen Wirklichkeitsaspekt, dem die Funktion einer potentiellen, gleichzeitig neuen Einheit zukommt. Die im Bewusstsein stattfindende Auflösung des Faktischen bedeutet somit einen Verlust der Zentrizität, die innere Unrast und die Suche nach einem stets neuen Halt. Auf dem Hintergrund eines solch problematisch gewordenen Widerspruchs zwischen Ich und Welt vollzieht sich die literarische Gestaltung des Reisens im modernen Roman als eines dichterischen Motivs,

---

[44] Vgl. hierzu die um die moderne Erzählkunst entfachte Diskussion, u.a. bei: Wilhelm Emrich, Die Erzählkunst des 20. Jahrhunderts und ihr geschichtlicher Sinn, in: Protest und Verheißung, F.a.M. 1960, S. 176-191.; Wolfgang Kayser, Die Anfänge des modernen Romans im 18. Jahrhundert und seine heutigen Krisen, in: Vierteljahresschrift für Literaturwissenschaft und Geistesgeschichte, 4/1954, S. 417-446; Reinhold Grimm, Romane des Phänotyps, in: Strukturen. Essays zur deutschen Literatur, Göttingen 1963, S. 74-94.; Manfred Durzak, Gespräche über den Roman, a.a.O., S. 9-46.

das die Orientierungslosigkeit und die Psychologie des nonkonformen ‚Helden' als Mittelpunkt heutigen Erzählens dokumentiert. Seine Thematisierung trägt somit zur Bestimmung des Selbstverständnisses des poetischen Subjekts sowie des Standorts des modernen Erzählers wesentlich bei.

2.1. Versuch einer Abgrenzung

Widmet der Untersuchende seine Aufmerksamkeit der näheren Betrachtung des Reisemotivs in seinen geläufigen, im Roman allgemein auftretenden Darstellungsmöglichkeiten, so lässt das Reisen als dichterisches Merkmal im Wesentlichen drei Gestaltungsformen erkennen. Es taucht, je nach der im jeweiligen Romankontext behandelten Thematik, als *Aufbruch*, als *Aufenthalt* oder als *Wiederkehr* auf. Solche zentralen Momente bilden die Grundvarianten eines und desselben Hauptgedankens, der – bei wechselnder Motivik und unterschiedlicher Gestaltung – dazu beiträgt, den Roman der Gegenwart mitzugestalten.

Ein Blick in die zeitgenössische Erzählkunst verhilft zu der Feststellung, dass das Motiv des *Aufbruchs*, im Vergleich zur Thematisierung von *Aufenthalt* bzw. *Wiederkehr*, sich einer häufigeren Darstellung erfreut. Mit Aufbruch und Wiederkehr verbinden sich meist eine reale oder eine in der Vorstellung sich vollziehende Bewegung. Während es sich bei der realen Dimension um eine räumlich wie zeitlich nachvollziehbare und durchaus zu lokalisierende *Fortbewegung* in eine bestimmte Richtung handelt, hängt die erdachte Dimension primär vom Vorstellungsvermögen des Erzählers ab: Die Vorstellungskraft, der Traum und nicht zuletzt der Mythos heben die epische Realität auf und fügen der bereits vorhandenen Fiktion des Erzählten eine zusätzliche hinzu. Auf diese Weise bestimmen die erzähltechnischen, diesen Kategorien (Wirklichkeit, Phantasie etc.) innewohnenden Besonderheiten den Charakter des im Werk dargestellten Reisens.

Während der *Aufbruch* in der Regel das *Verlassen eines Ortes* bzw. das Aufgeben einer Ausgangsposition bedeutet, die Suche nach *anderen* Möglichkeiten und die Erschließung neuer Horizonte signalisiert, deutet die Thematisierung der *Wiederkehr* im modernen Roman in erster Linie auf das Eintreten einer Unterbrechung in der Bewegung nach vorne, auf eine eindeutige *Umkehrung des Aufbruchs*, hin[45]. Hier schlägt die Suche nach dem Neuen – im Gegensatz zum Aufbruch – in eine Rückkehr zum Alten und Ursprünglichen (Heimat usw.) um. Als *Aufenthalt* ist diejenige Variante des Reisemotivs zu bezeichnen, in der, räumlich wie zeitlich, auf eine nach vorne (Aufbruch) oder rückwärts (Wiederkehr) sich richtende Bewegung verzichtet wird. Das Erzählen bezieht sich in diesem Fall auf einen definierbaren Ort (eine Stadt usw.), dessen reale sowie erdachte Grenzen von vornherein abgesteckt oder für den Leser vorstellbar sind. Dies wird deutlich in der Darstellung des Reisens als *Station* auf dem Reiseweg, als Endziel, im Sinne einer Erschließung des Neuen, oder als Verharren beim Vertrauten, infolge einer Rückkehr zum Ursprünglichen.

Das Ineinandergreifen aller drei Hauptaspekte, als nachdrückliche Bildung eines transzendierenden, schwer zu durchdringenden Reise-Komplexes, verhindert zudem jegliche eindeutige typologische Einordnung. Reduziert auf die oben angeführten unterscheidenden Merkmale, bietet eine annähernde und nur schematisch dargestellte Skizzierung des Reisemotivs folgendes Bild:

AUFBRUCH
a. (Ausgangspunkt) ===============>(Ziel)
b. (Ausgangspunkt) ===== = = = = = > (Ziel)

WIEDERKEHR
a. (Ausgangspunkt) <=============== (Ziel)
b. (Ausgangspunkt) <===== = = = = = = (Ziel)

AUFENTHALT
a. (Ausgangspunkt) ====> (Ziel) = = = >: Station
b. (Ausgangspunkt) <=====   : Station
c. (Ausgangspunkt)   (Ziel)

---

[45] Eine strikte Trennung zwischen *Aufbruch* und *Wiederkehr* ist in vielen Fällen nicht vorhanden: Die Thematisierung des Ausbruchs kann im Laufe des Erzählens aussetzen und mittels der Rückblende, des inneren Monologs oder der Erinnerung, zu einer Darstellung der Wiederkehr werden.

Eine solche vereinfachte, zum allgemeinen Verständnis des Sachverhalts vorausgeschickte Darstellung bleibt unvollständig und bedarf der weiteren Bestimmung. Um der Abstraktheit entgegenwirken zu können, soll – anhand eines Beispiels modernen neueren Erzählens – eine Besprechung der Aufbruch-Thematik die Gestaltungsweise des Reisemotivs repräsentativ in einem seiner Teilaspekte kontextmäßig näher erfassen und umreißen helfen.

2.2. Der Aufbruch

Eines der wesentlichen Momente erzählten Reisens stellt der Aufbruch dar. In der Literatur der Gegenwart, vor allem im zeitgenössischen Roman, büßt er jene ursprünglich-spezifische Konnotation eines durchdachten Aufbrechens, eines Sich-auf-den-Weg-Machens der Reiseromane ein zugunsten einer *verinnerlichten, romanhaften Haltung*. Als Ausdruck manifester Diskrepanz zwischen Ideal und Gegebenem bietet ein solcher Aspekt meist den Ansatz einer Flucht in eine vermeintlich den Hoffnungen bzw. Erwartungen des poetischen Subjekts entsprechende Welt. Die Anforderungen des Alltags und die daraus resultierenden Enttäuschungen führen den heutigen Menschen in die Isolation einer immer einsamer werdenden Existenz, in der das Ausreißen aus allen konventionellen Bindungen und die Suche nach individueller Selbstverwirklichung zum bestimmenden Leitmotiv erklärt werden. Ein solcher Wunsch, die Grenzen des Bestehenden zu überwinden, steigert sich – angesichts des Ausbleibens einer Erfüllung in einer Realität, die das Ich nur äußerlich und scheinbar an sich bindet – zu einem zweiten, sich als Phantasie manifestierenden Leben. Hierfür bietet die literarische Gestaltung das entsprechende poetische Feld, auf dem dieser unüberbrückbare Widerspruch sichtbar gemacht wird, eine Möglichkeit, den Ersatz für die begrenzte und entfremdende Wirklichkeit zu fingieren.

Der Drang zum Aufbruch, der die Protagonisten des modernen neueren Romans ergreift, steht in enger Verbindung mit dem Prinzip des Kompensatorischen, zumal letzteres sowohl dem real dargestellten Aufbruch als auch dem geistigen Ausreißen aus den gewohnten Rollen und Bindungen oft zugrunde liegt. Beide Darstellungsebenen, die der *realen Flucht als Fiktion* und die der *erträumten Evasion* (Flucht in der Vorstellung oder die Identifizierung mit dichterischen Gestalten) bedingen sich im Prozess des Erzählens gegenseitig: Die Beschäftigung des Ich mit seinem Ausbruch in erdachte Sphären, jenseits des Vertrauten, vollzieht sich meist auf dem Hintergrund eines darstellerisch-räumlich real stattfindenden Aufbruchs, der – als Gerüst fungierend – die geistige Expedition trägt[46].

2.2.1. Peter Handke als Beispiel

In seiner Erzählung >Der kurze Brief zum langen Abschied<, deren beide Teile jeweils mit einem Motto aus Karl Philipp Moritz' psychologischem Roman >Anton Reiser< ansetzen, stellt Peter Handke, am Beispiel einer zerrütteten Beziehung zweier Menschen, die Geschichte einer Suche dar, die sich allmählich in eine nichtendende (Selbst-)Verfolgung verwandelt. Handkes Icherzähler, ein ‚Außenseiter', befindet sich in Amerika auf der Flucht vor seiner Frau Judith. In seinem Hotel in Providence erfährt er, dass sie ihm, von Europa aus, gefolgt ist. In einem Brief schreibt sie ihm kurz: „Ich bin in New York. Bitte such mich nicht, es wäre nicht schön, mich zu finden"[47]. Diese lapidaren Worte, die dem ursprünglichen Verlauf der Reise eine neue Richtung geben und dem Fliehenden zum Verfolger werden lassen, lösen zwar formal den ersten Aufbruch im Roman aus, aber sie geben in Wirklichkeit mehr Anlass zu einer Kette von Reflexionsströmen und geistigen Ausbrüchen, die primär die innere Verfassung der reisenden Person widerspiegeln. Die unmittelbar aufeinanderfolgenden Etappen der Reise werden in diesem Text als *Stationen der Selbstbegegnung* reflektiert. In ihnen versucht der Icherzähler, tastend, – da die Kommunikation mit der Umwelt sich als unmöglich erweist – mit sich selbt erneut ins Gespräch zu kommen.

---

[46] Die Überlagerung beider Momente (ohne sie hier unbedingt mit dem Reisemotiv in Verbindung zu bringen) hat bereits Karl Philipp Moritz in seinem Roman >Anton Reiser< dargestellt und analysiert.

[47] Peter Handke, Der kurze Brief zum langen Abschied, F.a.M. 1978, S. 9, (st. 172.).

> Verwundert setzte ich mich auf den Rand der Badewanne, denn zum ersten Mal, seit ich ein Kind gewesen war, hatte ich wieder angefangen, mit mir selbst zu reden. Sprach das Kind eher laut, um sich eine Gesellschaft vorzuspielen, so konnte ich mir hier, wo ich erst einmal schauen statt teilnehmen wollte, mein Selbstgespräch nicht erklären[48].

Dieser anfangs nur schüchtern unternommene Versuch, mit sich selbst zu kommunizieren, entwickelt sich im Laufe der Reise allmählich zu einer Beschäftigung mit der eigenen Vergangenheit unter stetem Bezug auf die augenblicklich erlebte Situation. Die Hoffnung, den Bann der Einsamkeit durch verstärktes Eingehen auf das Äußere brechen zu können, und die Furcht, durch das immer Wiederkehrende erneut verführt und enttäuscht zu werden, bilden in Handkes Text das Hauptleitmotiv, den Grundwiderspruch, der in allen dargestellten Reise-Stationen zum Tragen kommt. Die rein subjektive, meist als Schutzmaßnahme gegen die Außenwelt fungierende Beschäftigung mit der eigenen Person, die ein unbefangenes Erleben des Umgebenden nur erschwert, steht am Anfang jeglicher Form befreiender Suche nach Erkenntnis. In der Aufhebung allen objektiven Raum- bzw. Zeitempfindens, als der Rückkehr zu einer Kindheit-Vorstellungswelt, sowie in der gleichzeitigen bitteren Erfahrung der real bestehenden Grenzen, verbirgt sich das Tragische der eigenen Existenz:

> Wieder, wie schon als Kind, kommt es mir vor, als ob die Umwelt auf einmal platzen könnte und sich als etwas ganz anderes entpuppen würde, zum Beispiel als das Maul eines Ungeheuers. Heute auf der Fahrt erlebte ich von neuem die Sehnsucht, daß ich Siebenmeilenstiefel hätte und die Zeit nicht mehr mit dem Zurücklegen von Entfernungen verbringen müßte. Der Gedanke, daß es anderswo etwas andres gibt, und daß man nicht auf der Stelle dort sein kann, macht mich wieder, wie als Kind, fast wahnsinnig[49].

Dabei geht es weniger um die Deutung dieser „Rätselhaftigkeiten", als vielmehr um deren sprachliche Formulierung, denn „ich formuliere sie nur, um mich nicht mehr so vereinzelt zu fühlen wie damals"[50].

---

[48] Ebd., S. 12.
[49] Ebd., S. 96.
[50] Ebd., S. 97.

Die Beschränkung der Objektivierungsversuche seitens des sprechenden Subjekts auf immer neu einsetzende Ausflüge in die Vergangenheit deckt sich auf darstellerischer Ebene mit der häufigen Identifizierung mit anderen Romangestalten[51], die, als Außenseiter, in das Lebensgeschehen nicht eingreifen und sich mit der Haltung unbeteiligter Beobachter begnügen. Am Beispiel von Kellers Roman >Der grüne Heinrich<, in dem der Reisende unterwegs liest, zieht Claire, eine Gesprächspartnerin des Ich-Erzählers, folgende Parallele: „Auch der Grüne Heinrich wollte nichts deuten [...] Auch du kommst mir vor, als ob du die Umwelt nur an dir vorbeitanzen läßt. Du läßt dir Erfahrungen vorführen, statt dich hineinzuverwickeln"[52]. Stets den Widerspruch zwischen Innen und Außen aufzeigend, stellt Handke seinen Hauptprotagonisten in seiner Introversion dar, mitten in einer entmenschlichten, von Geschäftigkeit und entfremdenden Tätigkeiten beherrschten Welt. Über die Fahrt von Providence nach New York berichtet der Text:

> Während der Fahrt durch Neu-England hatte ich Zeit zu ... was? dachte ich. Ich verlor bald die Lust hinauszuschauen [...] Je mehr wir uns New York näherten, desto mehr wurden die Reklame-Schriften durch Bilder ersetzt: riesige überschäumende Bierkrüge, eine leuchtturmgroße Ketchup-Flasche, ein naturgroßes Bild von einem Düsenflugzeug über den Wolken. Neben mir wurden Erdnüsse gegessen, Bierdosen wurden geöffnet [...] Ich schaute kaum auf, so daß ich keine Gesichter sah, nur Tätigkeiten [...] Ich fing an, den Grünen Heinrich von Gottfried Keller zu lesen[53].

Als Ergebnis solch eindeutiger Kluft zwischen Alltagswirklichkeit und literarischer, romanhafter Fiktion kristallisiert sich auf anderer Ebene die Schlüsselfunktion heraus, die dem Erzählen in >Der kurze Brief zum langen Abschied< zukommt. Das Ausbleiben einer Ich-Welt-Begegnung in der Wirklichkeit veranlasst den Icherzähler dazu, den Kommunikations- und Selbstsucheprozess schleunigst in den Akt des Schreibens zu verlegen: „Muß ich mich denn immer noch darstellen, damit man mich wahrnimmt?"[54]

---

[51] Die romanhafte Identifizierung mit literarischen Gestalten zieht sich durch die ganze Erzählung hindurch. Vgl. hierzu: Ebd., S. 19., S. 28, S. 97 und S. 171.
[52] Ebd., S. 97.
[53] Ebd., S. 28.
[54] Ebd., S. 56.

Die Notwendigkeit der Selbstdarstellung durch Schreiben, die sich von neuem als Reflex individueller Selbstfindung darbietet, erhebt Handke zum eigentlichen Gegenstand erzählter Subjektivität. Denn die offenkundige Bemühung des sprechenden Ich, nach Objektivierung zu suchen (Vergangenes und Gegenwärtiges erschöpfen sich im momentanen Erleben und in der augenblicklich erlittenen Erfahrung), ist für das Subjekt insofern von Relevanz, als diese Objektivierung sich sprachlich noch umschreiben und artikulieren lässt.

Die dadurch erfolgende Umstrukturierung der Erzählfunktion geht somit mit der Darstellung der als Hintergrund-Stimmung dienenden Aufbruch-Thematik einher: Die aufeinanderfolgenden Aufbrüche, aus denen sich >Der kurze Brief zum langen Abschied< zusammensetzt, sind weniger Ansätze einer Suche nach der verschwundenen Judith[55], als vielmehr neue Möglichkeiten, den Strom der stets neu einsetzenden Reflexionen über die eigene Sozialisation aufrechtzuerhalten und die Episoden der Selbstsuche fortzusetzen. Jeder äußere, real stattfindende Aufbruch (das Verlassen einer Stadt, die Abfahrt) kündigt im Roman das Abklingen eines bis dahin ausgeführten Gedankens und zugleich den Beginn eines neuen an, der erst mit der Ankunft im nächsten Ort seine epische Breite erfährt. Nach diesem Muster häufen sich die Versuche, die nicht zustande gekommene Kommunikation mit der Welt, schreibend, durch eine permanente subjektive Auslegung ebendieser Welt zu ersetzen[56]. Die Fehde zwischen Ich und Be-

---

[55] Judith, die Gesuchte, steht im ganzen Roman als Symbol für ein altes, verhasstes Bild, das das Ich von sich ablegen möchte. Die Zerstörung eines solchen verkommenen Bildes glaubt der Icherzähler zu erreichen, indem er es einholt. Dies wird deutlich dadurch, dass der Autor die Verfolgung, als ständigen Ortswechsel, zum äußeren Thema seines Romans wählt. Die Ähnlichkeit zwischen Judith und der Wirklichkeit schildert der Roman unmissverständlich („Ich habe mich immer geniert, ihr [Judith] gegenüber aus mir herauszugehen.", S. 16). In diesem Zusammenhang sind auch die zahlreichen Rückblenden in die Vergangenheit, die Ablehnung der Begegnung mit der Mutter (S. 171 f.) und die endgültige Trennung von Judith am Ende des Romans zu sehen. Die nach vorn und auf die Zukunft gerichtete Bewegung des Aufbruchs bringt dem Ich keine Veränderung mit sich. Die zu Beginn des Romans als Absicht verkündete innere Veränderung entpuppt sich im Laufe des Erzählten zunehmend als Trugbild.

[56] In einem Interview vom 31. März 1972 in >Die Zeit< bemerkt Handke, er habe in >Der kurze Brief zum langen Abschied< versucht, „die Außenwelt möglichst fiktiv darzustellen. Daß also alles das, was der Held sieht, für ihn

stehendem drückt sich im geistigen Ausbruch aus, und das Erzählen erweist sich am Ende, trotz seiner Ambivalenz, als das geeignete künstlerische Mittel, das die Darstellung dieses Konflikts zwar ermöglicht, ihn jedoch nicht aufheben kann. Das Schreiben präsentiert sich derart als ein unendliches Experiment, das ununterbrochen neue Einfälle verlangt und zu wiederholten Neuansätzen auffordert.

---

zu Signalen wird für das, was er erlebt hat, oder für das, was er unternehmen möchte. Und mit dieser Fiktion ist versucht worden, eine größtmögliche Wahrheit über die Personen, ihr Bewußtsein, ihren Zustand zu erreichen. Die Außenwelt des Buches stellt also für mich so etwas wie Versuchswelt dar."

3. WOLFGANG KOEPPEN

> Zurück wohin? in die Heimat? Und diese Heimat gibt es schon längst nicht mehr, es gibt nur noch den Fahrplan, auf den man sich verlassen kann.
>
> Hans Erich Nossack, *Der Fall d'Arthez*

3.1. Die verlorene Zentrizität

Koeppens erster, 1934 veröffentlichter Roman >Eine unglückliche Liebe< schildert die Vereinsamung des einzelnen und seine vergebliche Suche nach Glück. Friedrich, ein Student der Philosophie, ist verstrickt in seine idealistisch-absolute Liebe zu Sibylle, einem kindlichen, egozentrischen Mädchen, das seine Zuneigung nicht erwidert. In der Hoffnung, Sibylle könnte doch noch auf ihn aufmerksam werden, zieht er ziellos von einem Ort zum anderen. Seine Liebe und sein Herumirren nehmen allmählich schicksalhafte Züge an. Die Erfüllung bleibt aus, Friedrich scheitert an der nüchternen Wirklichkeit und den zwischen Menschen bestehenden Barrieren. Rückblickend auf die erste Begegnung mit Sibylle, umreißt er das Ausweglose seiner Situation und bedauert es, kein unmittelbar Agierender zu sein:

> Ja, wenn ich mich damals zu ihr gelegt hätte – ich wäre ein Seefahrer geworden oder ein Empörer, ein Held des Volkes, ein Fahnenträger sicher und ein Mittelpunkt, denn es ist mir, da ich es nicht geworden bin, so, als ob ich dadurch, daß ich zu ihr gegangen wäre, strahlend für alle Zeiten hätte werden müssen. Ich bin es nicht geworden und bin grau, ein unscheinbarer Reisen-

der mit einem Koffer in der Hand, auf dem nur bunt die Zettel die Spur des Weges ohne jeden Sinn sind (UL, 37)[57].

Ein „unscheinbarer Reisender" ist nicht nur Friedrich in >Eine unglückliche Liebe<. Reisende ohne eindeutigen Auftrag sind auch der Baumeister von Süde im 1935 erschienenen Roman >Die Mauer schwankt< sowie die Protagonisten der Nachkriegsromane: Der gescheiterte Schriftsteller Philipp in >Tauben im Gras<, der Abgeordnete Keetenheuve in >Das Treibhaus< und Siegfried Pfaffrath in >Der Tod in Rom<.

Während in >Eine unglückliche Liebe< eher die Verarbeitung zeitlos-abstrakter Motive und die Darstellung einer irrealen Welt, als einer autonomen poetischen Zufluchtsstätte, herrschen, wählt Koeppen in >Die Mauer schwankt< den realen Rahmen. In diesem Text dreht es sich ebenfalls um die Thematisierung der Einsamkeit, des Leidens und des Scheiterns des einzelnen. Doch der romantische Realismus des wiederaufbauwilligen von Süde unterscheidet sich vom passiven Erleiden Friedrichs dadurch, dass er nicht an der Psychologie des Helden und an seiner Ohnmacht, etwa an der Nicht-Erfüllung einer unglücklichen Liebe, scheitert. Er zerbricht unmittelbar an den konkreten äußeren Verhältnissen und den Zwängen des Alltags. Somit rücken Zeit und Gesellschaft in den Mittelpunkt erzählerischer Darstellung; sie werden angezeigt und als Ursache für die Leiden der in ihnen wirkenden Menschen angeprangert.

In Koeppens Romanen der Nachkriegszeit sind die Hauptprotagonisten hingegen Beobachter der Missstände, ihre Registratoren und leisen Kritiker. Sie sind sich der Notwendigkeit einer Veränderung stets bewusst, zu handeln vermögen sie jedoch nicht. Zwischen ihnen und der Alltagswirklichkeit bestehen unüberwindbare Hindernisse, die nur in der Vorstellung und im Traum von einem anderen Leben zerstört werden. Trotzdem plädiert Koeppens Erzählen nicht – wie Peter Laemmle annimmt – für das Utopische. Er prangert das Beste-

---

[57] Wolfgang Koeppens fiktionale Texte :
J: Jugend, F.a.M. 1977, (Bibl. Suhrkp. 500.).
TG: Tauben im Gras, F.a.M. 1977, (Bibl. Suhrkp. 393.).
TH: Das Treibhaus, F.a.M. 1976, (st. 78.).
TR: Der Tod in Rom, F.a.M. 1977, (st. 241.).
UL: Eine unglückliche Liebe, F.a.M. 1977, (st. 392.).

hende nicht an, weil es zunächst „das Getrenntsein von der Utopie"[58] verursacht; im Gegenteil, er zeigt es an, weil es die Freiheit des einzelnen einschränkt, seine Selbstverwirklichung verhindert, ihn entfremdet und dazu zwingt, *unfreiwillig* in irreal-utopische Welten zu flüchten. Mögen einzelne Figuren in diesem Weg eine Art Rettung erblicken, ihr Aufbruch in Richtung Utopie findet jedoch immer auf Kosten eines intakten, aber abhanden gekommenen Realitätsbildes statt, das sie, stets bemüht, einzuholen versuchen. Dass die Reise in die verheißungsvollen Sphären der Phantasie nichts anderes als eine Reaktion auf das immerwährend Bedrückende des erlittenen Alltags darstellt, spricht eindeutig für den hoffnungslosen Charakter jeglicher Suche nach autonomer, freier Lebensweise. Koeppens Gestalten glauben zwar nicht an ein Reich seligen Lebens, aber sie befinden sich – paradoxerweise – ständig unterwegs, in der Hoffnung, dorthin zu gelangen. Ihre Situation gleicht der jenes Esels in >Der Tod in Rom<, dem ein Bündel Heu vorgehalten wird, damit er den Wagen weiterzieht:

> Und damit der Wagen nicht stehenbleibe, hat man den Hunger des Esels auf ein irdisches Paradies gelenkt, auf einen Sozialpark, in dem alle Esel die gleichen Rechte haben werden, in dem die Peitsche abgeschafft, die Last geringer, die Versorgung besser wird, aber auch der Weg zu diesem Garten Eden ist lang (TR, 153 f.).

3.1.1. Der entfremdende Raum in >Das Treibhaus<

> Er reiste im Schutz der Immunität, denn er war nicht auf frischer Tat ertappt worden [...] Er saß im Nibelungenexpreß. Es dunstete nach neuem Anstrich, nach Renovation und Restauration; es reiste sich gut mit der Deutschen Bundesbahn; und außen waren die Wagen blutrot lackiert. Basel, Dortmund, Zwerg Alberich und die Schlote des Reviers; Kurswagen Wien Passau, Fememörder Hagen hatte sich's bequem gemacht; Kurswagen Rom München, der Purpur der Kardinäle lugte durch die Ritzen verhangener Fenster; Kurs-

---

[58] Peter Laemmle, „Annäherung an die Wahrheit der Dinge". Wolfgang Koeppens Bildersprache zwischen Utopie und Resignation, in: Text und Kritik, 34, 1972, S. 49.

wagen Hoek van Holland London, die Götterdämmerung der Exporteure, die Furcht vor dem Frieden. Wagalaweia rollten die Räder (TH, 7).

Entfremdend mutet die Szenerie an, die hier der Reise des Abgeordneten Keetenheuve aus dem Roman >Das Treibhaus< die Begleitstimmung liefert. Neben der eindeutig formulierten Kritik an einer Gegenwart, die sich als die bloß retuschierte Reproduktion einer verwünschten Vergangenheit präsentiert, vermittelt ein solcher Romananfang die *Konfusion und die Orientierungslosigkeit* einer Welt, in der die räumlichen sowie die zeitlichen Dimensionen sich verwischen und somit ihre Funktion einbüßen. Zwar weisen die an den „Kurswagen" angebrachten Fahrtrichtungen noch auf reale Orte hin, doch ihre durch die Art und Weise der Aufzählung gesteigerte Anzahl verstärkt im Text die Präsenz eines nach allen Seiten hin reichenden Ausbruchsdrangs, eine Art formalen Versuchs, jegliche Bindung an das Augenblickliche aufzulösen. Durch die stilistisch nahtlos hergestellte Verbindung des Hier mit dem Dort („Wien Passau"; „Rom München"; „Hoek van Holland London") betont die Textstelle die Fusion zweier Welten, deren real-räumliche Entfernung voneinander für den „im Schutz der Immunität" Reisenden neutralisiert wird. Die Überbrückung räumlich bestehender Distanz ist zugleich eine Art Überwindung des real Gegebenen als gegenwärtig Waltenden („es dunstete nach neuem Anstrich, nach Renovation und Restauration"), im Sinne seiner gedanklichen Negierung.

Der gedanklichen Aufhebung von Raum-Dimensionen kommt ein Verwischen der Zeitebenen hinzu. So wird die Gegenwart, die sich im Text ohnehin als eine restaurierte Vergangenheit präsentiert, erzählerisch durch das insistierende Weiterleben vergangener Zeiten zusätzlich entfremdet. Dabei spielt der Verfremdungseffekt eine wesentliche Rolle: Der Alltagsrealität der Nachkriegszeit, deren unwirklichen Charakter der Text hier zu entlarven bestrebt ist, tritt die Fabel der Sagenwelt als ihr unmittelbares Pendant entgegen. Keetenheuve befindet sich im „*Nibelungenexpreß*"[59], der als Symbol einer überkommenen und irreellen Lebenssphäre fungiert. Er („Femermörder Hagen") reist durch eine feindlich gesinnte Außenwelt und die Bewegung erlebt er nur innerlich. Auch die Außenwelt ist ihrer Aktualität entledigt; sie wird zum Schauplatz mythisch-gestrigen Geschehnisses:

---

[59] Hervorhebung im Zitat, S. Thabet.

„Basel, Dortmund, *Zwerg Alberisch* und die Schlote des Reviers [...]"[60]. In der Aneinanderreihung beider Darstellungsmomente spiegelt sich die Zerstörung jeglicher Wahrnehmung der Realität sowie der Verlust aller Möglichkeiten der Orientierung am Bestehenden wider. Solcherart lebt das Gegenwärtige nur noch als eine weitergereichte, weil *überlieferte* und *nacherzählte*, Geschichte, die den neu entstandenen (Lebens-)Verhältnissen nicht mehr entspricht. Ebenfalls gehört die mit „Er" eingeführte Hauptfigur des Romans auf ihre Weise in dieses trügerische (Wirklichkeits-)Bild hinein. Darüberhinaus führt die Textstelle Keetenheuve als den Fememörder eines tradierten ‚Gerüchts' ein, die schattenhafte und irrende Gestalt eines überholten Zeitalters, die, in der Verwirrung der sie umgebenden Welt (der Politik), sich nicht mehr zurechtfinden kann. Gesteigert wird das Gefühl der Orientierungslosigkeit und des Verlorenseins zudem durch die herausgehobene doppelpolige erzählerische Funktion, die hier dem Reisen zukommt. Einerseits erhält das beinahe in jedem Satz offenkundig oder versteckt vorkommende Reisemotiv die Aussagekraft eines poetischen Merkmals, das die Stimmung einer totalen Rat- und Rastlosigkeit einflößt. Es steht für die Betonung der Unruhe eines Daseins, dessen Unbeständigkeit und Ungewissheit den einzelnen entfremdet und zur Flucht in eine andere, unbekannte Welt zwingt. Der Unstetigkeit solch einer auf Rädern ins Ungewisse („blutrot lackiert"; „Furcht vor dem Frieden"; „Wagalaweia rollten die Räder") ziehenden Schein-Wirklichkeit steht auf der anderen Seite die Thematisierung des Reisens als des Ausbruchsdrangs des Menschen gegenüber.

Keetenheuve, der während der nationalsozialistischen Herrschaft im Londoner Exil für den Frieden und den Sturz der Diktatur in Deutschland gekämpft hatte, war nach dem Krieg nach Bonn zurückgekehrt, um als Abgeordneter der Opposition beim Wiederaufbau des Landes zu helfen. Doch bald musste er, „weil er sich für einen der wenigen hielt, die ihr Mandat noch als eine Anwaltschaft gegen die Macht auffaßten" (TH, 26) und weil alle mit der Restauration der alten Verhältnisse beschäftigt waren, von seinen anfangs gehegten Hoffnungen Abschied nehmen, auf Kollisionskurs gehen und einen vergeblichen Alleinkampf gegen die eigene Fraktion führen. Das ausgebliebene Glück einer gescheiterten Ehe, seine abermaligen Enttäuschungen von der Politik und die Erkenntnis der Sinnlosigkeit seiner

---

[60] Hervorhebung im Zitat, S. Thabet.

Existenz führen ihn in den Freitod („und ein Sprung von dieser Brücke machte ihn frei" [TH, 190]). Diese am Ende des Romans sich als einzige und letzte Alternative bietende Fluchtmöglichkeit erfährt bereits eingangs ihre Ankündigung. Keetenheuve wird dem Leser als eine fremde, dunkle Gestalt vorgestellt, die, mit dem „Nibelungenexpreß"[61] reisend, sich bereits jenseits des Lebens bewegt. Er ist der immune Reisende, der unbeteiligte Beobachter und der angebliche fliehende Mörder der Sage, der, nachdem er lange und vergebens auf die eigentliche Tat gehofft hat, der Wirklichkeit den Rücken kehrt, um den befreienden Akt in Gedanken zu erleben. Denn „nur leider hatte er wieder nur in seiner Phantasie gemordet, war er der alte Keetenheuve geblieben, ein Träumer *von des Gedanken Blässe angekränkelt*" (TH, 8). Bereits im Ansatz bietet der Roman >Das Treibhaus< zwei Darstellungsaspekte des Reisens, die sich als zwei sich gegenseitig bedingende erzählerische Momente hervortun. In ihrer jeweiligen dichterischen Aussage unterscheiden sie sich jedoch gänzlich voneinander. Das Reisemotiv wird hier als künstlerisches Mittel eingesetzt, das sowohl zur Erforschung des Unwirklichkeitscharakters des objektiv Vorhandenen als auch zur Darlegung der inneren Unruhe des Menschen bzw. seines Ausbruchs aus dem Vertrauten beiträgt.

Handelt >Das Treibhaus< von konkreten politischen Ereignissen der fünfziger Jahre, von der Debatte des Bundestags über die Wiederaufrüstung in der Bundesrepublik, so geht es darin primär nicht um das bloße Illustrieren pragmatischen politischen Alltags. „Der Roman >Das Treibhaus<", schreibt Koeppen im kurzen Vorwort zu seinem Text, „hat mit dem Tagesgeschehen, insbesondere dem politischen, nur insoweit zu tun, als dieses einen Katalysator für die Imagination des Verfassers bildet". Und er fährt fort: „Die Dimension aller Aussagen des Buches liegt jenseits der Bezüge von Menschen, Organisationen und Geschehnissen unserer Gegenwart; der Roman hat seine eigene poetische Aussage" (TH, 5).

Führt z.B. Alfred Andersch das Scheitern Koeppenscher Gestalten auf die abstrakte Dimension des Schicksalhaften zurück, sieht er in der Thematisierung der Politik im Zusammenhang mit Koeppens Roman >Der Tod in Rom< „eine anonyme Realität, der man viel-

---

[61] Vgl. weiter: >Das Treibhaus<, S. 36.

leicht den Namen des Bösen geben könnte"[62], so meint letztere Bezeichnung etwas undefinierbar Allgemeineres, das Koeppens erzählerischem Œuvre den dichterischen Hintergrund mitliefert. Die Tragweite eines solchen Hintergrunds beschränkt sich allerdings keineswegs nur auf die alleinige Darstellung von ‚böser' Politik, hoffnungsloser Liebe oder auf die Kritik gesellschaftlicher Missstände[63]; sie umfasst das ganze Spektrum gegenwärtiger Phänomene, die in ihrem Zusammenwirken als Totalität das verkörpern, was man das „verdammte[n] Schlachtfeld" (TG, 210) oder den „Urgrund unseres Heute" (TG, 7) nennen könnte.

Koeppens Romane können nicht problemlos nach bestimmten Themenbereichen eingeordnet werden. Die verschiedenen, in ihnen zur Sprache kommenden Teil-Thematiken dienen allein der Veranschaulichung eines dichterischen Gesamtausdrucks als des Verhältnisses des Menschen zu seiner ihm fremd gewordenen Welt. Hierin bildet der Velust der Orientierung beim einzelnen – die verlorene Zentrizität – den Ausgangspunkt jeglicher erzählerischer Bemühung.

Einen „Verlust der Mitte", nennt Hans Sedlmayr in einer gleichnamigen Studie über die bildende Kunst des 19. und 20. Jahrhunderts die Zersetzungs- und Polaritätsmerkmale herkömmlicher autonomer Begriffe und Kategorien. Sedlmayr sieht im Zerfall der ursprünglichen Ideen und Formen (Göttliches, Natur, Kosmos) das Zeichen eines unaufhaltsamen Hinabgleitens ins Anorganische und Alogische und spricht gleichzeitig von einer Art Autonomie des Individuums,

---

[62] Alfred Andersch, Choreographie des politischen Augenblicks, in: Über Wolfgang Koeppen, Hrsg. Ulrich Greiner, F.a.M 1976, S. 74, (es. 864.).

[63] Koeppen gehört keineswegs zu jenen Schriftstellern, die in ihren Romanen die Realität allein aus dem Blickwinkel eines ihrer Aspekte minuziös untersuchen. Er bemüht sich nicht, der Wirklichkeit sehr nahe zu treten. Die Distanz, die er ihr in seinen Werken gegenüber wahrt, garantiert seinen Protagonisten die Möglichkeit, sie als entfremdendes Ganzes, eine Bestandsaufnahme des Augenblicks, stets mit den Augen des Ausländers zu betrachten. Das Unverbindliche dieser Situation erläutert Koeppen einmal stellvertretend an folgendem Beispiel: „Was ich leidenschaftlich gerne sehe, sind Werbesendungen. Die haben so etwas herrlich Enspannendes, und ich bin da wieder in der mir so angenehmen Situation des Ausländers: Ich habe dieses schöne Gefühl, daß ich all die Sachen, die da angeboten werden, gar nicht brauche." Christian Linder, Schreiben als Zustand. Ein Gespräch mit Wolfgang Koeppen, a.a.O. S. 270.

worin er vor allem den Beginn eines negativen (nicht-künstlerischen) und zerstörerischen Prozesses, „das Vorspiel zum Verlust des Wesens"[64], erblickt.

Sieht man von denjenigen Überlegungen ab, die Sedlmayr hinsichtlich des Untergangs des Humanen in der bildenden Kunst formuliert und die auf die moderne Erzählkunst nur mit Vorbehalt angewandt werden können[65], so kann der prinzipielle Grundgedanke eines allmählichen Schwindens des Mittelpunkts im modernen neueren Roman hingegen beibehalten werden. Der heutige Erzähler richtet sich nicht mehr nach der äußeren Realität als nach einer unerschütterlichen und nachahmenswerten Größe. Ihm geht es nicht darum, die ihr innewohnenden Mechanismen zu deuten. Seine Aufgabe besteht vielmehr darin, sie darstellend zu erfahren und zu versuchen, sie zu begreifen. Das Ergebnis dieser Berührung mit der Wirklichkeit reflektiert er im Erzählten als Entwurf subjektiver Empfindung. Oft bedeutet die erzählerische Bewältigung eines solchen Verhältnisses ein „Hinausstreben über jedes Schema"; sie ermuntert zu „suchen, abhören die tiefe Wahrheit, die in uns ist"[66].

---

[64] Hans Sedlmayr, Verlust der Mitte. Die bildende Kunst des 19. und 20. Jahrhunderts als Symptom und Symbol der Zeit, Salzburg 1948, S. 174.

[65] Das, was Sedlmayr unter Zerstörung des Menschlichen, im Sinne einer Auflösung des einheitlichen Denkens in der Kunst, versteht, scheint für den modernen Künstler und heutigen Schriftsteller gerade das zu bezeichnen, was – als Symptom einer totalen Desintegration der äußeren Wirklichkeit – den Menschen zur Rückkehr zur eigenen Sphäre zwingt. Da ihm die Orientierung an einem intakten Realitätsbild abhanden gekommen ist, gilt es nun ausschließlich, die Welt in der Kunst und durch sie entdeckend – und nicht abbildend – zu gestalten. „Die moderne Kunst ist", schreibt Cesare Pavese, „ – soweit sie Wert hat – eine Rückkehr zur Kindheit. Ihr ewiges Motv ist die Entdeckung der Dinge, eine Entdeckung, die, in ihrer reinsten Form, nur in der Erinnerung der Kindheit geschehen kann. Das ist Wirkung der allpervading Bewußtheit des modernen Künstlers [...], die ihn von sechzehn Jahren an aufwärts in einem Zustand von Spannung leben läßt [...], der nicht mehr geneigt ist zum Aufsaugen, nicht mehr naiv. [...] Den Künstlern bleibt nichts übrig, als sich zurückzuwenden und sich zu inspirieren an der Zeit, in der sie noch nicht Künstler waren, und das ist die Kindheit." Cesare Pavese, Das Handwerk des Lebens, F. a. M. 1976, S. 232 f., (BS. 394.).

[66] Ebd., S. 240.

3.1.2. Der entfremdende Raum in >Tauben im Gras<

In >Tauben im Gras< (1951), seinem ersten Nachkriegsroman, der den Einfluss von Döblins >Berlin Alexanderplatz< verrät und Parallelen zu Joyces >Ulysses< deutlich aufweist[67], führt Koeppen mehr als dreißig Personen in der nicht weiter genannten, jedoch an manchem Detail leicht zu identifizierenden Stadt München des Jahres 1950 zusammen[68]. Einen Tag lang schildert er ihre Schicksale, ihre Gedanken und Lebenswege. Es sind Deutsche und Amerikaner, Schwarze und Weiße, Erwachsene und Kinder, Hoffende und Resignierende, deren Beziehungen zueinander, neben ihrer großen Zahl, die Erzählstruktur des Textes zusätzlich verzwicken. Schon zu Beginn kündigt sich ein Bild der Unruhe und der Unsicherheit an:

> Flieger waren über der Stadt, unheilkündende Vögel. Der Lärm der Motoren war Donner, war Hagel, war Sturm, Sturm, Hagel und Donner, täglich und nächtlich, Anflug und Abflug, Übungen des Todes, ein hohles Getöse, ein Beben, ein Erinnern in den Ruinen. Noch waren die Bombenschächte der Flugzeuge leer. Die Auguren lächelten. Niemand blickte zum Himmel auf (TG, 9).

Auch das Ende des Romans verkündet eine unveränderte Stimmung. Die Situation weicht hier keineswegs von der des Anfangs ab: „Die Nachrichten wärmen nicht", heißt es, „Spannung, Konflikt, Verschärfung, Bedrohung. Am Himmel summen die Flieger. Noch schweigen die Sirenen" (TG, 210). Damit ist der Rahmen, innerhalb dessen die Protagonisten von >Tauben im Gras< auftreten, abgesteckt. Es sind amerikanische Reisende (Odysseus Cotton, Richard Kirsch, Wa-

---

[67] Wie in Döblins >Berlin Alexanderplatz< sind auch Koeppens Gestalten in >Tauben im Gras< Leidende am Großstadtleben und Opfer ihrer Zeit. Während Döblins Roman sich aus einem enormen Tatsachenmaterial zusammensetzt, beschränkt sich Koeppen auf das, was der Veranschaulichung der poetischen Aussage unmittelbar von Belang ist. Mit Joyces >Ulysses< verbindet >Tauben im Gras< die Beschränkung des Geschehensablaufs auf einen einzigen Tag sowie die Thematisierung der Großstadt. Koeppen konzentriert sich in seinem Werk jedoch nicht, wie bei Döblin und Joyce, auf eine Hauptgestalt als Mittelpunkt der Darstellung.

[68] Diesbezüglich hat Manfred Koch eine genaue Untersuchung zur Zeit, zu den Personen und den Schauplätzen des Romangeschehens veröffentlicht. Manfred Koch, Wolfgang Koeppen, a.a.O., S. 64 f.

shington Price, die Lehrerinnen, Edwin), Ausländer und Einheimische, die in der Großstadt zufällig zusammenkommen, um sehnsüchtig nach ausbleibender Erfüllung, nach Auswegen der Rettung aus ihrer verzweifelten Lage zu suchen und doch um ziel- und rastlos im Teufelskreis einer sie verfangenden wie anwidernden, vom Zufall beherrschten Gegenwart zu verharren:

> Im Gras hockten Vögel [...] die Vögel sind zufällig hier, wir sind zufällig hier [...] vielleicht ist die Welt ein grausamer und dummer Zufall Gottes, keiner weiß warum wir hier sind, die Vögel werden wieder auffliegen und wir werden weitergehen (TG, 158).

An anderer Stelle geht der Text erneut auf die Daseinsweise dieser „Vögel" ein, die Ausführungen des amerikanischen Schriftstellers Edwin, des „Epigonen und sublimen Nachäffer[s] der großen toten Dichtung der großen und toten Jahrhunderte" (TG, 198), kommentierend:

> Wie Tauben im Gras, sagte Edwin, die Stein[69] zitierend, und so war doch etwas von ihr Geschriebenes bei ihm haften geblieben, doch dachte er weniger an Tauben im Gras als an Tauben auf dem Markusplatz in Venedig, wie Tauben im Gras betrachteten gewisse Zivilisationsgeister die Menschen, indem sie sich bemühten, das Sinnlose und scheinbar Zufällige der menschlichen Existenz bloßzustellen, den Menschen frei von Gott zu schildern, um ihn dann frei im Nichts flattern zu lassen, sinnlos, wertlos, frei und von Schlingen bedroht, dem Metzger preisgegeben, aber stolz auf die eingebildete, zu nichts als Elend führende Freiheit von Gott und göttlicher Herkunft (TG, 198).

Das Motiv des *Sich-Verirrens*, das durch das ganze erzählerische Œuvre Koeppens zieht, ist stets dort zu anzutreffen, wo Isolation und Kommunikationslosigkeit die Grundbefindlichkeit der Protagonisten bestimmen. Bereits in >Eine unglückliche Liebe< begleitet das Gefühl des Verlorenseins den herumreisenden Friedrich. Auf einer Rundfahrt durch Rom überkommt ihn der Gedanke, „daß aus ihm ein Gehen kam, ein Vorwärts oder ein Seitwärts, ein Sichbewegen in Richtungen, wie Irren im Dickicht eines Waldes" (UL, 145). In >Tauben im Gras< heißt es über die verwünschte Großstadt, in der für den sehnsüchtigen Ezra die Verwirrung des (bösen) Traums und die

---

[69] Gemeint ist hier die amerikanische Schriftstellerin Gertrude Stein.

Wirklichkeit des erlittenen Augenblicks sich vermischen: „Nun war er im Dickicht, im unheimlichen Zauberwald des Traums und des Märchens – der Parkplatz war der Wald, die Stadt war das Dickicht" (TG, 73). An weiterer Stelle ist in diesem Zusammenhang eine Transzendierung des unmittelbar Erlebten durch die märchenhafte Vision zu lesen:

> Ezra beobachtete die Kapelle, er beobachtete die Menschen. Seine Stirn hatte sich mehr gekraust; ganz eng, ganz klein war sie. Er hätte schreien mögen! Er war in einem finsteren Wald. Jeder Mann war hier ein Baum. Jeder Baum war eine Eiche. Und jede Eiche ein Riese, der böse Riese des Märchens, ein Riese mit einer Keule (TG, 185).

Washington Price, der farbige amerikanische Soldat, „war" in seiner Verlorenheit „in Schlamm und Dschungel geraten" (TG, 80), „Dschungeln umgaben ihn" (TG, 79). Über Philipp, den gescheiterten deutschen Schriftsteller, der nur in heruntergekommenen Bleiben haust („Das Hotel war ein Bienenstock des Teufels, und jedermann in dieser Hölle schien zur Schlaflosigkeit verdammt" [TG, 15].), sinnt die amerikanische Lehrerin Kay nach: „‚das ist sein Wald, sein Eichenhain, sein deutscher Wald, in dem er wandelt und dichtet'" (TG, 209). Einen Gesamteindruck von der Unruhe und der verlorenen Zentrizität der Menschen in der Großstadt vermittelt auch eine Betrachtung des Deutschamerikaners Richard aus der Flugzeugperspektive, aus einer Entfernung, die vor allem sein Nicht-Verstricktsein und seine Distanz zur erlebten Wirklichkeit unterstreicht:

> Doch unten in der Straße, unter den Menschen, die alle etwas Albernes und Erschreckendes hatten, wie es Richard schien, lebten sie in einem kranken Ungleichmaß zwischen Trägheit und Hetze [...] Richard hatte das Gefühl, daß hier verschiedenerlei nicht stimme, in der ganzen Konzeption nicht stimme, und daß diese Menschen für ihn undurchschaubar waren (TG, 112 f.).

„An jeder Entscheidung hingen tausendfache Für und Wider, Lianen gleich, Lianen des Urwalds, ein Dschungel war die praktische Politik" (TH, 18), bringt der Roman >Das Treibhaus< über den Wirkungsbereich des Abgeordneten Keetenheuve. Und ganz allgemein: „Deutschland war ein großes öffentliches Treibhaus, Keetenheuve sah seltsame Floren, gierige, fleischfressende Pflanzen, Riesenphallen,

Schornsteinen gleich voll schwelenden Rauches, blaugrün, rotgelb, giftig" (TH, 38). Auch Siegfried Pfaffrath kann sich in >Der Tod in Rom< nicht mehr an einem Mittelpunkt orientieren. Mit zunehmender Entfremdung vernimmt er die Musik seiner eigenen Symphonie, in der er sich nicht mehr wiedererkennt, denn ihre „Töne klangen wie der Ruf eines verirrten Vogels in einem fremden Wald" (TR, 140)[70].

3.2. Die Grenzsituation

Die Darstellung der Grenzerfahrung ist in Koeppens erzählender Prosa eng verknüpft mit der Thematisierung des Reisens. Als Ergebnis der Unvereinbarkeit von innerer Disposition und äußerer Wirklichkeit, eines gestörten Verhältnisses zwischen Individuum und Gesellschaft als eines Zustandes der Verlorenheit und der Vereinsamung, stellt das Grenzerlebnis das entscheidende poetische Moment dar, an dem Wege und Möglichkeiten des Aufbruchs sowie der Überwindung des Bestehenden sichtbar werden.

Die Suche Koeppenscher Protagonisten nach Selbstverwirklichung vollzieht sich nicht existenzphilosophisch, sie erfährt ihr Ende nicht im erlebten Augenblick äußerster Einsamkeit, im bewussten Verharren in der Grenzsituation, wie Jaspers sie beschreibt[71]. Die Erkenntnis der Grenze ist in Koeppens Romanwelt mit der Entstehung eines befreienden Bewusstseins eng verbunden. Ein derartiges Bewusstsein fasst das Entfremdende der „absoluten Einsamkeit"[72] – im Gegensatz zu Jaspers – keineswegs als eine Möglichkeit der Rückgewinnung des eigenen Seins auf, sondern als Hindernis, das zu überwinden gilt. Dass in Koeppens Texten nichtsdestoweniger von einer Situation an der Grenze gesprochen werden kann, im Sinne eines sich immer neu anbahnenden Prozesses, hängt mit der spezifischen Bedeutung zu-

---

[70] Der Realitätsentwurf in Koeppens erzählender Prosa ist im allgemeinen durch eine bittere Erkenntnis der Grausamkeit des Alltags gekennzeichnet. Ausnahmsweise bewegen sich seine Protagonisten in einer undurchschaubaren Welt. Vgl. weiter zu diesem Komplex den metaphorischen Gebrauch von „Dschungel" (TG, 88, 89; TH, 18), „Dickicht" (TG, 82), „Wirrwarr" (TG, 126), „Labyrinth" (TH, 112) und „Wald" (TG, 82).

[71] Karl Jaspers, Philosophie, Bd. II., Berlin/Göttingen/Heidelberg 1956, S. 204.

[72] Ebd.

sammen, die das Erzählte der Grenze sowie der poetischen Möglichkeit ihrer Afhebung, dem Reisen, beimisst.

3.2.1. Erzählte Bewegung in >Eine unglückliche Liebe<

Als Friedrich zum erstenmal über eine Grenze in ein anderes Land reiste, waren ihm Grenzen nicht fremd. Als Kind hatte er in einem vom Krieg zerschossenen Dorf im Schatten der östlichen Blockhauslinie eine Grenze brennen gesehen, und später war er als junger Mensch in der Stadt an der See oft auf den hohen Backsteinturm der Kirche von St. Nikolai gestiegen, um über das Meer zu blicken, wo man in der hellen Luft zwischen Wasser und Himmel mit den Augen den Schiffen folgen konnte, bis sie, weit, weit draußen, im Dunst des Horizonts eingingen und unsichtbar wurden, so daß nur die Sehnsucht sie begleiten konnte auf ihrer Fahrt über die Rote-Bojen-Grenze der vaterländischen Gewässer hinaus auf die tragenden Wellen (UL, 7).

Die erinnerten Reisebilder dieser Passage, mit denen der Roman >Eine unglückliche Liebe< einsetzt, erwähnen die Grenze an drei Stellen und versehen sie mit doppeldeutiger Bedeutung. Bei allen hier angesprochenen Grenzen handelt es sich um eine real vorhandene Trennungslinie als topographische Markierung. Die erste Grenze ist eine brennende und wird aus nächster Nähe erlebt, die zweite ist unsichtbar, aber sie nimmt in der Vorstellung des Betrachtenden Gestalt an und wird sehsüchtig passiert. Die dritte Grenze, die real überschreitbar ist, taucht bereits an erster Stelle auf und fungiert als Auslöser für Friedrichs Erinnerung. Darstellerisch ragt neben der inneren, nur in der Phantasie zu überwindenden Grenze, eine äußere hervor. Dabei bedeutet die Darstellung einer konkret passierbaren keineswegs die Aufhebung bestehender Barrieren. Unmittelbar führt dieser Eröffnungspassus vor, wie das bloße Reisen über eine Grenze nicht darüber hinwegtäuschen kann, dass ein solches Erlebnis darüberhinaus als markante Grunderfahrung fortbesteht. Die hier angesprochene Grenze hat mit der existenzphilosophischen Grenzsituation nichts Gemeinsames[73]. Vielmehr handelt es sich in >Eine unglückli-

---

[73] Es ist auch nicht so, dass das von Koeppen verwendete Wort „Grenze", wie die Kritik es gewöhnlich als selbstverständlich hinstellt, überall mit der existentiellen Grenzerfahrung der Figuren in Verbindung steht.

che Liebe< um jene vertraute geistige, für Koeppens Protagonisten „nicht fremd[e]" und überall anzutreffende Barriere. Dennoch bleibt der ausgesprochene Wunsch dieser Menschen die Überwindung einer solchen geistig-menschlichen Schranke. „Es war dies eine Grenze, die sie nun respektierten" (UL, 198), heißt es am Ende des Romans, die Vergeblichkeit allen Reisens vor Augen führend. Es ist die gleiche Grenze des Romananfangs, die in der Wunschvorstellung „brennend" gesehen oder nur in der Phantasie überschritten wird. Sie bleibt für Koeppens Menschen bestehen.

In keinem seiner anderen Romane bedient sich Koeppen der poetischen Möglichkeiten des Reisemotivs eingehender als in >Eine unglückliche Liebe<. In der Form pausenlosen Aufbruchs der Figuren findet das Reisen auf zwei verschiedenen Ebenen statt. Die erste Ebene ist realen Charakters und betrifft die äußere Bewegung im Raum, die andere vollzieht sich parallel zu jener im Inneren des Reisenden, als Vergegenwärtigung von Vergangenem, als Traum von einem Leben jenseits des Wirklichen. Während erstere die Topographie des Romangeschehens bestimmt, die Psychologie des Subjekts nach außen hin verlagert und ihre Unbeständigkeit am Bild der ständigen Fortbewegung und des Ortswechsels dokumentiert, bringt das zweite Darstellungsmoment die Entfaltung der *eigentlichen Grundthematik*, der verhinderten Kommunikation, am Beispiel einer unglücklichen Liebe, zur Sprache.

> Dann hielt der Zug Einfahrt in die bekannte Fremdenstadt [...] Sibylle lebte in der Fremdenstadt [...] Ihretwegen war er gekommen [...] und er hatte ihr seine Ankunft nur ganz ungefähr, in diesen Tagen, gemeldet (UL, 7 f.),

eröffnet der Roman, das Fremdartige der bereisten Welt unmittelbar mit Friedrichs einsetzender Suche nach Erfüllung verbindend. Schon die erste Etappe der Reise, die auch Friedrichs Endziel sein sollte, beginnt mit einer Ankunft im Ungewissen. Über die Verfremdung örtlicher und zeitlicher Kategorie hinaus lässt die in diesem Zitat vorkommende Fremdheit ein Übergreifen auf die Protagonisten selbst erkennen. Obwohl die angeführte Textstelle nichts Näheres über Sibylles und Friedrichs Beziehung verrät, vermitteln die in ihr expositorisch dargestellten Details („bekannte Fremdenstadt", „Sibylle" – „Fremdenstadt", „ganz ungefähr, in diesen Tagen") bereits Andeutendes über die im weiteren Verlauf des Erzählten aufgerollte Geschichte dieser unglücklichen Liebe sowie über die allgemeine Atmosphäre, in die der Reisende gerät. So trifft Friedrich in der Fremdenstadt nur auf Ausländer[74], er kommt mit Schauspielern einer Variété-Theater-Truppe, der Sibylle angehört, zusammen. Da er „nach dem Zuhause, wie sie das Land nannten, aus dem er abgefahren, obwohl sie auch, dort, Russen, von der Welle, die 1917 sich erhoben, verschlagen, nicht eigentlich in der Heimat gewesen waren" (UL, 19.), gefragt wird, verliert er sich in Gedanken über das Fremdsein dieser Menschen: „Es sind Flüchtlinge, konstatierte er, und dachte, aber der Zar lebt nicht mehr, warum also sitzen sie hier im Keller und schlingen ihr Brot wie Nihilisten" (UL, 19 f.). Und der Text fährt fort: „Es war wie Widerwillen und Unbehagen in Friedrich. Er fühlte sich als Bürger, was er bisher nicht recht getan hatte, als ein Mann, der nach Sinn und Verstand handelt" (UL, 19 f.).

Das, was hier über Friedrich mitgeteilt wird, hat mit einem indirekten Aufzeigen der Schwierigkeiten und psychologischen Barrieren zu tun, die ihn daran hindern, sich der gegebenen Situation anzupassen und aus der selbstauferlegten Rolle auszuschlüpfen. Die Bewältigung solcher Augenblicke führt zu Verstimmungen, die meist dann abklingen, sobald ein innerer Ausbruch einsetzt. So heißt es z.B. über Friedrichs Gedankengänge und seinen unvermittelt gefassten Entschluss, abzureisen, als er am Ende der Variété-Theater-Szene die ihn von Sibylle trennende Distanz verspürt:

> Neben mir sitzt eine Schauspielerin [Sibylle], das Mitglied einer wilden Truppe, die ihre Geschäfte mit dem Hautgout der Finsternis zu treiben scheint [...] Nun gut, dann wird es eben das Ende sein, ich werde heimgehen, in das Hotel, und morgen werde ich weiterfahren, eine schöne Reise tun, den Süden sehen, die Sonne und das Meer (UL, 20 f.).

Als Kontrast zur Verstimmung des Subjekts und Ersatz für seine innere Haltlosigkeit kommt hier dem Reisen eine offensichtlich befreiende Funktion zu. Auf diese Rolle weist Klaus Haberkamm im Zusammenhang mit Koeppens Reisebüchern hin, ohne allerdings diese Bedeutung in Bezug auf dessen Romane näher zu erläutern: „Das Reisen ermöglicht Koeppen die Lebensweise der unverbindlichen

---

[74] Überhaupt begegnet Friedrich auf der ganzen Reise nur fremden Menschen. Vgl. hierzu u.a. S. 155 ff. In diesem Zusammenhang ist auch seine Beziehung zu Sibylle zu sehen.

Betrachtung, die jederzeit den Selbstentzug garantiert und den Anschein von Autonomie des Individuums erweckt"[75]. Das Zutreffen dieser wichtigen Beobachtung, die ebenfalls in Koeppens Äußerungen über sich selbst ihre Bestätigung findet[76], kann auch an zahlreichen anderen Stellen des Romans >Eine unglückliche Liebe< nachgewiesen werden.

In einem Augenblick des Nachdenkens über die Natur seiner Liebe zu Sibylle und im Zusammenhang mit der „Zeremonienordnung, die zwischen ihnen sich gebildet hatte" (UL, 48) als über ein nicht zu überbrückendes Hindernis auf dem Weg ihrer jeweiligen Selbstentfaltung, setzt sich Friedrich im Traum über die bestehenden Grenzen hinweg und begibt sich in die utopische Freiheit einer scheinbar nicht mehr entfremdenden Welt. So verbindet er z.B. den Geruch seiner nahen und für ihn nicht bestimmten Geliebten mit dem Zauber jener Ferne, denn

> es muß im Nordland so sein, dort, wo die Ostsee zu Ende geht, wo einsame Föhren die Heide überragen und in den weißen Juninächten den Schwestern winken, dort, wo Rentiere weiden, sattellos und von Menschen ungemolken, dort muß es sein, daß im weichen Wehen des Sommerwindes die Luft so rein geht, wie dein Atem flutet und ebbt, wenn du schläfst, Sibylle (UL, 48).

Diese Flucht als Reise in idealisierte Sphären ergreift Friedrich immer dort, wo seine Ohnmacht gegenüber dem äußeren Geschehen und seine Teilnahmslosigkeit ihm zum Verhängnis werden. Der bloße Streit zweier Schauspieler lässt ihn z.B. eigenartige Veränderungen im Gesicht Sibylles erkennen und veranlasst ihn selbst dazu, als scheinbar Nichtinteressierten und die Rolle des vorüberreisenden Herrn Spielenden, nach dem adäquaten Rettungsweg aus der unangenehmen Situation zu suchen:

> Wenn ich ein Pferd hätte, ein starkes, mutiges Pferd! Wie würde ich geritten kommen und die Scheiben des schwarzen Fensters einschlagen und Sibylle nehmen und sie vor den Sattel legen und davon fliegen und Funken, sprühende Lichter vom Hufschlag der vier muskelfesten, eisenbeschlagenen Bei-

---

[75] Klaus Haberkamm, Wolfgang Koeppen, a.a.O., S. 242.
[76] Vgl.: Christian Linder, Schreiben als Zustand. Ein Gespräch mit Wolfgang Koeppen, a.a.O., 266; ferner: Horst Krüger, Wolfgang Koeppen, in: Selbstanzeige. Schriftsteller im Gespräch, Hrsg. W. Koch, F.a.M. 1971, S. 66, (Fischer-Tb. 1182.).

ne meines schnellen Läufers als einziges Zeichen hinter meinem Verschwinden in der Finsternis der Nacht lassen. Ach, hätte ich doch ein Pferd! (UL, 90)[77]

Ein solch sehnsüchtig formulierter Wunsch bringt nicht nur das Fluchtmoment als unbedingten Selbstentzug zum Ausdruck, er reflektiert zugleich das Vermissen eines Bewusstseins, das in der Wirklichkeit zur Tat anspornt. Friedrichs Traum vom starken, mutigen Pferd, das ihn in die Lage des schnell Handelnden versetzen würde, ist ein Traum von den Möglichkeiten jenes anderen Ich, das er hätte sein sollen, um seine Liebe aus der Erstarrung des Augenblicks zu retten und Sibylle zu ‚erobern'. Da dies lediglich einen Akt entfesselter Phantasie und einen ‚heldenhaften' Ritt jenseits des Wirklichen als dessen hoffnungslosen Umgehungsversuch darstellt, bleibt der Gegensatz zwischen Wunsch und Vorstellung als Grenze bestehen[78].

Dass die Darstellung der erträumten Reise in >Eine unglückliche Liebe< intentional der des real stattfindenden Aufbruchs entspricht, dass beide Ebenen die mildernde Funktion haben, die Konfrontation mit dem objektiv Vorhandenen auf ein Minimum zu reduzieren und somit die Haltung des reinen Beobachtens zu fördern, ist zahlreichen Textstellen zu entnehmen[79]. Dies bringt der Roman bereits zu Beginn anhand der Gestaltung der realen Reise zur Sprache. An seinem Reiseziel angekommen, in der „Fremdenstadt", stellt Friedrich fest, dass er gegen seinen eigenen Willen handelt:

> Indem er seinen Koffer auf den Bahnsteig stellte, fragte er sich, ob die Stadt, zu der dieser Bahnsteig gehörte, das Ziel oder nur eine Station seiner Reise

---

[77] Wie der Text einige Details aus dem Bereich des Reisens mit anderen unmittelbar verbindet und dadurch ein Bild der äußeren sowie inneren Stimmung erzählerisch vermittelt, ist im Anschluss an die oben zitierte Passage zu lesen: „Sibylle hantierte mit Schachteln, Flaschen und Stiften. Eine Dose stürzte um, und der feine Staub des Puders zersetzte sich wie der weiße Rauch von Lokomotiven, wenn sie vor dem Schacht der dunklen Tunnel heulen, in der Luft des Raumes, und ließ die in ihm Streitenden dämmrig erscheinen, wie Leute, die in London an einem Nebelabend in dem Dschungel der Docke auf der Ostseite aus den Destillen treten" (UL, 90).

[78] Vgl. Friedrichs Traum von der Aufhebung der Grenze und von der harmonischen Liebe auf der Fahrt von Neapel nach Rom. (UL, 171 f.).

[79] Vgl. z.B. die lange Rückblende, (UL, 23-46.).

sein würde. Sein Wille war es, weiterzufahren nach dem Süden, und eine Fahrkarte dahin trug er in der Tasche (UL, 8)[80].

Angesichts des Wissens um die Enttäuschung, die unweigerlich aus der unmittelbaren Berührung mit der nüchternen Realität resultiert, scheint das Reisen zunehmend die Funktion eines Notbehelfs zu erfüllen. Diese Funktion besteht vor allem darin, das Problematische der eigenen Situation vorübergehend über den gerade erlebten Augenblick hinauszuschieben. Als ein das Subjekt während der Fahrt entlastender, das Abgetrenntsein von der Außenwelt offenbar verlängernder Zustand, der das Gefühl des Fremd- und Nichtbeteiligtseins garantiert, flößen die bewusst erlebten Reiseaugenblicke dem *durch die Welt Getragenen* eine Art Gefühl der Sicherheit ein: „Die Fahrt ging weiter und forderte nichts von ihm, als eingeschlossen zu bleiben in der Bewegung, die zu ruhen erlaubte, während ein Weg getan wurde" (UL, 10).

War bisher die Rede ausschließlich von der jeweiligen getrennten Darstellungsweise beider Reisemotiv-Ebenen als von zwei im Erzählzusammenhang autonom vorkommenden dichterischen Merkmalen (Reisen im herkömmlichen Sinne und erträumte Reise als Flucht), so bedeutet dies keineswegs, dass ein sie im Darstellungsvollzug unmittelbar Verbindendes fehlt. Der Thematisierung einer solchen dritten Komponente widmet >Eine unglückliche Liebe< breiten erzählerischen Raum. In einer Zusammenfügung von eingeblendeten Sequenzen aus der Erinnerung des reisenden Subjekts und dessen Assoziationen, sowie durch ununterbrochene Verlegung der örtlichen und zeitlichen Dimensionen des Erzählten außerhalb der augenblicklich erlebten Reise, gelingt es dem Text – die Flut der aufkommenden Bilder aus der jeweiligen Figurenperspektive festhaltend, aber stets in Blickrichtung auf das Erzählganze orientierend –, die real stattfindende Bewegung als Folie zu benützen, um Friedrichs Beziehung zu Sibylle, seine inneren Konflikte und nicht zuletzt die psychologischen Barrieren, die seiner Selbstverwirklichung im Wege stehen, detailliert zu schildern.

---

[80] Der Drang zum Aufbruch dominiert im ganzen Erzählverlauf. Er drückt sich in der Form direkter Aussprache aus. Vgl. u.a. S. 106, S. 108 und S. 148.

„Er lauschte auf ein Knarren und Rücken des Bettes über sich. Dann war die Stille im Abteil wieder total" (UL, 109). Mit diesen Sätzen leitet der Erzähler Friedrichs zweiten Aufbruch, seine mit Ania, einer Schauspielerin aus Sibylles Truppe, angetretene Reise nach Rom ein. Unmittelbar nach der Abfahrt, nachdem Ania sich schlafen gelegt hat, setzt die innere Reise bei Friedrich ein. Sie beginnt recht angenehm mit einer Beschreibung der äußeren Nachtkulisse und den Eindrücken, die beim Reisenden haften geblieben sind:

> Friedrich erlebte [...], indem er im Nachtzug [...] über das Gebirge reiste, eine Orgie großer Art. Er ruhte, und der blaue Wagen kletterte die Berge hoch. Der Vorgang war zu verfolgen. Wie die Zeitrafferaufnahmen in einem phantastischen Film stürmte die Nacht in Friedrichs Blick, der aus dem Inneren des lichtlosen Abteils gegen das Viereck des offenen Fensters sich richtete (UL, 115).

Den unmittelbaren Bezug zur inneren Verfassung des Betrachters formal herstellend, heißt es weiter:

> Es war eine Reise wie ein Rausch, und als Rausch am ehesten zu vergleichen mit dem Taumel, in den ein für die Wirkungen der Musik Empfänglicher beim Anhören gewisser Klangformen gerät. Dennoch waren die Klänge, die von Außen über ihn kamen, nur die Begleitung, die Verstärkung und die Lockerung der Melodie, die in seinem Herzen war (UL, 115 f.).

Damit steht zwischen dem fremden Reisenden und der Beschäftigung mit den eigenen Sorgen nichts im Wege. Doch die unmittelbar wahrgenommene Gegenwart bildet noch den Übergang zur eigentlichen Expedition. Als Sprungbrett, dient sie dem Ich – wie sonst im ganzen Roman – dazu, die Erlebnisse der nahen Vergangenheit in Erinnerung zu rufen: „Ob Ania wohl schläft?", fragt sich Friedrich. „Ihr Atem war nicht wahrzunehmen.", lautet die Feststellung, und schon ist der Fliehende mit den Gedanken bei Sibylle, die ihn nicht begleiten wollte, in der Fremdenstadt, bei der reisenden Theater-Truppe: „Und Sibylle? Gegen den Gedanken, sie könnte mit Fedor zusammen schlafen, braucht er sich nicht zu wehren" (UL, 176). Bevor der Erzähler den Reisenden rückblickend in eine Fahrt durch die ferne Vergangenheit entlässt, die Wichtiges über seine Beziehung zu Sibylle ans Licht rückt, heißt es an entscheidender Stelle:

> Nur wenn das Licht auf die Mädchensachen am Boden fiel, Licht von den Bahnhöfen [...], Licht von den Sternen, dachte er für Augenblicke wieder daran, Ania zu rufen; aber der Ruf ging schon im Hirn in anderen Vorstellungen unter. Wenn nun Sibylle gekommen wäre? Und wenn es ihre und nicht Anias Sachen wären, die da am Boden lagen? Und wenn ihr Atem es sein würde, den er wahrzunehmen versuchte? Wie wäre sein Dasein dann? Nicht in der lügenden Vorstellung des Glücks, ich reise mit Sibylle, sondern in der Vorstellung der, wenn sie gekommen wäre, eingetretenen Wirklichkeit, in dem Bett oben schläft Sibylle [...] Also war diese Nachtfahrt mit solchen Gedanken das Ende seiner Liebe zu Sibylle? Indem er diese Liebe als eine schwere Mühe erkannte, deren er nun überdrüssig war, konnte er ihr vielleicht Einhalt gebieten, wenn er nochmal ein Register der Qualen anlegte, sie aus dem Feld der vergangenen Zeit, in dem sie wucherten, zusammenharkte zu einem Scheiterhaufen über dem Schmerz der letzten Enttäuschung (UL, 117 f.).

Wichtig in dieser und ähnlichen Übergangspassagen ist die Progression zu verfolgen, die der Text zwecks Veranschaulichung der inneren Verfassung des Reisenden jedesmal anstrebt. Ausgangspunkt dieser darstellerischen, durch das Kontrapunktische verschiedener Details operierenden Vorgehweise ist das Umgebende, die Außenlandschaft. Der Erzähler beginnt zunächst mit der Schilderung dessen, was sich außerhalb des fahrenden Zugs wahrnehmen und unmittelbar erschließen lässt. Danach wird das Augenmerk auf das Innere des Abteils gelenkt, um schließlich mit der Darlegung der Gedanken des reisenden Subjekts fortzufahren. Dabei kommt der enumerativ vermittelten Wahrnehmung der Außenwelt eine zentrale Bedeutung zu, vor allem im Hinblick auf die nähere Erfassung der inneren Stimmung:

> Seinen Sinnen wurden die Eindrücke zuteil vom Brausen und Wiegen der Fahrt, von steil überhöhten Kurven, von eilenden Schatten und springenden Lichtern, von Schneefeldern, Eiswänden, kristallenen Wassern (UL, 115).

Durch die Darstellung einer formalen, nicht nur sprachlich hergestellten Deckung von real stattfindendem Reisen und geistiger Verfassung, als einer Korrelation von Innen- und Außenwelt, leitet der Erzähler Friedrichs Gedankenausbruch in die Vergangenheit ein.

> Er war in einer Lethargie. Ihr Name [Sibylles] saß ihm hinter den Lippen. Er wurde aber nie in dieser Nacht zu einem wahnsinnigen brüllenden Schrei über dem Fahrtdonner, dem Rädergeratter, dem Lokomotivenpfiff (UL, 118),

lautet der Anfang eines langen Abschnitts, in dem die Bilder aus der Erinnerung des Reisenden rasch aufeinanderfolgen, um dann mit der Ankunft am Reiseziel sich einzustellen[81]. Ähnlich verfährt Koeppen in seinem Roman >Das Treibhaus<. Hier lässt er Keetenheuve ebenfalls mit dem Zug fahren[82] und, gleich nach der Abfahrt, eine geistige Reise antreten, in der entscheidende, auf die gegenwärtige Situation des Abgeordneten unmittelbar bezogene Stationen zur Sprache kommen. In beiden Romanen bildet die Thematisierung der herkömmlichen Reise den Rahmen, innerhalb dessen die innere Reise epische Breite erfährt. Sie kommt lediglich am Anfang und am Ende des jeweiligen Gedankenaufbruchs zum Vorschein, nicht zuletzt als Orientierungsstütze für den Leser[83].

Betrachtet man die Totalität des Erzählten in >Eine unglückliche Liebe< als eine Reihe von immer neu einsetzenden Aufbrüchen[84], so weist diese äußere, den Protagonisten ergreifende Rastlosigkeit in erster Linie auf das Ausharren der Grenzsituation, als Anhalten der inneren Flucht, hin. Die Reise als Unendlichkeit auf realer sowie erdachter Ebene bringt auch der Schluss des Romans, am Ende des Venedig-Aufenthaltes, zum Ausdruck, nicht anders als das Fazit entfremdender Erfahrung und, wie bei allen bisher dargestellten Reise-Episoden, als zusammenfassende Reaktion auf die enttäuschende Wirklichkeit. Die Bewältigung der Grenzsituation bleibt somit eine ausschließlich erzählerische, deren offener Charakter den Prozess des Sprechens selbst bestimmt.

---

[81] Vgl. hierzu >Eine unglückliche Liebe<, S. 118-144.

[82] Vgl. die Ausführungen der vorliegenden Arbeit bezüglich der Funktion des Reisens im Roman >Das Treibhaus<.

[83] Vgl. diesbezüglich jeweils den Anfang und das Ende einer Reise-Strecke. >Eine unglückliche Liebe<, S. 118 und 144; >Das Treibhaus<, S. 7 und 41. Gelegentlich wird die Gedankenflucht des Reisenden im Roman >Das Treibhaus< durch einen Hinweis des Erzählers auf die äußere Reise unterbrochen. Vgl. >Das Treibhaus<, S. 35, 36; außerdem das während der ganzen Reise immer wiederkehrende lautmalende „Wagalaweia", das am Anfang des Romans eindeutig mit den rollenden Rädern in Verbindung gebracht wird.

[84] Vgl. hierzu die dargestellten Reise-Stationen in >Eine unglückliche Liebe<: Die Fremdenstadt, Rom, Neapel, Rom und Venedig.

3.3. Das Nicht-Ankommen

In seinem Prosastück >Der Sarkophag der Phädra< (1972) schreibt Wolfgang Koeppen: „Theseus ist vertrieben, Theseus ist emigriert, Theseus ist aufgebrochen. Er ist nicht angekommen"[85]. Diese knappen, das Gleichnis des griechischen Mythos aufleben lassenden Sätze rekapitulieren in prägnanter Form all das, was Koeppens Romane – trotz jeweiliger Abwandlung der Fabel – in größerem Umfang immer wieder zum Gegestand poetischer Aussage machen. Darin kreist die Darstellung unermüdlich um das Motiv des ständigen Aufbruchs ohne Rückkehr, des rastlosen Herumirrens ohne mögliches Ankunftsziel. Das Nicht-Ankommen beherrscht zudem den Diskurs nicht nur als Thema des Sprechens. Als eine nach allen Seiten reichende Verbindung bestimmt es ebenso den Erzählablauf und definiert den betreffenden Gegenstand der Darstellung als Problemkomplex.

3.3.1. Erzählte Fremde

Auf die Frage, weshalb er reise, antwortet Koeppen: „Jedenfalls nicht um anzukommen"[86]. Diese Äußerung fällt zwar in Zusammenhang mit den Reisebüchern[87], aber sie stellt gleichzeitig einen entscheidenden Hinweis auf wichtige Gestaltungsmomente im Romanwerk dar. Darin weist das Nicht-Ankommen-Motiv eine bipolare Gestaltung auf: als *konkretes*, nicht endendes Reisen ist es einerseits das Indiz eines unablässig gespannten Verhältnisses von Ich und

---

[85] Wolfgang Koeppen, Romanisches Café, F.a.M. 1976, S. 64, (st. 71.).
[86] Christian Linder, Schreiben als Zustand. Ein Gespräch mit Wolfgang Koeppen, a.a.O., S. 266.
[87] Bemerkenswert sind in diesem Zusammenhang Reinhard Döhls Ausführungen zur Verbindung zwischen den Romanen und den Reisebüchern Koeppens. Er schreibt: „Was die Reisebücher von seinen Romanen unterscheidet, ist der augenscheinliche Versuch Koeppens, sich an Faktizität, an den ‚Rahmen' zu halten. Man kann das veranschaulichen, wenn man übertreibend formuliert, daß in den Reisebüchern das zur Sprache kommt, was in den Romanen dem Prozeß der Entfremdung und Selbstentfremdung entgegengesetzt wird, also das, was übrigbleibt, wenn man die ‚Erzählung' herausläßt." Reinhard Döhl, Wolfgang Koeppen, a.a.O., S. 122. Vgl. hierzu ferner – auch im Zusammenhang mit den Romanen – das Verhältnis von Reisebeschreibung und Autobiographie. Ebd., S. 122 f.

Welt. Andererseits illustriert es eine geistige Verfassung, die, sich über Raum und Zeit hinwegsetzend, die Fremde als willkommenen Auslöser jenes Gefühls der Unzugehörigkeit betont. Durch ihre Überlagerung, als Illustration eines ununterbrochenen Ortswechsels und als verinnerlichte Haltung, verweisen beide Momente auf ein fortwährendes Nicht-Kommunizieren, ein Für-sich-Bleiben, auch in der Heimat („In meiner Stadt war ich allein"[88]), als Ausdruck von Heimatlosigkeit.

Treten die Koeppenschen Romangestalten innerhalb der ihnen vertrauten Grenzen oder in der Fremde auf, so bevorzugen sie, jenseits des „geselligen Mittelpunktes", „die Einsamkeit in der Menge"[89]. Sind sie keine herkömmlichen Reisenden nach dem Baedecker, so sind sie in Gedanken unterwegs, mit ihren Wünschen und Träumen. Ihre somit verinnerlichte Heimatlosigkeit geht über die konkrete, sie jeweils entfremdende Wirklichkeit hinaus. Als Flucht in die Zeitlosigkeit des Traums spiegelt diese Konstellation die Begrenztheit der Gegenwart wider. Indem sie auf Vergangenes rekurriert, hebt sie gleichzeitig die Beschränktheit des erlebten Augenblicks hervor.

> Die Stadt war eine tote Stadt wie so viele Städte im Osten, eine Stadt irgendwo in Masuren, doch man konnte nicht mehr zum Bahnhof gehen und eine Fahrkarte nach diesem Ort verlangen [...] Das hatte er geträumt: das Leben war in der Stadt gestorben [...] und er, als einziger übriggeblieben, war mit einem der verlassenen am Straßenrand stehengebliebenen Autos allein durch die tote Stadt gefahren [...] Litt er, wenn er an die Toten dachte, an die toten Städte? (TG, 20),

heißt es an einer Stelle in >Tauben im Gras<, in der der Kindheitstraum vom Untergang der eigenen Heimatstadt sich nur als Ausflug durch vergangene Zeiten vergegenwärtigen lässt. Zwar lebt die Heimat des *Überlebenden* im erinnerten Traum fort, als überholtes Bild, bietet sie im Jetzt jedoch keinen Halt mehr. Die Trostlosigkeit ihrer eindeutig *herbeigesehnten* Zerstörung und ihre Leere schließen zudem die Allegorie einer Vereinsamung in der Gegenwart mit ein. Das mittels distanzierender Wirkung des Traums ersuchte Eintreten einer neuen, *anderen* Wirklichkeit symbolisiert die Flucht des Ich in eine

---

[88] Wolfgang Koeppen, Romanisches Café, a.a.O., S. 86.
[89] Wolfgang Koeppen, Büchner-Preis-Rede, in: Büchner-Preis-Reden., Stuttgart 1977, S. 114, (Reclam. 9332 [3]).

geistige Sphäre, das Erschließen eines utopischen Zuhauses als Gegensatz zum Vertrauten. Die Ankunft in einer real greifbaren Heimat erweist sich somit als unmöglich. Die Welt des vom Untergang herkömmlicher Werte gezeichneten Menschen entpuppt sich, wie es in manchen „empfindsame[n] Reisen"[90] Koeppens heißt, als *gegenwärtiges* entvölkertes Paradies: „Wo ich nun lande, ist Eden [...] Im Paradies wohnen keine Menschen"[91].

In >Der Tod in Rom< (1954) konzentriert sich die abwechselnd in Ich- und Er-Form[92] fortschreitende Erzählung zunehmend auf die Darstellung der jeweiligen Erfahrung der Protagonisten mit dem Faschismus sowie ihres Verhältnisses zum neu gegründeten bundesrepublikanischen Staat. Wichtigste Figur des Romans – da es hier, wie in >Tauben im Gras<, von einem Hauptprotagonisten nicht gesprochen werden kann – ist der avantgardistische Komponist Siegfried Pfaffrath, dessen Musik bereits während des Krieges der Ausdruck eines „geheimen Widerstand[es]" sein wollte. Sie war seine

> Auflehnung gegen seine Umgebung, gegen das Kriegsgefangenencamp, den Stacheldrahtzaun, die Kameraden, deren Gespräche ihn anödeten, den Krieg, den er seinen Eltern zuschrieb, und das ganze vom Teufel besessene und geholte Vaterland (TR, 9).

Stellte Siegfrieds anfängliche Musik eine Art Befreiung vom Alten und eine Rettung in „eine neue Welt, ein Tor, das ihn aus einem Käfig ließ" (TR, 10), dar, so klingen seine neuen Kompositionen nach Ver-

---

[90] So lautet der Untertitel von Wolfgang Koeppens Band >Nach Rußland und anderswohin<. In: Wolfgang Koeppen, Nach Rußland und anderswohin, F.a.M. 1973, (st. 115.).

[91] Ebd., S. 268.

[92] Wird aus Siegfrieds Perspektive erzählt, so überwiegt die Ich-Form. Der Roman setzt hingegen keineswegs als Ich-Erzählung ein. Wie in >Tauben im Gras< und in den anderen Romanen, führt ein dritter Sprecher den Leser allmählich in das Romangeschehen ein. Erst mit dem Anfang der dritten Episode erfolgt ein bis zum Ende währender Wechsel zur Ich-Perspektive („Ich saß an einem Aluminiumtisch [...] ich war glücklich, ich redete mir es ein, ich war ja in Rom." [TR, 12]). Vgl. hierzu: Ernst Peter Wickenberg, Der Erzähler Wolfgang Koeppen, in: Geschichte der deutschen Literatur aus Methoden – Westdeutsche Literatur von 1945-1971, Bd. I., Hrsg, Heinz Ludwig Arnold, F.a.M. 1972, S. 197 f.

irrung und Orientierungslosigkeit. Obwohl diese Musik von einem „beharrliche[n] Experiment" zeugt, bleibt sie „ein Suchen ohne Ziel", „von Zweifel erfüllt und von Verzweiflung beherrscht" (TR, 16 f.). Sie bedeutet weder eine Rückkehr zum Schutz gewährenden Ursprung (Das „Zuhause war nicht mehr zu erreichen, das Zuhause war eine Erinnerung" [TR, 71].) noch einen Schritt in Richtung Selbstfindung, zumal der „Tonsetzer" seinen „Beruf" „so lächerlich" wie den eigenen Namen findet und sich fragt, weshalb er „kein Pseudonym" (TR, 14) wähle. Zum Indiz und Gradmesser einer übergreifenden Identitätskrise vorgerückt, bringt eine solche Musik vielmehr das innere Schwanken Siegfrieds zwischen einer verhassten Vergangenheit und einer verwünschten Gegenwart zum Ausdruck: „Falsch klang die Musik, sie bewegte ihn nicht mehr, fast war sie ihm unsympathisch wie die eigene Stimme, die man, auf ein Tonband gefangen, zum erstenmal aus dem Lautsprecher hört und denkt, das bin nun ich, dieser aufgeblasene Geck, dieser Lügner" (TR, 7 f.)[93]. Dass gerade diese Tätigkeit Siegfrieds wahrer Empfindung, diesem „Suchen eines Klangs", dieser „Erinnerung an einen Garten vor aller Geburt" und dieser „Annäherung an die Wahrheit der Dinge" (TR, 8) nicht entsprechen und seiner Sehnsucht nach einem glücklich-einsamen Dasein, jenseits des Wirklichen, nicht Rechnung tragen kann, belegt der letzte, verzweifelt geäußerte Wunsch zur Flucht am Ende des Romans: „Ich würde nach Afrika reisen [...], um die Wüste zu sehen und aus der Wüste Musik zu empfangen" (TR, 177).

Diese in Aussicht gestellte Reise ins Unbekannte, um dort der einsamen Stimme zu lauschen, steht als Sinnbild für eine Expedition in eine Welt ohne Menschen, in der das geistige Leben dort einsetzt, wo die Leere und der Tod längst eingetreten sind. Das Nicht-Ankommen in der Gemeinschaft, das im Negieren der eigenen Herkunft und in der Ablehnung des Naturhaft-Biologischen sich manifestiert, erklärt die unablässige Suche nach utopisch-befreienden Horizonten. Zahlreich sind auch die Belege aus dem Alltag, die diesen Sachverhalt allegorisch veranschaulichen, durch Assoziationen steigern und bildhaft reproduzieren:

---

[93] Vgl. hinsichtlich der dichterischen Funktion der Stimme die Textstellen in >Tauben im Gras<, S. 55 und 193.

> Eine Reinemachefrau aß eine Semmel [...] und eklig hingen die Brüste der Frau ungehalten in der verschwitzten weitgeöffneten Bluse, und Siegfried dachte an den Schoß des Weibes und daß sie Kinder hatte, und es ekelte ihn [...] vor dem feuchten und warmen Leben, und unheimlich und eklig dünkte ihm die Lebensgier, zu der wir verdammt sind, die Fortpflanzungssucht [...] und er vernahm die Geigen, seine Geigen, und es war ihm, als schrien sie, und seine Musik war ihm fremd, fremd, fremd (TR, 104).

Oder, wie es in >Das Treibhaus< an einer bezeichnenden Stelle heißt:

> Es war Abendbrotzeit. Sie saßen in ihren dumpfen Stuben, sie saßen vor den gemachten Betten, sie nährten sich und sie lauschten kauend träge der Lautsprecherberieselung: Nimm mich mit Kapitän auf die Reise, Heimat deine Sterne. Nur wenige Menschen bevölkerten die Straße. Es waren Menschen, die nicht wußten, wohin sie gehen sollten [...], auch wenn sie ein Zimmer hatten, auch wenn ihr Bett gemacht war, das Bier und die Wurst auf sie warteten, sie wußten nicht, wohin sie gehen sollten (TH, 127)[94].

Lässt Koeppen in >Der Tod in Rom< seine Romanfiguren in einer ausländischen Großstadt auftreten, so verfolgt er dadurch keineswegs immer nur die Steigerung eines Gefühls des Fremdseins und der Heimatlosigkeit bei ihnen. Die erzählerisch vermittelte Entfernung von der Heimat wird zwar formal durch die Verlegung des Geschehens in die Fremde bewirkt, im Darstellungsvollzug erhält sie jedoch nicht den entsprechenden poetischen Aussagegehalt. Für jene nicht reflektierenden Figuren (Der Onkel Judejahn, seine Frau, das Eltern-Ehepaar Pfaffrath) bedeutet der Aufenthalt in Rom weder Unterbrechung noch Aufhebung bisheriger Wertbezüge. Für sie bleibt die Bindung an die einstige als neue Heimat Deutschland bestehen. Diese Zusammenkunft gleichgesinnter Menschen (Nazis) spielt im Roman vielmehr die Rolle eines unglücklichen Zufalls, der für Siegfried nichts anderes als eine Wiederkehr des Alten signalisiert. In Rom holt die Vergangenheit den Komponisten ein und bildet somit ein erzählerisches Äquivalent zum erlittenen Augenblick als Gegenpol zur Fluchtebene. Die fremde Stadt fungiert nicht mehr als möglicher rettender Aufenthaltsort, der ein Autonomie-Gefühl einflößen könnte. Sie wird zu einem Schauplatz erzählerisch-dichterischer Auseinandersetzung zwischen Vergangenem und Gegenwärtigem, äußerer und

---

[94] Vgl. ferner: >Das Treibhaus<, S. 111.

innerer Wirklichkeit. Hält der Zusammenprall beider Vorstellungswelten an, so erscheint dem reflektierenden Subjekt der weitere Ortswechsel als die einzig bleibende Möglichkeit, dem Entfremdenden zu entkommen. Sobald das Leben in der Fremde das unbeteiligte Beobachter-Dasein nicht mehr garantiert und stattdessen die Annäherung an den Ursprung beschleunigt, steigert es sich zu einer neuen *Existenz*form, die jeglicher Hoffnung auf die anfangs ersehnte individuelle Selbstverwirklichung entgegensteht. Der fremde Aufenthaltsort selbst wird, als Schauplatz des Geschehens, zum Inbegriff des Herkömmlichen, zum Wirkungsbereich des Bösen, dem es zu entgehen gilt[95].

3.3.2. Die Darstellung des Provisorischen

In der Funktion einer Durchgangsstation fungiert das Ausland als *Provisorium*, in dem die Menschen zu Vorüberreisenden erklärt werden. Die Suche nach einer festen Bleibe einerseits und die Flucht vor der besitzergreifenden Heimat andererseits bedingen sich gegenseitig und erfolgen prozesshaft. Dieses Dilemma erkennend, scheint Siegfried dem Weg Kürenbergs, eines berühmten Dirigenten, der „sich auf Nomadie eingestellt" (TR, 44) hatte, zu folgen. Mit seiner Frau hatte Kürenberg „kein Haus, keine feste Wohnung, sie besaßen Koffer, große schöne Koffer und ein Hotelzimmer hier und dort" (TR, 46).

Das *Koffermotiv*, das sich in Koeppens erzählerischem Werk wie ein roter Faden zieht und oft in Verbindung mit dem Hotelmotiv[96] auftaucht, trägt zur Betonung des Ständig-unterwegs-Seins bei als zu einer selbstverständlichen Widerlegung jeglicher Bindung an Herkunft.

---

[95] Die im Titel des Romans enthaltene Verbindung von Tod und der Stadt Rom geht über den am Ende des Werkes geschilderten Tod Ilse Kürenbergs und Judejahns hinaus. Vielmehr meint diese Verbindung Judejahn selbst und das Rom der Unterwelt, dessen Gespensterhaftigkeit und Dämonie der Text vielerorts schildert. „Ein großes Automobil, lackglänzend, schwarz [...] ein funkelnder dunkler Sarg [...] war vor dem Pantheon vorgefahren."; „Er [Judejahn] war ein Henker. Er kam aus dem Totenreich [...], er selber war ein Tod, ein brutaler, ein gemeiner, ein plumper und einfallsloser Tod". >Der Tod in Rom<, S. 15. Vgl. ferner S. 37, 54, 76, und 151.

[96] Vgl. insbesondere >Tauben im Gras<, S. 15 f.

In >Tauben im Gras< verlässt der schwarze Soldat Odysseus Cotton seine amerikanische Heimat und trifft am Bahnhof der Großstadt ein. Begleitet vom Dienstmann Josef, der stets des Reisenden ‚Koffer' trägt, beginnt Cotton sein ziel- und rastloses Wandern. Zwar kommt der Amerikaner an, aber – Koeppen gibt ihm den bezeichnenden Namen Odysseus – seine Ankunft in der Fremde geht in ein Herumirren über. Sie wird dadurch aufgehoben, dass er, im ganzen Roman, sich von seinem Koffer nicht trennt. Obwohl es sich hierbei eigentlich um ein Kofferradio (oder Rundfunkgerät) handelt, stößt der Leser nirgends im Text auf derartige Bezeichnungen. „Er schlenderte seinen Koffer" (TG, 26), heißt es in der Ankunftsszene. „Er [Josef] liebäugelte mit dem Köfferchen, aus dem die Musik klang [...] Er störte sich nicht an dem Gesang, der das Zelt um Odysseus baute, er griff in die fremde Welt, *Night-and-day-Welt*" (TG, 27), fährt der Text fort, wobei eine thematisch-motivische Verbindung zwischen stetem Tragen eines Kofferradios (*fremde* Musik als Chiffre für Ferne und Entfremdung zugleich) und dem Tragen eines Reisekoffers (Symbol des Nicht-Ankommens schlechthin) implizit hergestellt wird. Durch die Opposition in „*night and day*" (Metapher für schwarze und weiße Hautfarbe) sowie das Verlegen der eigenen Heimat („das Zelt um Odysseus") in eine „fremde Welt" erreicht die Darstellung der Entwurzelung und Vereinzelung einen Höhepunkt[97].

Eine zusätzliche Bedeutung kommt der Gestaltung des Koffermotivs zu, wenn – wie aus der Sicht des Dienstmanns Josef erzählt wird – daran die sonst nicht greifbare Zeit geschichtlich messbar wird:

> Josef dachte, wie alt er geworden sei, immer hat er in dieser Stadt gelebt, nie war er verreist gewesen, bis auf den Ausflug in den Argonnenwald und zum Chemin-des-Dames, er hatte immer nur die Koffer der Leute, die verreisten, getragen (TG, 106);

> Was hätte Josefs Rücken gebückt? Die Koffer der Reisenden, das Gepäck der Jahrzehnte, ein halbes Jahhundert Brot im Schweiß des Angesichts [...] Verdun, Argonnenwald, Chemin-des-Dames [...] und wieder Koffer, Reisende ohne Gewehr [...], und wieder Fahnen, wieder Märsche, er schleppte Offiziersgepäck, die Söhne gingen ohne Wiederkehr [...], die Amerikaner kamen mit bunten Taschen, Bagagesäcken (TG, 27).

---

[97] Vgl. hierzu u.a. >Tauben im Gras<, S. 144, 145 und 154.

Wie in >Tauben im Gras< konstituieren sich im Prosastück >Jugend< (1977) eine Reihe poetischer Bilder um die Darstellung des Reisens und des Koffer-Tragen-Komplexes. Solche Bilder lassen eine Rückkehr ins Vertraute, im Sinne einer letzten Ankunft, unmöglich erscheinen. „[...] er beäugte sie, nicht die Geschäftsreisenden mit den Musterkoffern [...], er spekulierte auf die Passagiere, die aus bekannten Gründen die Stadt besuchten, die Koffer hatten zu schwer zu tragen [...], die nicht wußten, in welches Hotel sie gehörten" (J, 94), heißt es über den namenlosen und mit seiner Umwelt sich nicht mehr identifizierenden Jungen, der den Reisenden *seine* Stadt zeigt, sie zu ihren Hotels führt und, als Nicht-dazu-Gehörender, sich dabei einbildet, „der Reisende zu sein, Nachtigall, der aus Afrika zurückkam, den Koffer voll Elfenbein oder voll Gold", in einer Gegenwart, in der „der Portier des Hotels" ihm die wesentliche Erkenntnis entgegenschreit: „scher dich hinaus. Hinaus bleib vor der Tür" (J, 95).

3.3.3. Mythologisches Durchdringen des Textes

Eine aufschlussreiche poetische Aussage erhält die Verkoppelung des Reisemotivs als Nicht-Ankommens mit Elementen der *Sage*, des *Märchens* und des *Mythos*. Der Verbindung des Reisens mit der griechischen Mythologie, die, wie die Kritik übereinstimmend betont[98], die literarische Grundaussage von Koeppens Werk entscheidend mitträgt, kommt in diesem Zusammenhang die größte Bedeutung zu. In besonderem Maße bedienen sich Koeppens Texte zahlreicher Topoi der Odysseus- und Theseus-Sagenwelt[99], die durch ihre Verstreuung im Erzählten und in einer nicht selten vorkommenden Korrelation mit anderen dichterischen Motiven dazu beitragen, Bezüge zur jeweiligen Romansituation herzustellen und, dadurch, eine tiefergehende dichterische Wirkung zu erzielen. Doch die zuweilen unmittelbar erfolgende Beschwörung des Mythos darf nicht darüber hinwegtäuschen, dass Koeppen letzterem keine überformende Funktion bei der Strukturie-

---

[98] Vgl. Reinhard Döhl, Wolfgang Koeppen, a.a.O., S. 119; Klaus Haberkamm, Wolfgang Koeppen, a.a.O., S. 246 ff.; Ernst Peter Wickenberg, Der Erzähler Wolfgang Koeppen, a.a.O., S. 198-199.
[99] Zum Theseus-Komplex, vgl. insbesondere: Wolfgang Koeppen, Romanisches Café, a.a.O., S. 59-76.

rung des Romangeschehens zuweist. Es wäre daher verfehlt, darin vor allem nur eine Gleichsetzung mit den Romanfiguren zu sehen. Zwar mangelt es nicht an Stellen, in denen figurale Bezüge zu mythischen Gestalten offenkundig zu sein scheinen, aber der Erzähltext hält sich kaum beim bloßen Vergleich auf. Herkömmliches Verweisen auf den Mythos wird entkräftet durch ein ständiges Relativieren seitens des Erzählers, denn nicht das *Mythologische* soll, aufgrund seiner ursprünglich-naiven Vorgeschichtlichkeit, die Gegenwart bestimmen und ihr als Gleichnis dienen, *sondern das mythische Moment* hat, in der dichterischen Sublimierung, die Wirklichkeit zu durchdringen und zu entlarven. Das Verweisen erhält insofern poetische Ausdruckskraft, als es, lediglich auf das Allgemeine als Gedanken stets hindeutend, das mythologische Durchdringen des Textes gewährleistet, es dennoch gleichzeitig einschränkt.

Bekommt die Romangestalt Odysseus Cotton in >Tauben im Gras< mit dem Fortschreiten der Erzählung allmählich die Züge des verschlagenen Königs Odysseus der griechischen Sage, glaubt der Leser solche Züge bei dieser Romangestalt an bestimmten verstreuten Hinweisen zu erkennen („Sie gingen durch die Straßen, Odysseus voran, ein großer König" [TG, 38]; „Odysseus entwichte ihnen. Er entwichte den Griechen" [TG, 77]; „‚Er ist doch ein sehr fremder Herr', dachte Josef"; „‚Er war der Reisende'" [TG, 170].), so tritt der Text an zahlreichen Stellen der Möglichkeit einer unvermittelten figuralen Gleichsetzung oder Identifikation entgegen. Das mythologische Element büßt dadurch an ursprünglicher Naivität ein; es wird relativiert, der jetzigen Erzählsituation entsprechend umgeformt und oft in sein Gegenteil verkehrt: „Aber es war nicht der freundliche, freigebige Odysseus der Stadtwege. Es war [...] ein gefährlicher und zu fürchtender Teufel! Er war eins mit der Teufelsfratze des Turmvorsprungs geworden [...], auf die er seinen Namen und seine Herkunft geschrieben hatte; ein schwarzer Teufel war Odysseus" (TG, 126).

In Koeppens erzählender Prosa steht der Mythos für die entfremdende Wirklichkeit, die in ihrer Aktualität für nichts anderes als für das Vergangene auftritt. Um dieser Realität im Werk entgegentreten zu können, gilt es, das Mythische an ihr zu überwinden bzw. aufzuheben. Ein solcher Entmythisierungsakt vollzieht sich jedoch parallel zur Schaffung einer eigenen, anderen Fabel, die darin besteht, die Bedeutung des Ursprünglichen, des herkömmlichen Mythos, umzukehren. An einer Stelle des Romans >Das Treibhaus< besucht der herumirrende Keetenheuve eine Kinovorstellung. Als in einer Filmsequenz gezeigt wird, wie eine Frau einen nackten Transvestiten in der Badewanne findet, bricht im Saal ein Gelächter aus. Keetenheuve, dem alles eher traurig als komisch vorkommt, nimmt am allgemeinen Vergnügen nicht teil und verlässt den Raum. Für ihn bedeutet die Begebenheit eine abermalige Begegnung mit dem Banalen und Vertrauten, eine weitere Illustration des Konventionellen. Der Text zeigt die Flucht des ‚Helden' und versucht, sein Nicht-Ankommen gerade dadurch zu veranschaulichen, dass er die Theseus-Sage auf den Kopf stellt:

> War er unter Menschen gereist, die anders weinten, anders lachten, die anders waren als er? Vielleicht war er ein Ausländer des Gefühls [...] Er tastete sich hinaus aus dem Labyrinth. Er verließ das Kino. Es war eine Flucht. Ariadne piepste hinter ihm drein: ‚Rechts halten! Zum Ausgang rechts halten!'
> *Theseus auf der Flucht Minotaurus lebt* (TH, 127).

Der nicht erlegte Minotaurus steht hier – im Gegensatz zur überlieferten Sage – als Sinnbild für die unbezwingbare Wirklichkeit, aus der das Subjekt, infolge nicht vollbrachter Tat, ausbricht. Die gleiche Funktion Erfüllt die Umkehrung der Mythologie an anderer Stelle des Romans: „Keetenheuve ging durch die Gänge des Parlaments [...], das Labyrinth ist leer, der Stier des Minos wandelt verehrt unter dem Volk, und ewig irrt Theseus durch die Gänge" (TH, 112). Mit einem ähnlichen Bild setzt der Roman ebenfalls ein. Darin wird der Reisende dem Leser zunächst als eine Figur der Sagenwelt vorgestellt, die dann allmählich aus ihrem tradierten Kontext herausgeschält wird. So ist der fliehende Hagen der ersten Seite des Romans ein Mörder, der der zweiten ein nur in der Phantasie Handelnder, und zwei Seiten weiter heißt es in einer Mischung aus Märchen und Sage:

> Kein Mitleid mit dem Oger! [...] Keetenheuve hob das Beil, er schlug zu [...] Der Bulle sackte ab [...] Niemand hatte ihn gesehen, niemand hatte ihn sehen können, denn leider hatte er die Tat nicht getan [...], er hatte gedacht, statt zu handeln, es war ewig, ewig das alte Lied (TH, 11).

3.3.4. „Die Schicht, die uns trennte"

Als Merkmal der Entfremdung, der vergeblichen Suche nach Erfüllung und des Nicht-Ankommens, unterstreichen in >Das Treibhaus< auch Gestalten der Weltliteratur das Ausmaß der Unvereinbarkeit zwischen Anspruch und Wirklichkeit. *Odysseus, Theseus* und *Don Quichotte* sind in Koeppens Romanwelt moderne irrende Reisende, die an das Märchen der Rückkehr in die Heimat und zu sich selbst nicht glauben. „Kurz waren die Umarmungen zwischen den Zügen, und er eilte wieder auf Wanderschaft", bringt der Text über den Abgeordneten Keetenheuve, der weder in der Ehe noch in der politischen Arbeit sich bewähren kann, „ein törichter Ritter gegen die Macht, die so versippt war mit den alten Urmächten [...], und manchmal stellte sie ihm [...] eine Windmühle in den Weg, gut für den altmodischen Don Quichotte" (TH, 19).

Ein weiteres wichtiges dichterisches Merkmal, das dazu dient, die Nicht-Ankunft-Problematik transparenter zu gestalten, ist das *Trennwandmotiv*. An ihm konzentriert sich die Symbolik einer anhaltenden Entfremdung des einzelnen gegenüber einer nahen, unmittelbar erfahrbaren, dennoch nicht konkret fassbaren Realität. Es ist das Sinnbild menschlicher Isolation und Kommunikationslosigkeit. Am häufigsten ist dieses Motiv im Roman >Eine unglückliche Liebe< anzutreffen. Mit dem Motiv des Reisens und dem der Grenze bildet es die strukturgestaltende Einheit des Werkes. Während die Darstellung des Reisens in Form von ununterbrochenen Aufbrüchen erfolgt und Friedrichs wiederholte Versuche, in der Bewegung eine Scheinautonomie gegenüber einer die Individualität desintegrierenden Wirklichkeit zu finden, dokumentiert, verweist die stets wiederkehrende Thematisierung des Trennwandmotivs auf den bestehenden Bruch zwischen Wunsch und Erfüllung, auf den entfremdeten Charakter menschlicher Beziehungen:

> Er dachte auch zuweilen, vielleicht ist es wie ein Tunnelbau, Sibylle sollte da graben und ich hier, wir hätten uns begegnen sollen und dem Plan der Baumeister, aber dann sind wir uns nur nahegekommen; sie hörte den Schlag meiner Hacke, und ich vernahm das Scharren ihres Spatens, die Erde bröckelte schon, fingerdünn war die Schicht, die uns trennte – da wurde ich mit Unvernunft geschlagen und änderte die Richtung meines Grabens, senkte den Weg in die Tiefe (UL, 40).

Das Nicht-zueinander-Finden und die Vergeblichkeit aller Bemühungen tauchen an dieser Stelle in Friedrichs Gedanken als Vergleichsbild auf. Mit diesem die Welt Kafkas[100] reproduzierenden Gleichnis, das gedanklich auf einen anfänglichen Zustand der Beziehung zu Sibylle rekurriert und die offensichtliche Parallelität zur Sinnlosigkeit des Reisens – sowohl der real stattfindenden Bewegung als auch der erträumten geistigen Expedition – erkennen lässt, setzt im Roman eine breit angelegte Darstellung des Trennwandmotivs ein. Ob diese Merkmale der Trennung „Wand" (UL, 187), „Mauer" (UL, 68), „dünne Schicht" (UL, 189) oder „Grenze" (UL, 66) lauten, in erster Linie meinen sie die Realität selbst und keineswegs – schematisierend – ein Dazwischen, d.h. eine nicht überbrückbare Vorstufe zu ihr, die es zu überwinden gilt.

Über die Thematisierung des Hindernisses in seinen möglichen Varianten hinaus, besitzt das Trennwandmotiv in >Eine unglückliche Liebe< seine eigene poetische Aussage. Es signalisiert das Anhalten eines erdrückenden Erlebnisses, einer Situation, welche gleichzeitig das Subjekt zum Aufbruch veranlasst und – als täuschendes Hoffnungsmoment – durch das Reisen aufgehoben zu werden verspricht, so „daß das *Reisemotiv* und das *Trennwandmotiv* [...] stets *kontrapunktisch aufeinander bezogen* sind und sich wechselseitig erhellen"[101]. Sie erhellen sich allerdings gegenseitig nur insofern, als sie die Vergeblichkeit der Flucht und die Wiederkehr des Gleichen zum Ausdruck bringen, wie die Schlussworte in >Eine unglückliche Liebe< es deutlich vor Augen führen:

> Sie lachten beide und sie wußten, daß nichts sich geändert hatte, und daß die Wand aus dünnstem Glas, durchsichtig wie die Luft und vielleicht noch schärfer die Erscheinung des anderen wiedergebend, zwischen ihnen bestehen blieb (UL, 198).

---

[100] Vgl. dazu die Räumlichkeiten der Gefangenschaft und der Isolation in Kafkas Erzählung >Der Bau<.
[101] Manfred Koch, Wolfgang Koeppen, a.a.O., S. 30.

3.4. Die Sehnsucht nach dem Offenen

Die Frage nach dem poetologischen Stellenwert des Reismotivs in Koeppens Romanen hängt mit der Befragung der Natur und Darstellungsweise aller anderen Möglichkeiten der Flucht aus der Sphäre des Vertrauten zusammen. Es geht dabei um die semantische Nachbarschaft und die erzählerischen Affinitäten, die der Thematisierung des Reisens zumindest als stützender Hintergrund dienen, wenn sie dieses dichterische Merkmal nicht ohnehin in irgend einer Form indirekt widerspiegeln. Es sind die verschiedentlich auftauchenden Namen und Begriffe, die das Gefühl der Ferne, des Unendlichen und damit des Fremden vermitteln. Die stetige Suche nach unbekannten Ufern jenseits des Wirklichen ist bei Koeppens Protagonisten der Ausdruck einer immerwährenden inneren Anstrengung, die dem Subjekt den Weg einer erträumten Selbstrettung vorzeichnet, die Dimensionen des Scheiterns und der Resignation jedoch gleichzeitig offenlegt. Das Andere, Ferne und Fremde sind hier immer die undefinierbaren Orte einer unbeschränkten Sehnsucht nach dem Offenen, dem Grenzenlosen, in dem es für das Ich keine Entfremdung geben sollte. Diese Art Sehnsucht bedeutet zugleich einen Rückzug in die Innerlichkeit bzw. in die Utopie einer erträumten Welt. Damit signalisiert sie den Austritt aus der Wirklichkeit als Zeichen unumgänglichen Scheiterns. Hier erkennt sich das Ich in einem unbestimmten Etwas wieder, das zunehmend zu einem Identifizierungsobjekt aufrückt, sich zu einem Entwurf von der besseren Seite der eigenen Identität formt.

3.4.1. >Tauben im Gras<

> Kay ist reizend, aber ich bin gar nicht versessen darauf, ich will gar nicht sie, ich will das andere Land, ich will die Weite, ich will die Ferne, einen anderen Horizont, ich will die Jugend, das junge Land, ich will das Unbeschwerte, ich will die Zukunft und das Vergängliche, den Wind will ich (TG, 205).

Mit diesen Gedanken spricht Philipp gegen Ende von >Tauben im Gras< seinen Wunsch nach Freiheit und Neuem aus. Für ihn, der „schließlich nur jemand, der sich Schriftsteller nannte, weil er in den

Einwohnerakten als Schriftsteller geführt wurde" (TG, 96) und dessen erstes Buch „im Lautsprecherbrüllen und im Waffenlärm untergegangen [war]" (TG, 96), ist sein alltäglicher Lebensraum nicht mehr das Unmittelbare und die Mitte, die es zu *erleben* gilt. Ein solcher Lebensraum bildet zwar nach wie vor den „verfluchte[n] Schauplatz, den er nicht verlassen konnte" (TG, 96), aber er ist längst nicht mehr der Ort, der ihn einspannt, seinen Wünschen entspricht und ihn zur Auseinandersetzung mit dem Bestehenden anspornt. Für den mitten in dieser Welt Lebenden und doch außerhalb ihrer realen Grenzen sich Befindenden bahnen sich keine neuen Möglichkeiten eines unbeschwerten Anfangs an, die die Spuren einer verhassten Vergangenheit beseitigen ließen: „Was war hier untergegangen? Ein paar alte Häuser waren zusammengebrochen. Sie waren längst untergangsreif gewesen. Die Lücken im Straßenzug würden sich schließen" (TG, 112). Der Neuansatz, der sich in der Realität nicht verwirklichen lässt, erstarrt somit zu einer Hoffnung auf die Entdeckung unbekannter Horizonte, eines anderen Lebens.

Kaum mit der jungen Amerikanerin Kay zusammengekommen, stellt Philipp in der oben angeführten Stelle eine direkte gedankliche Verbindung zum Herkunftsland des Mädchens („das junge Land") her. Doch Philipp spricht den Namen „Amerika", diese formale Hülle als Wort, nicht aus. Er überhöht seine Wünsche, in dem er den Ort seiner Sehnsucht ins Unbestimmt-Allgemeine führt und ihm den Charakter des Unverbindlichen verleiht. Solcherart löst der offensichtliche, den Erzählzusammenhang fortan bestimmende Zug ins Irreale die ohnehin nur an den subjektiven Empfindungen und Reflexionen der Romangestalten vermittelten Wirklichkeitsformen auf und setzt an ihre Stelle das Utopische einer zeitlosen, jeglicher Konkretion entbehrenden Traumwelt. Dem Hier sowie dem Jetzt, die sich in der Realität dem wahrnehmenden Bewusstsein entzogen haben, stellt sich der absolute Maßstab des Grenzenlosen als erdachte Möglichkeit gegenüber („das andere Land"; „Die Weite"; „die Ferne"; „die Zukunft"; „der Wind").

Bereits am Anfang des Romans deutet die Darstellung des unmittelbar Erlebten auf die Aufhebung jeglichen Wahrnehmungssinns hin. Am Beispiel der Kategorie Zeit heißt es:

> Die Dekoration des Traums war ins Leben gestellt [...] Zugleich aber raste dieselbe Zeit, die doch wiederum stillstand und das Jetzt war, dieser Augen-

blick von schier ewiger Dauer, flog dahin [...], glich dem Wind, war etwas und nichts [...] entfloh ungreifbar, unhaltbar: woher? wohin? Aber er, Philipp, stand dazu außerhalb dieses Ablaufs der Zeit (TG, 20).

Mit der Zerstörung der Zeitdimension tritt gleichzeitig eine Verschiebung der realen, greifbaren Raumstruktur ein, denn ein Sichaußerhalb-der-Zeit-Befinden bedeutet in erster Linie die Negierung einer von vornherein fixierten Örtlichkeit. Der unmittelbare Schauplatz des Geschehens verliert damit seine definierten Konturen und wird transzendiert durch einen subjektiven, den offenen Charakter der Sehnsucht bestimmenden Raumsinn. Zwecks Erhellung eines solchen Verhältnisses führt >Tauben im Gras< eine Reihe illustrierender Beispiele vor. Hierzu bedient sich der Text zweier sich ergänzender Darstellungsperspektiven eines und desselben Sachverhalts. Die erste Veranschaulichungsmöglichkeit zielt auf die Verfremdung der örtlichen Gegebenheiten, die der Erzählung den ursprünglichen festen Orientierungsrahmen liefern, sowie auf das Erzeugen eines Gleichzeitigkeitseffekts, der im Roman das Hier mit dem Dort verbindet und das Gefühl eines Überall-und-nirgends-Seins verstärkt. So endet z.B. ein Abschnitt mit dem bloßen Aufzählen verschiedener Orte: „Josef hob im Lärm der Blaskapelle Odysseus' Musikkasten an sein Ohr [...] Josef verstand nur hin und wieder ein Wort, Städtenamen, ferne Namen, fremde Namen [...] Moskau, Berlin, Tokio, Paris – " (TG, 64). In diesem Sinne beginnt der darauffolgende Abschnitt irreführend für den Leser[102]; er setzt mit dem letzten Wort des Vorangehenden ein, ohne dass es sich diesmal um die gleiche Erzählfigur oder die gleiche Situation handelt. Doch von Belang ist hier primär die bewusste erzählerische Herstellung stilistisch-ästhetischer Verbindungen zwischen von einander entfernten Schauplätzen:

In Paris schien die Sonne [...] Christofer Gallagher war mit Paris verbunden. Er stand in der Zelle [...] Er sprach mit Henriette. Henriette war seine Frau. Sie wohnte in Santa Ana in Kalifornien. Ihr Haus stand am stillen Ozean. Man konnte sich einbilden, aus den Fenstern des Hauses nach China hinüberzublicken [...] Jetzt war Henriette in Paris [...] Christofer war in Deutschland (TG, 64).

---

[102] Vgl. hierzu Erlachs Analyse der erzähltechnischen Struktur des Romans >Tauben im Gras< in: Dieter Erlach, Wolfgang Koeppen als zeitkritischer Erzähler, Uppsala 1973, S. 78.

Die zweite Darstellungsebene widmet sich dem persönlichen Traum von einem erträglicheren Dasein jenseits der Grenzen jetziger Existenz. Von diesem imaginären Ortswechsel träumen beinahe alle Koeppenschen Romanfiguren. Sie befinden sich an der Schwelle einer sich zwar stets ankündigenden, aber nie stattfindenden Wunschreise, zwischen Utopie und Wirklichkeit, im anhaltenden Zustand des Wartens auf den ersehnten Aufbruch.

Träumt Philipp von dem unbekannten Land, vom Fremden schlechthin, so gewinnt der Ort der Sehnsucht einiger anderer Figuren (z.B. des US-Soldaten Washington Price, seiner Braut Carla und des Ehepaars Gallagher[103]) deutlichere Konturen:

> Sie fuhren langsam am Ufer des Flusses entlang. Gestern hätte Carla noch geträumt, sie würden auf dem Riverside-drive in New York oder am Golden Gate in Kalifornien so spazierenfahren [...] Es war ein Traum gewesen [...] Die Last dieser Sehnsucht war nun von ihr genommen [...] Sie glaubte wieder. Sie glaubte Washington. Sie fuhren am Fluß entlang, und Carla glaubte an die Seine [...] An der Seine würden sie beide zu Hause sein [...] Carla und Washington würden das Lokal errichten, Washington's Inn, die Wirtschaft, in der niemand unerwünscht ist (TG, 164 f.).

Ob die Utopie konkreter Natur ist und sich auf real bestehende Räumlichkeiten bezieht, ob sie eine abstrakte, nirgends zu ortende Sehnsucht nach dem Absoluten darstellt, in beiden Fällen bedeutet die gemeinte ‚Örtlichkeit' keineswegs einen Ersatz für die Grenzen des Vertrauten, auch nicht im Sinne einer momentanen Ausschaltung einer mächtigen, allgegenwärtigen Wirklchkeit. Denn, wie der Erzähler selbst es gegen Ende des Romans pathetisch-verallgemeinernd zur Sprache bringt, „wir kennen uns weder im Kleinen noch im Großen aus, wir sind gar nicht mehr zu Hause in dieser Welt" (TG, 206).

Das Gefühl des Nicht-mehr-zu-Hause-Seins bestimmt Koeppens erzählte Welt und verleitet dazu, die Raumkategorien nach allen Seiten offen zu halten, sie aufzulösen und durch einen subjektiven Empfindungsmaßstab zu ersetzen. So

> läßt man sich über verborgene Tiefen ins Weite hinaustragen, aber dann beginnt das Auge nach einem abschließenden Horizont zu suchen, und es fin-

---

[103] Zur Sehnsucht des Ehepaars Gallagher vgl. >Tauben im Gras<, S. 165.

det ihn nicht. Das ozeanische Gefühl Koeppens kennt keine festen Grenzen und keine ruhenden Konturen[104].

Da jede Flucht aus dem Wirklichen sich zuerst als Ausbruch eines Wunsches manifestiert und den Hoffnungen des reflektierenden Subjekts lediglich im Traum entsprochen wird, geht die geistige Suche nach Weite nicht über die Schranken der gegebenen, erdrückenden Raumdimensionen hinaus. Die Ferne, nach der das Ich sich sehnt, ist vor allem eine dichterische Perspektive, die Unendlichkeit vortäuscht. Diese Unendlichkeit ist demnach endlich, denn sie hat ihren Ursprung als den Beginn ihrer Formung im engen Horizont des Subjekts, in seiner unmittelbaren Umgebung.

Zur Ferne und Nähe gesellt sich eine dritte, beiden Kategorien innewohnende Dimension, „das Abgründige"[105]. Dieser Dimension schreibt Ernst Bloch eine vereinende Rolle zu, denn der

> Sehnsuchtinhalt der Ferne, das Ozeanische der Perspektive bleiben nicht einfach kosmisch [...] Vielmehr biegt sich hier, im extensiv Erhabenen, sogar in seinem Menschenleeren, ein geheimer Weg zum Brunnen der intensiven Nähe zurück. Unbegrenztes und tiefste Nähe sind sich wechselseitig verschworen, Abgründiges einsamer Ferne lehrt wieder Höhle und diese wieder eine Weite[106].

3.4.2. >Das Treibhaus<

Von ebenso großer Bedeutung für die Erkundung der poetischen Tragweite des Reisemotivs erweist sich die erzählerische Gestaltung der Ferne-Thematik in >Das Treibhaus<. In diesem „Roman eines Scheiterns"[107] bildet die Darstellung der verschiedenen Ebenen, auf denen Keetenheuves Flucht aus der Wirklichkeit stattfindet, eines der wichtigen erzähltechnischen Strukturelemente des Werkes. Neben der Verwendung von Motiven aus der Mythologie, der Sagenwelt und der

---

[104] Erich Franzen, Römische Visionen, in: Über Wolfgang Koeppen, a.a.O., S. 67.
[105] Ernst Bloch, Das Prinzip Hoffnung, Bd. II, F.a.M. 1978, S. 977 f., (stw. 3.).
[106] Ebd., S. 978.
[107] Horst Bienek, Werstattgespräche mit Schriftstellern, München 1976, S. 65, (dtv. 291.)

Dichtung, deren poetische Funktion andernorts besprochen wurde, gelingt es Koeppen auch hier, die Signifikanz der Fremde in seiner Prosa am Beispiel entfernter Länder und Städte hervorzuheben. Die Namen dieser entlegenen Orte tauchen immer dort auf, wo die Einsamkeit des gescheiterten Politikers und Privatmenschen Keetenheuve im Erzählverlauf stärker zum Ausdruck kommt. In der Rückschau-Perspektive und vermittels einer Vergegenwärtigung bisheriger Erfahrungen mit der Fremde häuft sich im Text der Versuch, den jeweils augenblicklichen einsamen Zustand des Abgeordneten zu beleuchten. An einer Stelle des Romans vagabundiert Keetenheuve „in den stillen Straßen der Hauptstadt, die sich jetzt wieder darauf besann, eine Kleinstadt zu sein" (TH, 134), herum. Er zieht von einem Gasthaus in das andere, bis er zufällig in einem der Lokale auf Mädchen der Heilsarmee trifft. Eines dieser Mädchen erinnert ihn an seine tote Frau, an seine gescheiterte Ehe und an seine Vereinsamung. Unmittelbar, nachdem die Frauen den Raum verlassen, bringt der Text:

> Die Tür fiel ins Schloß. Und mit dem Zuschlagen der Tür sah Keetenheuve London. Er sah einen großen Plan der großen Stadt London mit all ihren ins Land gelegten Vororten an der Wand einer Untergrundbahnstation hängen [...] Da stand er, Keetenheuve, in London im Viertel der Docks und auf einer Untergrundbahnstation. Der Zug, der ihn ausgeworfen hatte, war weitergefahren [...] Es war ein Sonntagnachmittag im November. Keetenheuve war arm, fremd und allein (TH, 136).

Diese und ähnliche Textstellen ermöglichen einen Rückblick auf zurückliegende Lebensstationen Keetenheuves im Ausland (Exil), gleichzeitig stellen sie eine unmittelbare Beziehung zur Gegenwart her. Dabei fungiert die entfernte Örtlichkeit auch als Chiffre für das Offene und Zukünftige, das sowohl Hoffnung als auch endgültiges Scheitern in sich birgt. Hierzu gruppieren sich z.B. um das Wort „Guatemala" einige poetische Motive, die, wie am Ende von >Eine unglückliche Liebe< zu sehen war, den totalen Rückzug des Subjekts in die Leere ‚unbekannter' Gegenden dokumentieren. Es handelt sich um die Darstellung der Fremde in ihrer Trostlosigkeit und Öde, des Ortes, an dem nicht gelebt, sondern gestorben wird. Eine solche Fremde hat zwei Gesichter. Das eine Gesicht *beherrscht das Jetzt:*

> Die Öde hatte sich ihm gezeigt, sie hatte sich mit ihm bekannt gemacht [...] nun sah er sie, überall [...] Sie war das Nichts [...] Sie sah wie der Ausschuß

aus, wie das Parlament, wie die Stadt, wie der Rhein, wie das Land, alles war die Öde, war das Nichts in einer schrecklichen Unendlichkeit [...] Das Nichts war die ewige Wirklichkeit (TH, 102).

Das zweite Gesicht dieser Öde besteht im *Entwurf eines vereinsamten Lebens in der Ferne*, z.B. im Nachsinnen des Abgeordneten über die Möglichkeit, sich eines Tages als Diplomaten in Guatemala zu erleben:

> *Keetenheuve Gesandter Keetenheuve Exellenz.* Er war verblüfft. Aber die Ferne lockte ihn, und vielleicht war es die Lösung aller Probleme. All seiner Probleme. Es war Flucht. Es war wieder Flucht. Es war die letzte Flucht [...] Aber vielleicht war es auch die Freiheit [...] Er sah sich in Guatemala-City von der säulengeschmückten Veranda eines spanischen Hauses die unter der Sonne glühende staubige Straße, die staubbedeckten Palmen, die staubschweren verdorrten Kakteen beobachten [...] Vielleicht war es die Rettung, vielleicht war es die Chance alt zu werden [...] Er würde die Übersetzung des >Beau navire< von Baudelaire vollenden, er würde in Gewitternächten zu Elke [seiner vestorbenen Frau] sprechen [...] und eines Tages wird er sterben [...] *Exellenz Keetenheuve der Deutsche Gesandte sanft entschlafen* (TH, 89 f.).

Dass „Guatemala" hier eher für eine Flucht denn für eine Befreiung aus dem entfremdenden (politischen) Alltag, ein „Gnadenbrot" und ein „schäbiger Bissen" (TH, 113) für den unbequemen, unglücklichen Parlamentarier darstellt und keineswegs einen Ort der Freiheit bzw. der Selbstrettung symbolisiert, kann nicht nur den zahlreichen formalen Einschränkungen („vielleicht") oder der heuchlerischen, kursiv reproduzierten Sprache der Schlagzeilen entnommen werden, sondern auch folgenden Ausführungen, in denen das Scheitern mit dem Freitod endet:

> Guatemala war Frieden, Guatemala war Vergessen, Guatemala war Tod [...], das war die Terrasse in der brütenden Sonne, das war der Platz mit verstaubten Palmen, das war die langsame und sichere Verwesung (TH, 113)[108].

---

[108] Vgl. in diesem und in dem davor stehenden Zitat die eindeutige Verbindung von Staub und Tod. Darin wird das Lexem variationsreich verwendet („staubig", „staubbedeckt", „staubschwer", „verstaubt"). Vgl. ferner die bewusst erzielte Darstellung einer verkommenen Idylle/Natur als Fluchthorizont („die staubbedeckten Palmen, die staubschweren verdorrten Kakteen", „mit verstaubten Palmen").

Was hier als Möglichkeit eines letzten Versuchs, bestehende Schranken zwischen allgegenwärtiger Öde und erträumter Selbstfindung zu überwinden, stilisiert wird, erfährt seine Verwirklichung am Ende des Romans als Schritt in den Tod. Die Freiheit des Individuums wird hier nicht mehr garantiert durch die Haltung des reinen Beobachtens und geht ins endgültige Schweigen über. Keetenheuves Rückkehr aus dem Exil in die Heimat stellt sich, wie für jenen Japaner in >Eine unglückliche Liebe< („‚Ich fahre heim, um mich zu töten'" [UL, 160].), als eine Vernichtung des Selbst heraus. Die Begegnung mit Guatemala, das nun Tod bedeutet, erfolgt mitten in der vertrauten Landschaft: „Der Abgeordnete war gänzlich unnütz, er war sich selbst eine Last, und ein Sprung von dieser Brücke machte ihn frei" (TH, 190).

3.5. Die Enttäuschung des Zeugen

3.5.1. Koeppens Außenseitertum

In >Der Tod in Rom<, lässt Koeppen Siegfried Pfaffrath verzweifelt fragen: „Suche ich wirklich ein Vaterland, oder berufe ich mich auf die Menschheit als auf einen Nebel, in den ich verschwinden kann?", um darauf eine eindeutige bezeichnende Antwort zu geben: „Ich liebe Rom, weil ich ein Ausländer in Rom bin, und vielleicht möchte ich immer ein Ausländer sein, ein bewegter Zuschauer" (TR, 128). Diese Worte dokumentieren gleichzeitig die Entwurzelung und die Heimatlosigkeit des fragenden Unbeteiligten und verraten seine tiefe Unsicherheit. In seiner Büchner-Preis-Rede, 1962, formuliert Koeppen diesen Sachverhalt genauer, wenn er über sich selbst sagt:

> Ich bin ein Zuschauer, ein stiller Wahrnehmer, ein Schweiger, ein Beobachter, ich scheue die Menge nicht, aber ich genieße gern die Einsamkeit in der Menge[109].

---

[109] Wolfgang Koeppen, Büchner-Preis-Rede, a.a.O., S. 114.

Und Christian Linder teilt er im Laufe eines 1971 geführten Gesprächs mit:

> Ich bin zum Beispiel leidenschaftlich gern Ausländer [...], weil zwischen mir und allem eine Distanz ist, eine Barriere [...]. Es ist ein schöner Zustand[110].

Doch am deutlichsten umreißt Koeppen seine Außenseiter-Rolle Horst Krüger gegenüber:

> Ich will sagen, daß ich mich heraushalten möchte, ich erfülle meine Aufgabe, die des Beobachters, die des Nicht-Teilnehmers, ich mache nicht mit, aber ich schreibe auf. Ich möchte aus den Angeln heben, aber als Außenseiter[111].

Wolfgang Koeppen gehört einer Generation von Schriftstellern an, die nach dem Zusammenbruch des Nationalsozialismus sich mit den sozialen und politischen Entwicklungen sowie mit dem einsetzenden kulturellen Wiederaufbau im westlichen Deutschland nicht haben identifizieren können und dem literarischen Betrieb konsequent fern blieben[112]. Das Desinteresse Koeppens gegenüber der Arbeit der nach dem Krieg entstandenen und aktiv gewordenen literarischen Gruppen und deren ästhetischen Orientierungen (z.B. die „Gruppe 47" mit ihrem Nullpunkt-Ansatz[113] oder die Theorie einer Literatur des „Kahl-

---

[110] Christian Linder, Schreiben als Zustand, a.a.O., S. 266.
[111] Horst Krüger, Wolfgang Koeppen, Selbstanzeige. Schriftsteller im Gespräch, Hrsg. Werner Koch, F.a.M. 1971, S. 66, (Fischer-Tb. 1182.).
[112] Hans Erich Nossack, Hermann Kasack, Arno Schmidt.
[113] Bereits vor der Gründung der „Gruppe 47" befürwortete Hans Werner Richter den totalen Bruch mit der Vergangenheit und rief, nicht ohne Pathos, dazu auf, das Jetzt zum alleinigen Gegenstand literarischen Schaffens zu machen: „Vor dem rauchgeschwärzten Bild dieser abendländischen Landschaft, in der der Mensch taumelnd und gelöst aus allen überkommenen Bindungen irrt, verblassen alle Maßstäbe der Vergangenheit. Jede Aufknüpfungsmöglichkeit nach hinten, jeder Versuch, dort wieder zu beginnen, wo 1933 die ältere Generation ihre kontinuierliche Entwicklungslaufbahn verließ, um vor einem irrationalen Abenteuer zu kapitulieren, wirkt angesichts dieses Bildes wie eine Paradoxie." In: >Der Ruf<, Hrsg. Hans Schwab-Felisch, München 1962., S. 31 f.
Zur Faszination der „Nullpunktsituation" vgl. Heinrich Böll, Bekenntnis zur Trümmerliteratur, in Die Literatur, 5, Stuttgart 1952, S. 1-2; Heinrich

schlags"[114]) resultierte nicht nur – wenn es auch bisweilen den Anschein hat – aus einem bloßen Sich-Heraushalten des Schriftstellers aus jeglicher Tätigkeit repräsentativen Charakters bzw. aus reiner Neigung zum Distanz-Wahren und zum Außenseitertum. Eine solche Verschiebung des Interesses war auch motiviert durch die Rezeption einer literarischen Tradition, an die der Autor, nach Jahren unfreiwilligen Schweigens, anknüpfte (Joyce, Dos Passos, Döblin etc.). Koeppens schriftstellerisch-literarischer Alleingang der Nachkriegsjahre, der 1951 mit dem zeitkritischen Roman >Tauben im Gras< einsetzte, lässt sich auch zum Teil mit seinen Erlebnissen in der Weimarer-Zeit sowie mit seiner Faschismus-Erfahrung erklären. In seinen autobiographischen Essays hat Koeppen mehrfach auf die Bedeutung einzelner Begebenheiten in seinem Leben hingewiesen, die für die Erklärung seiner Einzelgänger-Position und das Entziffern des Poetischen seiner Romanwelt nicht ohne Bedeutung sind.

In der 1970 veröffentlichten >Autobiographische[n] Skizze< blickt der Verfasser auf den jungen Koeppen zurück:

> Die Revolution spaltete uns in Rote und Deutschnationale. Da es auf dem Gymnasium zum guten Ton gehörte, Monarchist zu bleiben, vertrat ich die Ansichten der Republik. Mein Gesangbuch waren die schwarzen Hefte der expressionistischen Dichter im *Jüngsten Tag*. Die Familien lasen das schwarz-weiß-rote Provinzblatt oder den *Lokalanzeiger*. Ich kaufte am Bahnhof die *Weltbühne*, das *Berliner Tageblatt*, den *Vorwärts*, die *Rote Fahne*. Die Mitschüler marschierten im Ludendorff-Bund. Ich marschierte nicht. Ich jagte allein[115].

Vormweg, Deutsche Literatur 1945-1960: Keine Stunde Null, in: Manfred Durzak (Hrsg.), Die deutsche Literatur der Gegenwart. Aspekte und Tendenzen, 1971, S. 16 f.; Frank Trommler, Der zögernde Nachwuchs. Entwicklungsprobleme der Nachkriegsliteratur in West und Ost, in: Tendenzen der deutschen Literatur seit 1945, Hrsg. Thomas Koebner, Stuttgart 1971, S. 20 f.

[114] Vgl. die Theorie des „Kahlschlags" bei Wolfgang Weyrauch im Begleitwort zu „Tausend Gramm", Hamburg/Stuttgart 1949; Wofdietrich Schnurre, Auszug aus dem Elfenbeinturm, in: Schreibtisch unter freiem Himmel. Polemik und Bekenntnisse, Olten und Freiburg i. Br. 1964.

[115] Wolfgang Koeppen, Autobiographische Skizze, in: New York, Stuttgart 1970, S. 66, (Reclam. 8602.).

Vom Pathos der Einsamkeit exaltiert, verdeutlicht der angeführte Passus die Rebellion des Jugendlichen gegen seine kleinbürgerliche Umwelt und verrät einen Hauch von Trotz und Auflehnung. Dabei geht es nicht mehr um jenen aussöhnenden Versuch, an der Gesellschaft *noch* Kritik zu üben, sondern um die Darlegung eines tiefen, endgültigen Zerwürfnisses zwischen Ich und Welt, einer totalen Abkehr vom Bestehenden als Signal einer markanten Absonderung. Den einen Pol bildet das Ich, den entgegengesetzten die Welt der anderen, die herrschende Ordnung: „*Ich* marschierte *nicht. Ich* jagte *allein*".

Sich gegen alles stellen, die Welt negieren bzw. versuchen, sie zu ignorieren, heißt gleichzeitig, sie kompensieren durch ein gedanklich anders geartetes Leben, in dem das erlittene Allein- und Fremdsein romantisch-träumerisch mittels täuschenden Freiheitsgefühls transzendiert wird: „Ich umarmte die Erde und empfand sie als einen Ball, der mich in rasender Fahrt durch ein unheimliches Universum trug"[116]. Das Überschreiten bestehender Grenzen, das sich anfangs beim Rebellierenden in Form spontaner, schwärmerischer Anarchismen ausdrückt, nimmt bald die Gestalt einer Suche nach utopischen Idealen an, deren Verlauf sowohl die Träume und die Hoffnungen einer *ersehnten Zukunft* als auch die *Vergeblichkeit* und *Enttäuschung* derselben vor Augen führt.

3.5.2. Das eigene Ich, ein letzter Halt

„Ich lebte in einer Kleinstadt und vewünschte sie. Nach Berlin, von dem ich träumte, reiste ich über das Meer. Ich fuhr zur See und suchte Utopia"[117], heißt es weiter an einer zentralen Stelle der >Autobiographische[n] Skizze<, die das poetische Grundmotiv Koeppenschen Erzählens in der fiktiv-autobiographischen Darlegung unmittelbar umreißt. Im Reisen, Herumirren und im ständigen Ortswechsel erfahren Koeppens Protagonisten (wie unsere bisherige Untersuchung seiner Romane es gezeigt hat) die ihnen gegebenen Möglichkeiten, sich der unmittelbaren Enge ihrer Umgebung zu entziehen und nach Wegen der Veränderung zu suchen. Durch die Thematisierung ihrer

---

[116] Ebd., S. 65.
[117] Ebd., S. 66.

Ausbruchsmöglichkeiten in ihren vielfältigen Dimensionen zeigt Koeppen in seinen Texten, dass es für den Menschen sich im Grunde nichts ändert, dass das Gegebene zwar variiert und wiederholt erfahren, aber, in seinen Grundzügen, nicht behoben werden kann. Auf dem Hintergrund dieser bei Koeppen stets rekurrierenden und immer neu belebten Problematik tritt das Dilemma eines menschlichen Grundbefindens deutlich zutage. Die Suche nach individueller Selbstverwirklichung, die sich – als letzte Rettung vor der überkommenen Realität – in Form von utopischen Aufbrüchen manifestiert, involviert gleichzeitig die Notwendigkeit ihres Scheiterns. Stets endet sie mit der bitteren Enttäuschung dessen, der die Ausweglosigkeit seiner Lage erkennt und der Resignation verfällt. Es handelt sich um die Resignation eines Unbeteiligten, der kein Handelnder sein möchte, alles aus der Distanz registriert/aufschreibt und darauf wartet, sich erneut in das Reich Utopia zu begeben.

> In meiner Stadt war ich allein. Die Zeit stand still. Es war ein Leiden. Doch gab es in der Stadt keinen, der mir glich. Ich trieb mich herum. Ich war unterwegs. Ich war auf den straßen und Plätzen. Ich fiel überall auf. Ich hatte kein Ziel. Ich stellte mich mitten auf den Markt. Ich war unnütz; das gefiel mir. Ich genoß es, auf dem Markt zu stehen. Einfach nur so. Ich hatte nichts anzubieten. Nicht einmal mich selbst. Ich kaufte nichts. Ich wollte nicht teilhaben [...]. Ich wollte ausgestoßen sein[118].

Mit diesen Worten setzt eine autobiographische Glosse ein, in der Koeppen auf sein unbeständiges Leben in seiner Heimatstadt sowie in Berlin der Wirtschaftskrise eingeht. Darin schildert er in knappen Sätzen vor allem das Bewusstsein eines Außenseiters der Gesellschaft, seine Sehnsucht nach individueller Selbstverwirklichung in beruflicher und sozialer Hinsicht und seine Träume von einer Welt, in der es keine Armen, keine Unterdrückten und keine Leidenden mehr gibt. Doch die vereinsamte Welt des Herumirrenden, wie sie die oben zitierte Passage beschreibt, geht bei Wolfgang Koeppen über die Darstellung autobiographischer Begebenheit hinaus. Sie überschreitet die Sphäre des persönlich Erlebten, um sich – wie bislang gezeigt wurde – auf sein ganzes erzählerisches Œuvre zu erstrecken.

---

[118] Wolfgang Koeppen, In meiner Stadt war ich allein, in: W. K., Romanisches Café, a.a.O., S. 86.

Eine genauere Betrachtung der oben angeführten Stelle zeigt, dass es, hinsichtlich der erzählerisch dargestellten Welt, sich um Zweideutiges handelt. Einerseits ist die Stadt, von der die Rede ist, eine reale Gegebenheit, die Stadt aller anderen, aber nicht die Stadt aller. Sie ist in erster Linie der Ort, an dem der Sprechende *sich seines Alleinseins bewusst wird* und sich deshalb als *Ausnahme vorführt*, ja, sich zur Schau stellt: „Doch in *der* Stadt gab es keinen, der *mir* glich". Während das Ich hier dem Leser eher als das *eigentliche* leidende Opfer dieser Stadt erscheint, handelt die zweite Darstellungsebene von einer *anderen*, zeitlosen Stadt-Welt als von einem Refugium, zu dem die Außenwelt keinen Zugang findet. Das Ich erklärt die Stadt zu seiner eigenen, indem es, kraft seines Vorstellungsvermögens, die waltende Realität aufhebt und sie als äußeres Hindernis negiert: „In *meiner* Stadt war *ich allein*". Diese innere Welt, die als Wunschbild und Gegenentwurf zum Gegebenen fungiert, wird gänzlich dem utopischen Gesetz der Subjektivität unterworfen. Dies wird deutlich durch die ununterbrochene Betonung des eigenen Ich fast am Anfang jeden Satzes: „*Ich* trieb mich herum. *Ich* war unterwegs etc". Das leidende Opfer der Stadt rächt sich in Gedanken an ihr und wird zu ihrem Ärgernis.

In der Überlagerung beider Darstellungsperspektiven zeigt sich bei Koeppen die Diskrepanz zwischen Bestehendem und Vorgestelltem, äußerer und innerer Wirklichkeit. Die Enttäuschung des nicht dazu gehörenden Zeugen wird zudem von einer durch Vergeblichkeit gefärbten Empörung begleitet, die ihren Ausdruck nicht im unmittelbaren Handeln erfährt, sondern im leisen Protest einer unbestimmten Flucht als Projektion in die Vergangenheit oder in die Zukunft, in der Erschließung märchenhaft-utopischer Möglichkeiten, im Traum, im Mythos und im ständigen Reisen:

> Es *schneite*. Berlin lag im *Schnee*. Das Reich lag im *Schnee*. Der Stettiner Bahnhof war eine *Höhle* aus Wind und Ruß und den Geräuschen großer Bewegung. Es war *Babylon*; ein Ort, um *aufzubrechen*[119].

---

[119] Ebd., S. 90. Hervorhebung im Zitat, S. Thabet.

4. ALFRED ANDERSCH

> Immer will man weg, und wenn es keinen Namen hat, wohin man will, wenn es unbestimmt ist und man keine Grenzen darin sieht, so nennt man es Freiheit.
> Elias Canetti, >Die Provinz des Menschen<

4.1. Die „unabänderliche Wirklichkeit"

Im Mittelpunkt des erzählerischen Werkes Alfred Anderschs steht die Darstellung der Flucht in ihren mannigfaltigen Variationen. Anderschs Figuren sind Außenseiter und Einzelgänger, verzweifelte und aus ihrer Umgebung fliehende Menschen, die ihre Befreiung von den undurchschaubaren und sie erdrückenden Mechanismen des Alltags hauptsächlich im Reisen, im ständigen Ortswechsel und im Fortgehen in allen seinen Formen zu erleben glauben. In diesem permanenten Unterwegs-Sein drückt sich „eine Grundbefindlichkeit menschlichen Daseins, ein Grundvorgang der Existenzsetzung"[120] aus, an dem der Ausbruch aus der Bindung in die Wildnis einer utopischen Freiheit einerseits und die gegenteilige Suche nach Kontakt und menschlicher Beziehung andererseits sich gegenseitig bedingen. Es ist eine dialektische, wechselseitige Bewegung, die sowohl den Gegenstand als auch die Struktur des Erzählens in Anderschs Romanen bestimmt.

---

[120] Max Bense, Porträt Alfred Anderschs, in: Über Alfred Andersch, Zürich 1980, S. 28, (dtb. 53.).

4.1.1. >Sansibar oder der letzte Grund<

Als Spiegel innerer Disposition seiner Protagonisten zeichnet Andersch die Leere und die Trostlosigkeit der Schauplätze, die entfremdende Wirklichkeit, zu der der Mensch keine Beziehung mehr hat[121]. Schon sein erster Roman, >Sansibar oder der letzte Grund< (1957), bringt eine eingehende Darstellung des entleerten Daseinsraums seiner Gestalten zum Ausdruck. Darin schildert Andersch die Zusammenkunft mehrerer Personen in der norddeutschen Hafenstadt Rerik des Jahres 1937. Diese zusammengewürfelten Individualitäten unterscheiden sich zwar von einander durch Alter, Bildung, gesellschaftliche Stellung und Weltanschauung, aber sie befinden sich alle auf der Flucht vor der Bedrohung bzw. einer sich allenthalben manifestierenden Diktatur. Es handelt sich um die vom nationasozialistischen Terror unmittelbar bedrohte Judith Levin, ein deutsches jüdisches Mädchen, dessen alte Mutter sich das Leben nahm, um ihm die Flucht vor den Nazis zu erleichtern: „Travemünde, Kiel, Flensburg, Rostock – das wird alles überwacht, hatte Mama gesagt, du mußt es in Rerik versuchen, das ist ein toter kleiner Platz, an den denkt niemand" (SR, 17)[122]. Am Fenster ihres Hotelzimmers stehend blickt Judith „auf den leeren Hafen" (SR, 31), auf die Stadt unter einem „leeren Spätherbsthimmel" (SR, 17). Früher hatte sie eine ganz andere Vorstellung von der Stadt, nun war Rerik „klein und leer, leer und tot unter seinen riesigen roten Türmen". „Unter dem kalten Himmel" kamen ihr die Türme „wie böse Ungeheuer" (SR, 18) vor. Auch für Gregor, den kommunistischen Instrukteur, ist die Stadt, „nichts als ein dunkler, schieferfarbener Strich, aus dem die Türme aufwuchsen" (SR, 20),

---

[121] In einem Interview mit Paul Kersten geht Andersch auf das Verhältnis von Literarischer Gestalt und dargestelltem Ort ein. Er sagt: „In meinen Erzählungen gehört ja die exakte Schilderung des Tatortes zur Struktur: man muß ihn schmecken, riechen, spüren können [...] Die Figur muß sich mit ihrem Ort identizieren, weil der Ort eine absolute Erlebnis-Struktur des Menschen bildet. Das hat mit der Milieu-Theorie des 19. Jahrhunderts nichts zu tun.", sagt Andersch. In: Über Alfred Andersch, Zürich 1974, S. 110 f., (detebe. 53).

[122] Alfred Anderschs fiktionale Texte:
E: Efraim, Zürich 1976, (detebe. I/VII.).
KF: Die Kirschen der Freiheit, Zürich 1972, (detebe. I/I.).
R: Die Rote, Zürich 1974, (detebe. I/V.).
SR: Sansibar oder der letzte Grund, Zürich 1970, (detebe. I/II.).

ein „tote[r] Punkt" (SR, 38). Hier ist der „Schauplatz einer Drohung, die alles in unabänderliche Wirklichkeit einfror" (SR, 8). Der Kirchplatz ist leer, er ist ein „toter Winkel" (SR, 36).
In der Entfremdung und Leere der bedrohlichen und neu entstandenen Wirklichkeit kann man sich mit der Außenwelt nicht mehr identifizieren. Die Dinge erstarren und werden zu einer wesenlosen, den Menschen nicht mehr ansprechenden Fassade: „Da man jedoch bedroht war, dachte Gregor, war nichts wie etwas anderes. Die Gegenstände schlossen sich in die Namen, die sie trugen, vollkommen ein. Sie wiesen nicht über sich selbst hinaus" (SR, 8). Für Knudsens namenlosen Schiffsjungen, der am stärksten vom dem Wunsch, wegzugehen, ergriffen wird, ist in Rerik *„überhaupt nichts los. Man mußte irgendwohin, wo etwas los war"* (SR, 48). Über die unmittelbare Umgebung des Verstecks, in dem der Junge die Abenteuer des Huckelberry Finn liest und von einer entsprechenden Flucht träumt, heißt es:

> *Er sah vom Buch auf, unter der Treenebrücke floß das Wasser still und langsam durch; die Weide, unter der er saß, hing ins Wasser rein, und gegenüber, in der alten Gerberei, regte sich, wie immer, nichts (SR, 7).*

Von allen Protagonisten des Romans ist der Pfarrer der Stadt, Pater Helander, diejenige Gestalt, die die Trostlosigkeit und die Todesstille des Ortes am stärksten empfindet. Die Leere seiner unmittelbaren Umgebung entspricht einer in seinem Bewusstsein sich auftuenden Lücke, die durch die Abwesenheit Gottes und die Einkehr des Bösen (die „Anderen", die Nazis) verursacht wird: „Die Stadt, die Kirche und das Pfarrhaus waren zu einem schalltoten, echolosen Raum geworden, seitdem die Anderen gesiegt hatten. Nein, nicht seitdem die Anderen gekommen waren, sondern seitdem Gott sich entfernt hatte" (SR, 89). Für Pater Helander gibt es „nichts Leereres als den Georgen-Kirchplatz im Spätherbst" (SR, 9). „Natürlich gingen Leute auch über diesen toten Winkel des Kirchplatzes, in dem das Pfarrhaus stand [...] Dennoch, dachte Helander, war der Platz die vollkommene Einsamkeit. Ein Platz so tot wie die Kirche, dachte der Pfarrer" (SR, 10). Von draußen erhält der Geistliche keine Antwort auf seine verzweifelten Gebete „gegen die Leere", gegen „das schweigende dunkle Rot der Ziegelwand" (SR, 9), die er aus seinem Fenster stets anstarrt.

Im Mittelpunkt des Romangeschens steht eine Holzplastik, die Figur des „lesenden Klosterschülers" (SR, 28), des „Gottesschülers" (SR, 92), die der Pfarrer retten will, bevor die „Anderen" nach Rerik kommen und – weil von ihnen verfemt und als entartete Kunst angesehen – sie vernichten. Für Helander ist der „Klosterschüler" kein Kunstwerk, wie ihn Gregor dem Pfarrer gegenüber bezeichnet, „er ist ein Gebrauchsgegenstand". „Er wird gebraucht, verstehen Sie, gebraucht! Und zwar in meiner Kirche" (SR, 27). Freilich wird die Holzfigur bevorzugt behandelt, nicht weil sie einen Mönch bzw. eine religiös-andächtige Haltung darstellt, sondern weil „die Anderen den ‚Klosterschüler' angreifen, dachte Helander, ist er das große Heiligtum" (SR, 28). Der Geistliche sieht in diesem stummen Zeugen, der durch sein Lesen die „Anderen" stört, das Symbol der Hilflosigkeit und des Ausgeliefertseins an den Terror, das Sinnbild des Bedrohten. Aus diesem Grunde bittet Helander den Fischer Knudsen, die Plastik mit seinem Boot nach Schweden zu retten.

An der Rettung der Holzfigur sowie der Rettung Judiths zeigt sich für die beiden, von der Doktrin ihrer Partei nicht mehr überzeugten Kommunisten Knudsen und Gregor die Möglichkeit, jenseits jeglicher Bindung des Geistes, private Aufträge auszuführen und dadurch die individuelle, kritische Freiheit zu erringen.

4.1.2. >Die Rote<

In seinem Roman >Die Rote< (1972) greift Andersch die Flucht-Problematik erneut auf. Am Beispiel der aus ihrer vertrauten Welt, der schicken deutschen Wirtschaftswundergesellschaft, ausreißenden Dolmetscherin Franziska und ihrer Begegnungen in Venedig, dem zufälligen Ziel ihres Ausbruchs, mit Menschen verschiedener politischer und gesellschaftlicher Anschauungen, zeigt der Roman sowohl die Möglichkeiten als auch die Grenzen individueller Selbstverwirklichung auf. Franziska verlässt ihren Mann bei einem Aufenthalt in Mailand und steigt in den ersten Zug, der zufällig nach Venedig fährt.

Fabio Crepaz, der Orchestermusiker und ehemalige Partisanenkämpfer, ist diejenige Figur des Romans, die die Flucht aus dem Alltag mit Franziska teilt. Während Franziska ihre Rettung aus der erdrückenden Langeweile im ununterbrochenen Weggehen und Ausbrechen zu finden glaubt, hat Fabio Crepaz längst resigniert. In der Kunst findet dieser „geschlagene Revolutionär"[123] einen Ausgleich als Pendant zu seinem bislang enttäuschenden Leben. Wie in Wolfgang Koeppens Roman >Der Tod in Rom< entwickeln sich auch in >Die Rote<, parallel zur eigentlichen Fabel, die Peripetien einer Verfolgung. Durch die Darstellung dieser Verfolgung, deren direkte Zeugin Franziska wird, bringt der Roman die Faschismus-Problematik in die Diskussion hinein, als Kritik an der unbewältigt weiterlebenden Vergangenheit: Der ehemalige britische Offizier Patrick O'Malley spürt den Gestapo-Mann Kramer auf und begleicht mit ihm eine Rechnung aus den Tagen des Zweiten Weltkriegs, indem er ihn am Ende des Romans tötet.

Franziska trifft in Venedig ein, und schon am Bahnhof denkt sie: „Es ist idiotisch gewesen, nach Venedig zu fahren, jeder andere Ort wäre richtiger gewesen als ausgerechnet dieses verkitschte Sightseeing-Zentrum, in dem es nichts gibt als Touristen und Nepp" (R, 30). „Draußen, auf der großen Freitreppe", fährt der Erzähler fort, „war es fast sogleich finster, sie mußte sich erst an die Dunkelheit gewöhnen, es war finster in einer leichten wässerigen Nebelluft" (R, 30). Während der Fahrt mit dem Boot nach San Marco blickt die Reisende

> auf die dunklen Paläste links und rechts, undeutliche Massen zwischen dem Schwarz des Wassers und dem undurchsichtigen nebeldurchschleierten sternlosen Blaugrün des Himmels [...], ein paar matt erleuchtete Bögen in den Erdgeschossen, einmal sogar ein erleuchtetes Zimmer [...], aber sonst Dunkelheit, Einsamkeit, vielleicht Feindschaft, auf jeden Fall Schweigen (R, 30 f.).

Schon denkt Franziska „voller Sehnsucht an die ungeheuren flutenden anonymen Massen von Mailand, in denen sie verschwunden war wie in einem gnadenlosen freundlichen Meer": „*Ich hätte in Mailand bleiben sollen [...], statt in diese stumme schwarze Stadt zu kommen, in diese ausgestorbene Stadt*" (R, 31). Aus Angst vor Kramer, mit dessen Welt sie zufällig in Berührung kommt und der sie vermutlich

---

[123] Diese Bezeichnung ist die Überschrift eines Aufsatzes Marcel Reich-Ranickis zu Alfred Andersch. Vgl. Marcel Reich-Ranicki, Deutsche Literatur in West und Ost, München 1966, S. 101. Vgl. weiter: >Die Rote<, S. 126 f.

überwachen lässt, empfindet Franziska den Ort ihrer erhofften Zuflucht als ein Gefängnis: „*Venedig ist eine Falle. Heute vor dem Dunkelwerden muß ich aus Venedig heraus sein*" (R, 166).

Fabio Crepaz, „der alles verlor, als er die Aktion verlor [...], der sich mit einem Stück gerade noch brauchbar gespielter Musik zufriedengibt, und im übrigen ein Betrachter, ein Zuschauer, ein Dilettant" (R, 126 f.) sei, dessen Phantasie eine falsche mittelalterliche Topographie viel stärker anregt „als die neueren Kosmologien, für die sogar der Weltraum gekrümmt und geschlossen war" (R, 126), „erinnert sich daran, daß die Erde Kugelgestalt besaß, man war dazu verdammt, auf einer Kugel umherzukriechen, niemals an Ränder zu kommen" (R, 126). Er kommt zu der Erkenntnis, „daß er immer mehr einrostete, stationär wurde, ein Inseldasein führte, ein venezianisches Insel-Leben in einem festen Netz von Gewohnheiten" (R, 127).

Jenseits der Zeichnung jener finsteren und traurig anmutenden äußeren Realität, in die die Protagonisten gesetzt werden, jenseits der Entfremdung der Figuren, die durch die Darstellung von verschwommenen Rauch- und Nebelbildern wiedergegeben wird, versucht der Text vor allem auf die Mechanismen einzugehen, die, als unmittelbar erlebte gesellschaftliche Wirklichkeit, den Menschen an sich binden und seine Selbstverwirklichung erschweren. „Es gibt nur einen Schrecken [...] Den Terror der Automaten" (R, 87), sagt Patrick in >Die Rote<. An anderer Stelle, an der er von seiner Haft in Deutschland und von seinen Folterern erzählt, heißt es: „In ihnen war nichts als der schreckliche Automatismus der Hypnose, in der sie lebten, der Hypnose durch die Ideologie, der sie folgten, und in der sie nichts mehr wahrnehmen vermochten als den Feind, der zu vernichten war" (R, 96). So verwandeln sich die Menschen für Patrick in kalt funktionierende Maschinen des Terrors, wie seine erste Begegnung mit Kramer, dem ehemaligen Polizeiinspektor, in Erfahrung bringt:

> Als er die Maske aus Leben, die er mir vorgehalten hatte, entfernte, erblickte ich die eiserne Konstruktion eines Apparates, eines Automaten, dem ich ein Pennystück gespendet hatte, damit er funktionieren konnte. Er grinste nicht einmal. Er blickte mich nur metallen an (R, 97).

4.1.3. >Efraim<

Auch in >Efraim< (1967) handelt es sich um eine andere Variante der Flucht-Thematik. Es geht hier um die Überwindung der Einsamkeit, die Suche nach Selbstverwirklichung auf dem Hintergrund einer Auseinandersetzung mit dem faschistischen Terror und seinen Folgen. Deutlicher als in den anderen Romanen rückt jedoch hier die Beschäftigung der Hauptfigur mit der eigenen Person, in ihrer Beziehung zu Vergangenem und Jetzigem, in den Vordergrund. Dabei spielt die Darstellung des Reisens – in der Form ständigen Ortswechsels mit besonderer Einwirkung auf die Identität des einzelnen – eine entscheidende Rolle. Efraim ist Jude, englischer Journalist deutscher Abstammung. In Berlin geboren, flieht er 1935 rechtzeitig vor den Nazis nach England. Dort heiratet er eine Engländerin und ergreift den Reporterberuf, der ihm ermöglicht, die Welt zu bereisen. Als Korrespondent hält er sich nun in Rom auf. In seinem Hotelzimmer zeichnet er sein bisheriges Leben auf. Er stellt Recherchen an und beschäftigt sich mit seinen Erinnerungen, mit dem Vergangenen in seiner Relation zum Heute. Der Ausgangspunkt dieser bis ins kleinste Detail gehenden Exkurse ist jedoch stets die Gegenwart, die konkrete Situation dessen, der *jetzt spricht*. Wie alle übrigen Andersch'schen Gestalten ist auch Efraim vor allem eine Individualität, ein einzelner, der, trotz seiner Verstrickung mit anderen Menschen, die Kommunikationslosigkeit mit der Umwelt spürt und seiner Einsamkeit bewusst wird. Somit dient der im Roman ausführlich dargestellte Kontakt mit verschiedenen lebenden Menschen lediglich der Entlarvung der Nichtigkeit dieser auf Entfremdung basierenden Bindungen. Durch die Bestimmung des unverbindlichen Charakters solcher Bindungen offenbart sich für das Subjekt zunehmend die Notwendigkeit einer Beschränkung auf das eigene Selbst bzw. einer entschlossenen Suche nach dem eigenen Standort. Zudem kommt der Außenwelt die ausschließliche Rolle eines Notbehelfs zu, der diese Suche zwar auslöst und weiter motiviert, sie aber keineswegs steuert.

Das zwiespältige Verhältnis des Erzähler-Ich zu seiner Umgebung bringen bereits die ersten Sätze, mit denen der Text einsetzt, zum Ausdruck:

> Gegen vier Uhr am Morgen regnet es. Ich wache von dem Geräusch auf, das der Regen macht, knipse die Bettlampe an und bringe das Zifferblatt meiner

Armbanduhr nahe vor meine kurzsichtigen Augen. Dann taste ich nach meiner Brille, lösche das Licht, stehe auf und gehe ans Fenster. Als ich zu Bett ging, um zwei Uhr, habe ich die Vorhänge nicht zugezogen. Das Hotelzimmer besitzt kein Gegenüber. Der Regen rauscht durch das kalte Flutlicht der Lampen, die, von Betonmasten herab, einen Frachthof erleuchten. Ich betrachte zwei Lastautos und einen schwarzen Mercedes, von deren Motorhauben der Regen prasselnd abspringt. Hinter dem unbebauten Gelände der Bogen des Damms der Stadtbahngleise, von Lampen beschienen, deren Gläser gelb gefärbt sind, so daß sich eine flache Kurve aus düster-goldenem Licht ergibt, bis dorthin, wo die Gleise in der Halle des Bahnhofs Zoo verschwinden (E, 7).

Die aus dieser Passage hervorgehende Darstellung von Innen- und Außenwelt (Zimmer – Draußen) bringt einerseits das Bild einer Verstimmung, die das Verhältnis des Subjekts zu seiner Umgebung charakterisiert und die Abkapselung der eigenen Person betont. Sie zeigt andererseits, dass das Ich von der Welt um ihn nicht völlig getrennt ist. Das Fenster fungiert hier eher als Beobachtungsposten, die Glasscheibe als Trennugsmerkmal, das dennoch den Kontakt zum Draußen nicht abreißen lässt, indem es letztere in ihrer milchig-trüben Stimmung vermittelt. Im Bericht >Die Kirschen der Freiheit< (1952) ist diesbezüglich die Rede von einem Zustand, „den ich ‚Fensterscheiben-Gefühl' nenne" und der dazu zwingt, „alles wie hinter Glas" (KF, 96) zu sehen. Das, was sich dann dem Betrachter hinter diesem Glas, „in Entfernung gerückt", „als Vedute" (KF, 48) zeigt, ist ein diffuses, verschwommenes Bild einer ihrer festen Konturen beraubten Welt. „Der Herbst, dessen Durchsichtigkeit ich nicht mehr so in der Erinnerung hatte. Die Regennacht draußen kommt mir vor wie das Innere eines Schaufensters, dessen Beleuchtung man gelöscht hat" (E, 7), sagt Efraim. Dass der Roman-Ansatz darüberhinaus eine strukturbildende Funktion besitzt und das Erzählte, sowohl formal als auch den Erzählgegenstand betreffend, in einem suggestiven Bild zusammenfasst, erfährt der Leser an anderer Stelle, nach Verlagerung der Zeitebene, zunächst als wortgetreue Wiederholung des anfänglichen Einfalls. Es stellt sich bald heraus, „daß ich meinen Bericht, oder wie man dergleichen nennen will, nicht genau in der Form zu schreiben anfing, die ich hier zitiere und in der er nun endgültig vorliegt". „Vielmehr", heißt es weiter, „benutzte ich bei der ersten Niederschrift die dritte Person des Imperfekts" (E, 36). Das Optieren für ein Abfassen des Berichts „in der ersten Person und im Präsens" hat in erster

Linie mit einem „*Fühlen*" zu tun, einem „Grundvorgang", dessen „Grundform" „ich schließlich [...] die Gegenwart meiner Person gab" (E, 36). Hierin zeigt sich, wie die „Struktur der Erzählung" die „tragische Substanz"[124] als die unmittelbare Identifikation mit dem Dargestellten spiegelt. Dazu gehört vor allem die Gestaltung einer Entsprechung von Innen- und Außenwelt, die Variante dichterischer Bewältigung einer privaten Situation. Somit verwandelt sich der scheinbar ‚objektive' Bericht für die Zeitung in ein beteiligtes Schreiben und betroffenes Reflektieren über sich selbst.

4.2. Dasein und Bewusstsein

4.2.1. >Sansibar oder der letzte Grund<

> *Der Mississippi wäre das Richtige, dachte der Junge, auf dem Mississippi konnte man ein Kanu klauen und wegfahren, wenn es stimmte, was in Huckleberry Finn stand (SR, 7).*

Diese Worte, mit denen Anderschs >Sansibar oder der letzte Grund< einsetzt, spiegeln nicht nur die Sehnsucht und die Phantasie des fünfzehnjährigen Schiffsjungen wider. Sie stehen auch stellvertretend für die Hoffnungen und Träume der übrigen auftretenden Gestalten. Das, was hier zu Beginn jedes Kapitels in der Form inneren Monologs sich mehr als mottoartig entfaltet und die perspektivisch angelegte Erzählstruktur zu einem einheitlichen Ganzen zusammenbindet, bringt in erster Linie die Entfremdung aller Protagonisten, die Diskrepanz zwischen erlebter Wirklichkeit und erdachter Möglichkeit ihrer Transzendierung, zum Ausdruck.

Träumt der Schiffsjunge oben von einem heimlichen Verschwinden, wie es nur der Mississippi ermöglichen könnte, so ist er *gleichzeitig* der Fragwürdigkeit dieses ihm vorschwebenden Wunschgedankens doppelt bewusst. Seiner konkret erlebten Situation entsprechend ist es erstens nicht „*einfach ein Kanu [zu] klauen*" und auszubrechen, wie

---

[124] Werner Weber, Alfred Andersch. Zu seinem Buch >Efraim<, in: Über alfred Andersch, (1974), a.a.O., S. 87.

die Welt der Bücher es leichtfertig darzustellen vermag[125]. Und zweitens:

> *Auf der Ostsee würde man mit einem Kanu nicht sehr weit kommen, ganz abgesehen davon, daß es an der Ostsee nicht mal schnelle wendige Kanus gab, sondern nur so olle schwere Ruderboote (SR, 7).*

Damit ist die Thematik des Werkes, aus der Sicht des Schiffsjungen, ausgesprochen. Es ist gleichzeitig die Erkenntnis der eigenen ausweglosen Lage und die mit ihr zwangsläufig verbundene Frage nach Möglichkeiten des Entkommens, denn „*Verstecken war übrigens nicht das Richtige*" und „*man mußte weg sein*" (SR, 7). Auf verschiedenen Wegen gelangen ebenfalls alle anderen Figuren des Romans zu dieser Schlussfolgerung. Schon im ersten Kapitel trifft der kommunistische Funktionär Gregor in Rerik ein und macht den Leser mit seinen Fluchtabsichten vertraut. Reisend im Auftrag seiner Partei, mit der er innerlich bereits gebrochen hat, empfindet er den Anblick der sich ausbreitenden Küstenstadt als eine große Bedrohung und denkt:

> Erst jenseits des Hoheitsgebietes der Drohung, sieben Meilen von der Küste entfernt, auf einem Schiff nach Schweden – wenn es ein Schiff nach Schweden geben sollte – , würde das Meer nichts anderes als das Meer, zum Beispiel das Meer, sich wieder mit einem Vogelgefühl vergleichen lassen [...] Bis dahin war das Meer nichts anderes als das Meer, eine bewegte Materienmasse, die man zu prüfen hatte, ob sie geeignet war, eine Flucht zu tragen (SR, 8).

Plötzlich erblickt Gregor die sechs Türme der Stadt, die ihm – da die „Anderen" nicht darin sitzen – nicht als eine unmittelbar drohende äußere Gefahr erscheinen, sondern vielmehr als beobachtende Ungeheuer seiner inneren Flucht. Die Anspielung auf die eigene Partei, die er bereits in der Lenin-Akademie verraten habe und jetzt in der Höhe

---

[125] Die Ähnlichkeit zwischen der Figur des Jungen in >Sansibar< und Mark Twains Huckleberry Finn ist groß. Beide Gestalten stehen in Konflikt mit ihrer Umgebung und der Welt der Erwachsenen, die sie nicht begreifen können. Die Väter beider Jungen werden als Trunkbolde dargestellt, die sich an das geregelte und geordnete Leben nicht haben gewöhnen können. Sowohl bei Andersch als auch bei Twain weisen die Kinder eine große Sehnsucht nach Freiheit und einen Hang zur Selbständigkeit auf.

dieser Türme zu sehen glaubt, ist offenkundig: „Er ahnte, daß es schwierig sein würde, unter ihren Blicken zu desertieren [...] Sie sahen alles. Auch einen Verrat" (SR, 21). Das, was den Jungen zum gedanklichen Ausreißen aus der Enge und Verlogenheit seiner Umgebung veranlasst, nämlich die Erkenntnis, dass seine Welt von der der Erwachsenen gänzlich abhängt und bestimmt wird („*Aber Erwachsene gaben ja nie Erklärungen ab, sie sagten nur ‚Komm um fünf!' oder ‚Geh nach Hause!'*" [SR, 31]), ist für Gregor die Haltung der Partei, die ihm zum Inbegriff rational ablaufenden Lebens und erstarrter Konvention geworden ist:

> Für sie [die Funktionäre der Partei] war Rerik ein Platz wie jeder andere, ein Punkt auf der Landkarte, in dem sich eine Zelle der Partei befand, eine Zelle hauptsächlich aus Fischern und den Arbeitern einer kleinen Werft [...] Wenn Gregor ihnen gesagt hätte, was er im Anblick von Rerik dachte [...], so hätten sie nur die Schultern gezuckt. Bestenfalls hätten sie gesagt: dort wohnen genau die gleichen Menschen wie auf dem Wedding (SR, 21).

Für Gregor bedeutet diese letzte Reise, die er sich „als Prüfung" (SR, 37) auferlegt, eine Abkehr von seinem bisherigen Leben, gleichzeitig die Erschließung neuer Möglichkeiten des Selbst. „Die Reise ist beendet. Ich kann gehen" (SR, 37), denkt er über seine Arbeit in der Partei, und, den Hauptgrund für sein Aussteigen nennend: „Aber ich gehe auch, weil ich anders leben will" (SR, 37 f.). Dieses Anders-Leben nimmt deutlichere Konturen in seiner Phantasie an, als er in der Kirche auf Knudsen, den Genossen in Rerik, wartend, ein Schiffsmodell, eine Dreimastbark, erblickt:

> Gregor stellte sich vor, daß sie im Hafen von Rerik lag, daß sie auf ihn wartete, um sogleich, wenn er an Bord gegangen war, ihre Segel zu entfalten, Tücher der Freiheit, in deren Geknatter sie auf die hohe See hinausfuhr, bis zu jenem Punkt, an dem ihre Masten [...] höher waren als die [...] kleinen, winzigen und endlich in der Ferne der Knechtschaft versinkenden Türme von Rerik (SR, 38).

An dieser Stelle kristallisiert sich die innere Spannung des kommunistischen Instrukteurs heraus. Es geht um die Bewusstseinsspaltung des Subjekts angesichts eines weiter anhaltenden erdrückenden Zustandes und der Vorstellung eines befreienden und erlösenden Ausbruchs. Dieser Bewusstseinslage entsprechend wird auch die Darstellung des Reisens konzipiert. Rerik fungiert zwar als die Stadt, in der Altes und Neues immer noch nebeneinander bestehen, aber auch als der Ort, der die Erkenntnis der Unvereinbarkeit beider Momente erst ermöglicht. Gregor, der im Auftrag anderer in die Küstenstadt kommt, erkennt, dass er nicht frei handelt. Seine Reise, die er für beendet erklärt, führt ihn noch nach Rerik, das im ganzen Roman als Chiffre für die Unfreiheit steht. Die Verbindung zwischen Rerik und der langjährigen Tätigkeit in der Kommunistischen Partei ist hier eindeutig. Da beide gleichsam als Gefangenschaftsbereiche empfunden werden, kann Gregors Reise nicht in die ersehnte Freiheit führen. Somit findet die Erschließung des Unbekannten lediglich in der Vorstellung statt[126].

Beim Anblick der gefährdeten Plastik des lesenden Klosterschülers erinnert sich Gregor zunächst an die Zeit, die er in der Instrukteur-Schule verbrachte, an seine erste Erfahrung mit den Büchern, der Partei und der Revolution: „Das sind ja wir, dachte Gregor [...] Genauso sind wir in der Lenin-Akademie gesessen und genauso haben wir gelesen, gelesen, gelesen" (SR, 39). Doch schnell merkt er, dass der sitzende Mönch nach außen hin zwar die Haltung eines in seiner Lektüre versunkenen Lesers annimmt, aber im Grunde eine innere Distanz zum von ihm Gelesenen wahrt: „Er las aufmerksam. Er las genau. Er las sogar in höchster Konzentration. Aber er las kritisch" (SR, 40). Es handelt sich auch um jene kritische Freiheit, die den Klosterschüler vom damaligen Gregor der Lenin-Akademie unterscheidet. Diese Freiheit hilft, das Dogma überwinden und garantiert die Möglichkeit freiwillig getroffener Entscheidung. Ohne geistige Bindung, die Grenzen seines Handelns nur für sich selbst setzend, *erlebt* und demonstriert der lesende Mönch seine Überlegenheit: „Er ist leichter, als wir waren, vogelfrei [...] Ich habe einen gesehen, der ohne Auftrag lebt. Einen, der lesen kann und dennoch aufstehen und fortgehen" (SR, 40).

---

[126] Das tiefe und innige Verlangen nach Freiheit ist bei Gregor – im Vergleich zu anderen Gestalten des Romans – niemals identisch mit der bloßen Durchführung bzw. dem tapferen Durchstehen einer Rettungsaktion. Es ist viel romantischer als das anderer Figuren (z.B. Judiths, S.18.). Vgl. das Poetische seiner gedanklichen Ausflüge im Zusammenhang mit dem Meer und dem Schiff (S. 8 und S. 38).

Glaubt Gregor, in der Holzplastik ein Sinnbild des inneren Widerstandes zu erkennen, sieht er daran ein Beispiel freier, individueller Entscheidung, so bedeutet dies umsomehr, dass eine solche Freiheit der Willkür und dem Terror der „Anderen" stärker ausgesetzt ist. Die Selbständigkeit, ja gar die Fähigkeit zur Selbstrettung, die Gregor der Plastik zuschreibt, stellen auch für Pfarrer Helander den Hauptgrund dar, um sie vor der Vernichtung zu schützen und mit Knudsen auf die Reise nach Schweden zu schicken.

Für den Pfarrer ist der Klosterschüler insofern gefährdet, als er durch seine Haltung keine bloße Pose, sondern den *Ausdruck einer inneren Wachsamkeit* verkörpert, die ihrerseits die „Anderen" verunsichert und entlarvt: „Den mächtigen Christus auf dem Altar lassen sie in Ruhe, sein kleiner Schüler ist es, der sie stört. Das Mönchlein, das liest" (SR, 28). Helander, der selbst nicht an ein Weggehen, lediglich an die Rettung seiner Holzfigur denkt, hat sich bereits von der Kirche innerlich losgesagt. Als Knudsen dem Pfarrer eröffnet, für die Partei tue er seit Jahren nichts mehr, denkt dieser: „Es ist so ähnlich wie mit mir und der Kirche" (SR, 30). Der Pfarrer hat den Glauben an eine Kirche verloren, deren Gott sich im Verborgenen hält und die Menschen ihrem eigenen Schicksal überlässt[127]. Beinahe im existentialistischen Sinne muss der Mensch nun sein eigenes Schicksal in die Hand nehmen, private Aufträge ausführen und gegen die ihn bedrohenden Mächte antreten, denn „Gott war abwesend, er lebte in der größten überhaupt denkbaren Ferne, und die Welt war das Reich des Satans" (SR, 91).

In dieser von Gott im Stich gelassenen Welt hat der Pfarrer keine Hoffnung mehr. Seine eigene Rettung sieht er nur noch vor einem Hintergrund voller Hoffnungslosigkeit und Leere, im Tod. So kehrt das Totenreich immer wieder in zwei bestimmten Träumen des

---

[127] Es besteht durchaus eine Ähnlichkeit in der Einstellung zur Aktion und zum Glauben zwischen Pater Helander und Pater Paneloux in Albert Camus' Roman >Die Pest<. Während Anderschs eher kämpferische Figur die Ursache für die Ungerechtigkeit in der Welt von vornherein auf das Verhalten einer gleichgültigen Gottheit zurückführt, revoltiert und sich zum Kampf entschließt, muss Paneloux zunächst einen Prozess der Überwindung seines religiösen Fanatismus durchmachen. Helander agiert im Sinne einer auf individueller Freiheit basierenden existentialistischen Theologie. Von der Absurdität des Daseins getroffen, handelt Camus' Figur eher mit anderen gemeinsam, im Sinn eines existentialistischen Humanismus.

Geistlichen, entweder verbunden mit einer Erinnerung an tatsächlich Erlebtes oder als Widerspiegelung eines nicht in Erfüllung gegangenen Wunsches. Beide Träume versetzen Helander in die Fremde, in Orte voller Ödnis und Trostlosigkeit. Der Ort des ersten Traums, der jedesmal von einer Frau handelt, die sich mit einer Hand am Balkongeländer ihres Hotelzimmers festhält und „lautlos und starr über den Abgrund der Straße" hängt, ist stets das schmutzige, kalte und trostlose Lille des Ersten Weltkriegs. Der zweite Traum spielt sich immer in Norwegen ab: „Er saß in einer riesigen Schaukel, die irgendwo in den Wolken über einem Fjord angebracht war, er blickte auf eine dunkle Landschaft aus Gebirgen und Meer und in den Fjord hinab, und die Schaukel begann zu schwingen, hin und her, hin und her" (SR, 138). Solche vergegenwärtigten Träume stehen in enger Verbindung zur erdrückenden und bedrohlichen Stimmung von Rerik. Sie symbolisieren eine Welt, in der der enttäuschende Gott, untätig und unsichtbar, seine Strafe nicht vollziehen kann oder will. Seine Hölle „war nicht ein Raum aus Hitze und Feuer, ein Raum, in dem man brannte, – die Hölle war der Raum, in dem man fror, sie war die absolute Leere. Die Hölle war der Raum, in dem Gott nicht war" (SR, 138 f). Diese Träume fungieren ebenfalls als der Ausdruck einer unterdrückten Sehnsucht nach dem Land des Todes. Lille und Norwegen stehen als Chiffren für einen Bereich, dessen Erreichen für Helander *gleichzeitig* eine Rettung aus dem ihn umgebenden, „leere[n], kalte[n] Nichts", „dessen Bestätigung die Anderen sind". Es bedeutet auch eine Revolte gegen einen Gott, „der sich in Honolulu oder auf dem Orion befindet" (SR, 140). Das Schießen, das der Geistliche gegen Ende des Romans zuerst als eine gegen Gott verhängte Strafe verstehen will („Ich werde töten, um Gott zu züchtigen" [SR, 143]), fasst er kurz vor seinem Tod nicht als eine gänzlich freiwillige Tat, sondern als einen befreienden Akt, als ein Bekenntnis zum Leben, auf. „In den Feuerstößen aus seiner [Gottes] Pistole", denkt der Pfarrer, „würde die Welt für die Dauer von Sekundenbruchteilen lebendig werden". Oder: „Gott läßt mich schießen, weil er das Leben liebt" (SR, 144).

4.2.2. >Die Rote<

Im Gegensatz zum Roman >Sansibar<, in dem die Darstellung des Reisens – jedenfalls bis zum endgültigen Aufbruch nach Schweden gegen Ende – sich lediglich auf die Sehnsüchte und Hoffnungen der jeweiligen Subjekte reduzieren lässt, erfährt die Gestaltung dieses Motivs in >Die Rote< von vornherein ihre Umsetzung in reale Dimensionen. Der zu Beginn von >Sansibar< innerlich und nur in Gedanken formulierte Wunsch zu verreisen („*Man mußte weg sein, aber man mußte irgendwohin kommen*" [SR, 7]), dessen dichterische Entfaltung und unmittelbares Reflektieren auf die Empfindungen der verschiedenen Personen sowohl Gegenstand als auch Form des Erzählten bestimmt, konstituiert ebenfalls in >Die Rote<, in umgewandelter Form, den Ansatz der Erzählung. >Die Rote< setzt mit einem real stattfindenden Aufbruch ein:

> Auf dem Bahnsteig der Stazione Centrale war es trocken, trocken unter dem dunklen Gebirge aus Glas, Rauch und Beton, aber der Rapido nach Venedig troff vor Nässe, sie hatten ihn sicherlich erst vor ein paar Minuten aus dem Regen, aus dem Grau des Regen-Nachmittags, in die Halle geschoben, *Abfahrt 16.54* (R, 11).

Der Roman beginnt mit genauen Angaben zum Reiseziel. Auch die Abfahrtszeit steht fest, was möglicherweise als indirekter Hinweis auf die prinzipielle Entschlossenheit der reisenden Person interpretiert werden könnte. Doch gleich erfährt der Leser von der Zufälligkeit des Vorhabens, denn „Franziska war zu einem Schalter gegangen und hatte gefragt, wann der nächste Zug ginge. ‚Wohin?' ‚Irgendwohin.' [...] ‚Der Rapido nach Venedig. Sechs Minuten vor fünf.' [...] ‚Gut geben Sie mir Venedig!' ‚Rückfahrkarte?' ‚Nein, einfach'" (R, 11 f.)[128]. Schon hier wird die Darstellung des Reisens einem inneren Drang gleichgesetzt, die bestehenden Grenzen und die geltenden Normen zu sprengen. Der Raum repräsentiert für die Reisende keine konkrete und fassbare Gegebenheit mehr: Dem sich noch nach Luzidität und räumlicher Einteilung bemühenden „Wohin?" des Beamten

---

[128] Vgl. in diesem Zusammenhang die Willkür, die auch die Reisebewegungen der jeweiligen Hauptgestalten in Gerhard Roths und Max Frischs Texten bestimmt. Gerhard Roth, Winterreise, a.a.O., S. 43 und 62.; Max Frisch, Stiller, F.a.M. 1976, S. 202, (st. 105.).

setzt Franziska das befremdende und somit ihre Orientierungslosigkeit dokumentierende „Irgendwohin" als Antwort entgegen. Doch bevor sie eine Fahrkarte nach Venedig löst, denkt sie, ohne ihre Enttäuschung über das sich darbietende Zuffallsspiel verbergen zu können:

> *Was habe ich in Venedig zu tun? Aber es ist wie im Roulette, ich habe auf Zero gesetzt und es ist eine Farbe herausgekommen. Irgendwohin hieß Zero [...] Vermutlich gab es keinen Ort, der Null hieß [...] Venedig war so gut wie jeder andere Ort (R, 12)*[129].

Hinter diesem Wunsch, die festen Konturen einer wahrnehmbaren Örtlichkeit aufzuheben, verbirgt sich der Fluchtcharakter der anzutretenden Reise. Franziska, die des Lebens an der Seite ihres viel beschäftigten und stets auf Erfolg bedachten Mannes (Herbert) überdrüssig geworden ist, verlässt letzteren in Mailand, um allein ihren Reiseweg fortzusetzen. Rückblickend vergegenwärtigt sie sich eine Szene, die ihr den Anlass gab, sich von ihrer bisherigen Bindung loszusagen:

> Weißt du, Franziska, San Maurizio ist ein vorzügliches Beispiel für den sensualistischen Spätstil von Solari. Du tätest mir einen Gefallen, wenn du dir's nachher mit mir zusammen ansehen würdest. Sie erinnerte sich, wie er sein Cognacglas gehoben und daran gerochen hatte. Ein Satz, eine Bewegung haben eine Entscheidung ausgelöst, auf die ich drei Jahre lang gewartet habe wie auf ein Gottesurteil (R, 16).

Nicht nur die betont ausgewählte und somit unnatürlich klingende Sprache des Ehemannes vermittelt an dieser Stelle einen Hang zum Erstarrten und zu überkommenen gesellschaftlichen Umgangsformen als Repräsentanz („vorzügliches Beispiel", „Du tätest mir einen Gefallen, wenn", „wie er sein Cognacglas gehoben und daran gerochen hatte"). Auch der hier angesprochene kunstgeschichtliche Aspekt verweist auf ein überholtes Zeitalter, dessen Bewunderung und *Begutachtung* ebenfalls ein Bestandteil gängiger bürgerlicher Touristik geworden ist. Nicht Kunst an sich wird hier indirekt angeprangert, sondern Kunstgeschichte als Freizeitbeschäftigung, als Pflege und Versuch, darin eine äußere Bestätigung des eigenen Selbst zu finden.

---

[129] Vgl. ebenso vorangehendes Zitat.

„*Am besten sieht er immer zu Haus aus, wenn er vor den Bücherwänden seiner Bibliothek steht, er sieht dann beinahe aus wie ein Gelehrter, beinahe wie ein exquisiter Privatdozent*" (R, 21), überlegt Franziska weiter. Für sie ist Herbert „*nichts weiter als ein Vertreter*", denn „*Ästheten sind Vertreter, Ästheten sind Handlungsreisende*" (R, 20) und keine unbeschwerten Kunstgenießer[130].
Herberts Gewohnheiten, Verhaltensweisen und Lebensstil rufen bei seiner Frau negative Reaktionen hervor. Sie gehen in ihrer Darstellung im Roman über die Charakterisierung einer bestimmten Person hinaus, um als Prototyp des Konventionellen schlechthin zu fungieren. Franziskas Flucht aus der beengenden Sphäre des ehelichen Lebens ist auch eine Flucht aus den die Individualität erstickenden Normen der Gesellschaft. Ihr spontaner Entschluss zum Aufbrechen und ihre abenteuerliche Fahrt nach Venedig erscheinen als Indiz einer Suche nach einem Geheimnis jenseits des Alltäglichen. Dem nach außen hin fassadenhaft vorgespiegelten Lebensmodus, der „*nur Blicke für Kirchen und Palazzi [...] Palladios und Sansovinos und Bramantes, den ganzen kunstgeschichtlichen Tinneff*" (R, 16) hat[131], zieht Franziska die Einfachheit unbeschwerten, *natürlichen* Lebens vor.

---

[130] In seinem Aufsatz „Die Blindheit des Kunstwerks" schreibt Andersch, die Kunst gegenüber der verwalteten Kultur verteidigend: „Kultur ist heute als Gegenstand staatlicher Verwaltung und Erzeugnis der nach ihr benannten Industrien das Anti-Künstlerische schlechthin; sie ist als Etat, terminiertes Programm, Tagung, ‚Gespräch', Spielplan, paritätisch fixiertes Ausstellungswesen, Organisation von Akademien und Festspielen, Selbstkontrolle, ‚Förderung' und Erziehung nichts anderes als ein totaler Versuch, den Strahlungskern der Kunst und des schöpferischen Denkens einzuzäunen und unschädlich zu machen." In: Das Alfred Andersch Lesebuch, Hrsg. Gerd Haffmans, Zürich 1979, S. 216, (dtb. 205.)

[131] Diesbezüglich liest man z.B. in Fontanes >Effi Briest<: „'Heute vormittag die Pinakothek besucht. Geert [von Innstetten, S. Th.] wollte auch nach dem anderen hinüber, das ich hier nicht nenne, weil ich wegen der Rechtschreibung in Zweifel bin.'"; „'Wir haben heute vormittag die hiesige berühmte Galerie besucht,' oder wenn es nicht die Galerie war, so war es eine Arena oder irgendeine Kirche ‚Santa Maria' mit einem Zunamen."; „'Gestern waren wir in Vicenza. Vicenza muß man sehen wegen des Palladio; Gert sagte mir, daß in ihm alles Moderne wurzele. Natürlich nur in bezug auf Baukunst. [...] Ich habe noch immer das Ziehen in den Füßen, und das Nachschlagen und das lange Stehen vor den Bildern strengt mich an. Aber es muß ja sein'". Theodor Fontane, Effi Briest, Nymphenburger Taschen-Ausgabe in 15 Bänden. Bd. 12, München 1969, S. 42.

Die geheimnisvolle Idylle verarmten Lebens steht somit als Gegenpol zum tradierten Verständnis von Glanz und gepflegter Bürgerlichkeit. Das veranschaulicht der Text z.B. an einer Stelle, an der er den Gedankenstrom Franziskas für eine Weile unterbricht und ihn in Reflexionen über ein altes, verfallenes Haus, das die Reisende bei Verona sieht, übergehen lässt:

> *Ob die Wohnung im ersten Stock frei ist? [...], ich habe mich immer für diese Art Häuser interessiert, ich wollte hinter das Geheimnis solcher Häuser kommen, ganz Italien besteht aus solchen Häusern, in denen Leute abends im Dunkeln sitzen und Geheimnisse bewahren, arme bittere leuchtende Geheimnisse (R, 15 f.).*

Erneut, und in unverändertem Wortlaut, taucht dieses Bild als Erinnerung Franziskas auf, als sie an anderer Stelle des Romans[132] beginnt, sich des Ernstes ihrer Lage bewusst zu werden und an die Rückkehr nach Deutschland zu denken. Im Anschluss daran reflektiert sie unmittelbar über ihre Reise nach Venedig: „*Wahrscheinlich ist das Ganze eine literarische Idee, ausgelöst von neorealistischen Filmen, ein bißchen Faszination von der Poesie südlichen Proletariats*" (R, 83).

Ohne das Verhältnis von Reisen und Resignation, das andernorts[133] behandelt werden wird, näher zu erörtern, soll nun versucht werden, die „literarische Idee" und die „Faszination" von der Poesie des Südens als dichterischen Bezugspunkt zu Sternes ›Sentimental Journey‹ kurz zu besprechen. Nicht so sehr der allgemeinen Thematik (Freiheit, Flucht, Empfindsamkeit, Reise etc.), die beiden Werken innewohnt, gilt hier das Augenmerk, als vielmehr dem Aspekt der *Unmittelbarkeit* und der *Einfachheit*, der die Protagonisten beider Texte motiviert und ihr Handeln bestimmt.

Der Anlass zum Aufbruch ergibt sich auch in Sternes „Bericht"[134] ohne sorgfältige Vorbereitung oder Planung:

„In Frankreich", sagte ich, „versteht man sich besser darauf."

---

[132] Vgl. (R, 82 f.).
[133] Vgl. Abschnitt 4.3.3. der vorliegenden Arbeit.
[134] Laurence Sterne, Yoricks Reise des Herzens durch Frankreich und Italien, a.a.O., S. 19.

„Sie waren in Frankreich?", sagte der Herr und wandte sich mir rasch zu mit dem höflichsten Triumph der Welt.
„Seltsam!", sagte ich, als ich drüber nachdachte, „daß eine Seereise von einundzwanzig Meilen – denn es ist durchaus nicht weiter von Dover nach Calais – einem Menschen solche Rechte verleihen sollte. Ich werde ihnen auf den Grund gehn"[135].

Da dem Leser der eigentliche Gegenstand des Gesprächs, im Laufe dessen der Entschluss zum Verreisen gefasst wird, weiterhin unbekannt bleibt, kann der letzte Satz („Ich werde ihnen auf den Grund gehn.") ihm durchaus als Hinweis auf den andersartigen Charakter von Yoricks Vorhaben dienen[136]. Yorick reist nicht nach Frankreich, um dessen Sehenswürdigkeiten zu bewundern oder sich mit seiner Vergangenheit zu beschäftigen. Aus diesem Grunde „habe ich das Palais Royal nicht gesehen und auch das Luxembourg nicht, noch die Fassade des Louvre, noch habe ich den Versuch unternommen, die große Zahl der schon vorhandenen Kataloge der Gemälde, Statuen und Kirchen zu vermehren"[137]. Einzig und allein in der Erforschung der Geheimnisse menschlicher Natur durch Begegnung und unmittelbares Kommunizieren erblickt der Reisende sein Vorhaben:

> Ich sehe in jedem schönen Wesen einen Tempel und möchte viel lieber hineingehen und die Originalzeichnungen und flüchtigen Skizzen betrachten, die darin aufgehängt sind, als ihre Kopien, selbst wenn sie ein Raffael angefertigt hätte[138].

Wie bei Franziska in >Die Rote< richtet sich auch Yoricks Abneigung in >The sentimental Journey< nicht zuletzt gegen eine bestimmte *konservierte* Darstellungsform von Kunst, sie erstreckt sich zugleich auf erstarrt kultivierte Lebensmodi, denen es an Gegenwär-

---

[135] Ebd., S. 9.
[136] In seinem Roman stellt Sterne einen Katalog auf, in dem er die Reisenden nach Kategorien unterscheidet. Hier geht Yorick auf den Charakter seiner eigenen Reise näher ein und nennt sich einen empfindsamen Reisenden, „der ebensogut aus Notwendigkeit und besoin de voyager reist wie nur irgend ein anderer." Er fügt hinzu: „Ich bin mir gleichzeitig wohl bewußt, daß ich für mich ganz allein eine eigene Kategorie beanspruchen könnte, da sowohl meine Reisen als auch meine Beobachtungen von einem ganz anderen Schlage sind als die meiner Vorgänger." Ebd., S. 19 f.
[137] Ebd., S. 118.
[138] Ebd., S. 118 f.

tigkeit und Menschlichkeit mangelt. Das Gegenwärtig-Menschliche meint hier das Konkrete einer erlebten Situation und nicht das bloße Äußere, das – als Ausdruck einer rigiden und zwingenden Form *sich darbietend* – das Leben als inneres Gesetz alles Künstlerischen, die Subjektivität und das individuelle Moment im Keime erstickt. Andersch meint nichts anderes als dieses Lebendige, wenn er von der „Stimmung als der Atemluft unseres Geistes" spricht, wenn die Symbole zu einer Genialität bar jeder Empfindung, zu bloßem „Ersatz für die Realität" (KF, 86), verkommen:

> Die Kunst ist nicht eine Angelegenheit der Musen, die dichten, malen oder Gitarre spielen können, sondern die Empfindung, die wir von dem Stück rostigen Eisengeländers erhalten, das wir anfassen, auf unserem Hinterhof-Balkon stehend und auf die Fensterreihen des Wohnblocks starrend, während wir hören, wie Frau Kirchner im Parterre Geschirr spült (KF, 85 f.)[139].

Indem Anderschs „kalte Romantiker"[140] stets aus der Abstraktion der Ideologien und Konventionen als aus einer ihre Freiheit und Entscheidung zur Selbstverwirklichung hemmenden Realität auszubrechen versuchen, plädieren sie für eine *andere*. Diese ihre Welt ist eine *durchschaubare*, vor allem eine konkret empfundene und erlebte, an deren Gestaltung das Individuum unmittelbar beteiligt wird. In diesem Sinne ist auch Franziskas Ausbruch aus ihrem Alltag zu verstehen. Ihre Reise nach Venedig bringt den Wunsch eines Wechsels von der einen Wirklichkeit in die andere zum Ausdruck. Auch lassen sich Anderschs Protagonisten in der Regel lediglich von der Faszination dessen tragen, was sich hinter dem unmittelbar Erlebten verbirgt, von dem Geheimnis, das jenseits der Fassade lebt. „Hinter dem Motiv ‚Reise'" versteckt sich für sie „ein tieferes Moment: das der Begegnung mit dem Unbekannten, ein magischer Moment"[141].

---

[139] Vgl. hierzu in Sternes *Reise des Herzens* die Beschreibung des „Bourbonnais". Ebd., S. 161 f.
[140] Alfons Bühlmann, In der Faszination der Freiheit. Eine Untersuchung zur Struktur der Grundthematik im Werk von Alfred Andersch, Berlin 1973, S. 32.
[141] Paul Kersten, Plädoyer für das Erzählen, in: Über Alfred Andersch, (1974), a.a.O., S. 110.

4.2.3. >Efraim<

Im Roman >Efraim< ist die Darstellung des Reisemotivs mit dem Problem der Entwurzelung und der Heimatlosigkeit eng verbunden. Als „geborener Deutscher, naturalisierter Engländer und Angehöriger einer Minderheit" (E, 160) unterscheidet sich Efraim von allen anderen Romanfiguren Anderschs dadurch, dass er das Tragische der eigenen Situation in seinem beziehungslosen Schwebezustand, in sich selbst, begründet sieht. Für ihn, der sein bisheriges Leben als eine bloße Kette von sich ergebenden Zufällen auffasst, gibt es auch keine Gegenwart und keine Zukunft mehr. Die Zeit ist bei ihm entweder stehengeblieben oder er ist aus ihr gänzlich herausgefallen. So setzt sich die Gegenwart nur noch aus einem Strom erinnerter Begebenheiten zusammen, die er mit einer „Orgie von Subjektivität" (E, 275), „mit irgendwelchen Notationen" (E, 188), ausfüllt, die ihm solcherart ermöglichen, die unwirklich waltende Zeit zu vertreiben. Auch die Zukunft wird, angesichts einer leeren, von Vorstellungen und Erinnerungen beherrschten Gegenwart, nur imaginiert und als ungewiss angesehen. Das Fehlen einer Zukunftsperspektive ist für Efraim nicht nur eine Frage der Zeit, die zumindest augenblicklich durch „ein tatenloses Träumen über Notizen" (E, 50) überbrückt wird, es ist auch mit der im Werk stark betonten Frage der Orts- und Heimatlosigkeit eng verknüpft. Efraims Versuch, seine sinnentleerte und außerhalb von Raum und Zeit sich abspielende Existenz durch das Niederschreiben einer Gedanken- und Erinnerungsflut zu überwinden, erscheint ihm als eine delikate und fragwürdige Aufgabe:

> Wörter wie *Stoff* und *Kapitel* gebrauchend, fühle ich mich schon ganz als Romancier, das heißt als ein Mensch, der mit Worten ein Zeit-Kontinuum herstellt. Wie schwierig das ist! und wie degoutant [...] Ich bin gottseidank doch kein richtiger Romancier! Ich kann nichts weiter beschreiben als die Wahrheit meiner Existenz (E, 151).

Efraim ist ein ständig Reisender, seine journalistische Tätigkeit führte ihn in zahlreiche Orte und Schauplätze des Weltgeschehens. Nun, zur Zeit des Verfassens seines Buches, befindet er sich in Rom, dem Ort, in dem er anfängt, über einen endgültigen Wohnsitz nachzudenken. Dass er sich für einen *bestimmten* Wohnort nicht entscheiden kann, erklärt er mit der Tatsache, er habe „so viele Länder und

Orte der Welt" (E, 159 f.) besucht. Von London ging er nach Paris, „wurde nach Hanoi entsandt und kam gerade noch zur Schlacht von Dien Bien Phu zurecht, trieb mich danach in der asiatischen Evolution herum und in den arabischen Querelen, berichtete 1956 über die Suez-Krise von Israel aus, ging dann wieder nach Indien". „Keir [Efraims Vorgesetzter] bot mir New York", aber „die USA langweilten mich rasch, seit 1962 stagniere ich in Rom" (E, 236). Da Efraim in seiner Heimatstadt Berlin, aus der er damals vertrieben wurde, nicht bleiben kann und nach London, der Stadt seiner gescheiterten Ehe, nicht zurückkehren will, ist er ein „Fremder", ein ständiger „Ausländer" (E, 175). „Nirgends fühle ich mich so zuhause wie auf den Rolltreppen der Londoner Untergrundbahnhöfe" (E, 81), charakterisiert er treffend seinen heimatlosen Zustand. Diesem Bild gegenüber, das Efraims Ausgesetztsein und Rastlosigkeit illustriert, folgt eine lange, auf weitere Teile des Textes verteilte Reflexion über das Dasein jenes Ewigen Juden[142]. Zu Beginn des Romans teilt der Icherzähler mit: „Ich werde von einem Hemm-Traum heimgesucht, in dem ich fortwährend einen Koffer packe" (E, 8). In seinem Berliner Hotel weiß er nicht, wie er die Zeit „totschlagen soll", er fühlt sich „eingesperrt" und „von Unrast beherrscht" (E, 17). Weil er einem „allgemeinen und öffentlichen" (E, 161) Leben in der Gemeinschaft die Gefangenschaft seines „privaten und geschlossenen" (E, 161) Ghettos, seines eigenen Selbst, vorzieht, ist ihm unwichtig, wo er sich gerade befindet, denn, wie bei Frischs Roman-Hauptgestalten[143], kann er nirgends Wurzeln schlagen: „Es ist gleichgültig, wo man lebt, was man tut, wer man ist" (E, 52). Alles ist reiner Zufall:

> Die Liebe irgendwelcher Leute zu irgendwelchen Ländern oder Völkern ist mir vollkommen gleichgültig; wenn ich mir vorstelle, daß ihre ganze Beziehung zu dem, was sie Vaterland nennen, das Ergebnis einer Kette von Zufällen ist [...], kann ich nur lachen. Oder gähnen (E, 114).

Anders als in >Sansibar< und >Die Rote< erfährt die Darstellung des Reisens in >Efraim< nicht jene epische Breite, die es möglich macht, dass das poetische Subjekt über sich selbst und über seine Beziehung zur Umwelt *reisend* reflektiert. Hier wird die Reise weder erzählt noch fungiert sie, wie in den anderen Texten, als Fluchtmöglichkeit

---

[142] Vgl. S. 56, 160 und 217.
[143] In >Stiller<, >Homo faber< und in >Mein Name sei Gantenbein<.

bzw. Überwindung bestehender objektiver Barrieren. Sein ständiges Reisen erklärt Efraim – wie er alle übrigen, in seinem bisherigen und jetzigen Leben erfahrenen bzw. erlebten Begebenheiten auffasst – als eine ununterbrochene Kette von Koinzidenzen. Eine solche Lebensweise erklärt sich als die Folge seiner zufälligen Emigration nach England, seiner Bekanntschaft mit seiner Frau Meg und mit seinem Arbeitgeber Keir Horne, seiner journalistischen Tätigkeit. Nach Berlin, seinem Geburtsort, zurückgekehrt, um Nachforschungen im Auftrage seines Vorgesetzten zu betreiben, sieht er sich mit der eigenen Vergangenheit konfrontiert. Er sagt:

> Es ist ein Zufall, daß es zehn Uhr ist. Es ist ein Zufall, daß ich zum Innsbrucker Platz gegangen bin, um ein Taxi zu nehmen, welches mich nach einem Zeitraum von siebenundzwanzig Jahren in die Bismarckstraße in Wannsee bringen wird. Ebensogut könnte ich jetzt in London, Rom oder Hanoi sein oder tot sein oder noch immer in der Bismarckstraße wohnen (E, 23).

Derart stellt das Reisen kein explizites Moment dar, das die Auseinandersetzung mit der erinnerten Vergangenheit und mit sich selbst offen zur Sprache bringt. Nicht die konkreten und nachvollziehbaren Bewegungen einer bereits real oder innerlich angetretene Reise erfahren in >Efraim< eine darstellerische Entfaltung, sondern die verschiedenen *Stationen*, zu denen diese Bewegungen bislang geführt haben. Vom jeweiligen Standort aus wird über das ständige Reisen reflektiert als über einen Bestandteil einer von Rastlosigkeit und Unbeständigkeit bestimmten Existenz. Der Leser wird ununterbrochen in neue Orte geführt[144], er folgt dem Icherzähler – der seinerseits, von der Flut seiner Erinnerungen, Vorstellungen und Assoziationen überwältigt, sich an keine Chronologie hält – zu den Schauplätzen seines bisherigen Lebens und erfährt von den vielen unternommenen Reisen als von einem erinnerten unscharfen Hintergrund, auf dem das Berichtete aufgerollt wird.

Dennoch spielt das Reisen als erlebter *Aufenthalt* in >Efraim< eine zentrale Rolle. Nicht der permanente Ortswechsel (als Verbindung zwischen den verschiedenen Stationen) wird zum Gegenstand der Reflexion, sondern die Station selbst und die damit eng verknüpfte Er-

---

[144] Berlin (S. 7 f.); London (S. 9 f., 71 f.); Rom (S. 17 f., 40 f., 87 f.); Sizilien (S. 32); Frankfurt (S. 42) etc.

fahrung. Das Reisen präsentiert sich somit als ein Teilaspekt dieser Erfahrung, denn es erhält, neben anderen thematisierten Motiven und Ereignissen, eine dem Erzählten inhärente symbolische Bedeutung, die im Endeffekt nicht die Veranschaulichung des Realen und unmittelbar Wahrgenommenen, sondern die Erklärung innerer Bewegungen und biographischer Begebenheiten des Wahrnehmenden selbst zum Ziel hat. Efraims Entschluss, den rastlosen Journalistenberuf gegen den des sich der Außenwelt entsagenden Schriftstellers einzutauschen, bringt zwar den Wunsch eines sesshaften Daseins zum Ausdruck[145], aber er hebt die Auseinandersetzung mit der verwünschten Vergangenheit nicht auf. Das Aufrollen des Erlebten durch den Icherzähler während des Schreibens reduziert sich auf die Gestaltung eines Vorwissens, bleibt stets eine Begegnung mit dem Dagewesenen in der Gegenwart. Der niedergeschriebene Rückblick und die Reflexion darüber schirmen das Ich lediglich von dem konkret erlebten Augenblick ab. Sie kündigen zwar das Ende der bisherigen Lebensweise an, aber sie setzen sie in der Form ihrer fiktionalen und sprachlichen Gestaltung fort. Als Roman im Roman stellen Efraims Aufzeichnungen einen offenen Prozess dar: „Und indem ich meinen Gang zu Keir [...] fortsetze [...], schwöre ich, daß ich noch während ich ihn beschreibe, keine Ahnung davon habe, wohin er mich führen wird" (E, 244). Wenn der Berichtende am Ende des Romans für eine Ghetto-Existenz optiert, so signalisiert dies den Beginn einer unendlichen inneren Reise an, bei der das Ich, zwischen den vom Zufall dargebotenen Existenzweisen alternierend, die Ich-Möglichkeit wählt: „Wenn es gleichgültig ist, wer ich bin, dachte ich, kann ich auch ich bleiben. Vielleicht ist unter allen Masken, aus denen man wählen kann, das Ich die beste" (E, 287).

---

[145] Vgl. diesbezüglich Efraims Äußerungen zu seiner Wohnungssuche. S. 76 und 159 f.

4.3. Chiffren der Sehnsucht

4.3.1. Das Meer

Zu den oft thematisierten Sinnbildern, die leitmotivisch durch Anderschs Romane ziehen und eine Illustration utopischer Ziele bzw. menschlicher Sehnsucht darstellen, gehören Chiffren wie Leere, Wüste, Nacht und Meer. Schon im Bericht >Die Kirschen der Freiheit<, in dem die Thematisierung des Reisens nur ansatzweise vorkommt und keineswegs die später in den Romanen errreichte Intensität vorweisen kann, taucht das Meer als Sinnbild jener Ferne auf, nach der der Berichtende sich sehnt, als Möglichkeit der Erschließung neuer Lebenswege. Bereits die erste Stelle, an der die „nie erblickte See" (KF, 32) erwähnt wird, lässt den großen Wunsch des Jugendlichen, das Meer zu erreichen, als Schritt auf das Offene und Unbekannte hin erkennen. Vielmehr fungiert das Meer als eine faszinierende wie magische Grenze, hinter der sich die Welt als Traum offenbart. Über seine „Ausbruchsversuche" (KF, 31) berichtend, seine Sehnsucht nach dem Meer als Inbegriff der Suche nach unbekannten Orten in den Vordergrund stellend, fragt sich der Sprechende:

> Wie lange lebte man denn? Dreißig, fünfzig, siebzig Jahre vielleicht. Mußte in dieser Zeit den Dschungel gesehen haben, die Wüste, die Kette des Himalaja, von Darjeeling aus, und die Türme von Manhattan. Wozu war einem sonst die Welt gegeben? (KF, 32)

Nach seinem Bruch mit der Kommunistischen Partei wird der Berichtende Fabrikarbeiter in Hamburg, wo er, die bedrückende Atmosphäre seiner unmittelbaren Umgebung spürend, seine Rettung im bloßen Anblick der offenen See sucht:

> Suchte ich das Meer auf, das ich nun endlich sah, grell blau hinter den roten Riesentürmen von Wismar, opalgrau jenseits der Deiche von Husum. Ich sah zu, wie das Fährboot nach den Halligen aus dem Hafen tuckerte, der nach Holz und Teer roch. Es gab keine Zeit mehr (KF, 56).

Das Meer der ersehnten Freiheit ist aber gleichzeitig Bestandteil einer allgemeinen Drohung und um sich greifenden Weltangst. Dabei wird der Raum beherrscht von „ein[em] stumpfblaue[n], einsame[n]

Meer, das so aussah, als hätte es noch niemals der Kiel eines Schiffes durchschnitten, ein[em] schieferfarbene[n] und tückische[n] Weltende-Meer" (KF, 79), das keine Flucht zulässt.

Diese Zweideutigkeit spielt in >Sansibar< eine zentrale Rolle. Für alle Figuren dieses Romans steht das Meer als Symbol für die Rettung und die offenen Möglichkeiten, es stellt aber gleichzeitig eine Drohung und eine allgegenwärtige Gefahr dar. Für den Jungen ist es einerseits jener Raum, der die Freiheit erst ermöglicht, der Weg, der nach Sansibar, dem Land der Träume, führt. Als Sinnbild des Offenen schlechthin ist es andererseits das unergründliche Unbekannte, das Tod und Selbstvernichtung bedeutet:

> *Knudsen fuhr nie auf die offene See hinaus wie Vater, obwohl Vaters Kutter nicht größer gewesen war als Knudsen seiner. Aber dafür war Vater auch auf See umgekommen. Und auch deswegen muß ich raus, dachte der Junge [...] Huck Finn sein Vater war Säufer, deshalb mußte Huck Finn ja ausreißen, aber ich muß weg, weil mein Vater keiner war, sondern weil sie es ihm nur nachsagen, weil sie auf ihn neidisch sind, denn er ist manchmal auf die offene See hinausgefahren (SR, 12).*

An einer weiteren Stelle kommt es zu einem Relativieren, und der Junge versucht, einen Zusammenhang zwischen dem Trinken und dem Tod seines Vaters herzustellen:

> *War es nicht gerade umgekehrt, wie sie behaupteten, fragte er sich; trank Vater etwa, weil er auf die offene See hinaus mußte? Trank er sich Mut an, weil die unheimliche See ihn rief, und trank er, um zu vergessen, was er draußen gesehen hatte [...], die Ahnung, daß er in der hohen See sterben würde? (SR, 16)*

Bald glaubt der Junge, das eigentliche Motiv jener gefährlichen Ausbrüche seines Vaters herausgefunden zu haben, denn

> *nur Vater hat es nicht genügt, immer bloß in der kleinen Küstenfischerei herumzuschippern. Vielleicht hat Vater getrunken, aber er hatte auch Ideen, dachte er, und wahrscheinlich haben sie ihn deswegen nicht leiden können (SR, 24)*[146]

---

[146] Der Vater des Schiffsjungen und der lesende Klosterschüler verkörpern die Ideale, die das Kind im Roman ausspricht.

Es sind gerade diese Ideen gewesen, die ihn dazu veranlasst haben, seiner vertrauten Umgebung den Rücken zu kehren, um dem Unbekannten zu begegnen und das Neue aufzusuchen, ein Unternehmen, das ihn das Leben gekostet hat:

> *Er war gestorben, weil er nie etwas zu sehen gekriegt hatte. Seine sinnlosen, betrunkenen Fahrten auf die offene See waren Ausbrüche aus einer Welt gewesen, in der er nie, niemals etwas zu sehen gekriegt hatte (SR, 35).*

Stets als Hintergrund einer das Subjekt erdrückenden und von ihm konkret erlebten Situation, fungiert die Thematisierung des Meeres in Anderschs Romanen als eine unerlässliche Motivation, die Handlungs- und Verhaltensweise der jeweiligen Protagonisten determiniert. Immer wieder verweist dieses Motiv auf die Möglichkeit einer verlockenden und Hoffnung einflößenden Ferne, die das ersehnte Land der Träume in greifbare Nähe rücken und es dennoch gleichzeitig nur als Ahnung oder Stimmung über dem Erzählten planen lässt. Dieser Sachverhalt deckt sich als Bild mit einer Äußerung jenes Berichtenden in >Die Kirschen der Freiheit<, wenn er, seine von Angst bestimmte Lage an der italienischen Front beschreibend, in Erwartung des Neuen, sagt: „Es war so heiß, daß wir das Meer nur ahnen konnten, das doch greifbar und unermeßlich von dieser Höhe aus zu überschauen sein mußte" (KF, 91).

In >Die Rote< spricht Franziska von Venedig als von einer „Falle", aber das Meer büßt für sie nichts ein von seiner Funktion als Träger unerfüllter Wünsche. Es bleibt, wie für den Jungen in >Sansibar<, das Sinnbild der Weite und der offenen Möglichkeiten schlechthin, das Symbol der grenzenlosen Örtlichkeit, in die sich die Reisende gedanklich begibt:

> *Erst nach einigen Sekunden wagte sie es, die Augen zu öffnen; sie erblickte das Meer. Von dieser Höhe aus war das Meer eine hohe Wand, deren oberer Rand, der Horizont, dunkler war als der Himmel, dunkler und ohne feste Grenzen (R, 118).*

Genzenlos ist hier das Meer auch für Patrick, der, sobald er an Land geht, sich nicht mehr zurechtfindet, seine kurzen Aufenthalte als zweckmäßige und individuell motivierte Aufträge auffasst und es vorzieht, in seinem Boot zu *wohnen* bzw. in ständigem Kontakt mit dem Meer *zu* bleiben. Das Meer bietet ihm auf diese Weise, im Gegensatz zur Darstellung in >Sansibar<, nicht nur die Möglichkeit jederzeitigen Aufbruchs, das heißt die Garantie einer unmittelbaren Verbindung mit anderen Meeresufern; es wird selbst zum permanenten, unendlichen Lebensraum, zum Symbol einer Existenzweise, die, nach allen Seiten, für das Offene optiert.

In >Sansibar< und in >Die Rote< spielt die erblickte See die Rolle eines offenen Fensters, das die Gedanken und die Hoffnungen der Figuren über die vertrauten Grenzen hinausträgt und einen Hauch jener unendlichen Weite in die Enge ihrer verhassten Welt hineinbringt.

> Sie war schnell unter ihnen [den Türmen] vorbeigegangen, durch die Stadt hindurch, zum Hafen. Dort konnte sie ein Stück von der offenen See erblicken. Die See war blau, ultramarinblau und eisig. Und es lag kein Dampfer, kein noch so kleiner Dampfer im Hafen (SR, 18),

ist in >Sansibar< über Judiths Ankunft in Rerik und ihre erste Begegnung mit dieser Stadt zu lesen. An anderer Stelle liest sich die Darstellung des Meeres, trotz Perspektivenwechsels, nicht anders:

> Endlich stand Helander an der Kaimauer, dort, wo die >Pauline< festgemacht hatte. Durch das Takelwerk des kleinen Küstenkutters hindurch konnte der Pfarrer ein Stück der offenen See erkennen, weit draußen, rechts von dem Leuchtturm auf der Lotseninsel, der von hier aus ganz klein aussah (SR, 25).

Anderschs Protagonisten sind Menschen, deren Beziehung zum Meer über die Suche nach lokalisierbaren Orten der Selbstverwirklichung hinausgeht. Der Ort ihrer Träume ist oft nicht greifbar, so dass bei ihnen von einer „Sehnsucht nach Welt"[147], wie es bei Max Frisch heißt, nicht problemlos gesprochen werden kann. Das Land ihrer Sehnsucht bleibt die Wildnis, die Wüste und die Leere, auch wenn das konkrete Ziel ihrer Reisen Skillinge, Venedig oder Rom sich nennen lässt.

---

[147] Max Frisch, Tagebuch. 1946-1949, F.a.M. 1976, S. 25, (BS. 261.).

4.3.2. „Sansibar"

Um die Bedeutung dieser leeren, in Anderschs Romanen stets in Verbindung mit dem Motiv des Reisens gestalteten Utopie näher beleuchten zu können, bedarf der Roman >Sansibar< der weiteren Untersuchung. Dabei geht es im Wesentlichen um den Versuch, den poetischen Gehalt des zentralen „Sansibar"-Begriffs in diesem Werk sowie seine dichterische Tragweite als Ortsbezeichnung zu bestimmen.

Der Ort „Sansibar" wird erst gegen Mitte des Romans erwähnt. Nachdem der Junge erkannt hat, dass das Leben in der Realität anders vor sich geht als in der Welt der Bücher (*„die Bücher sind prima, aber sie stimmen alle nicht mehr"* [SR, 76]), breitet er eine seiner Landkarten aus und, wie im Glücksspiel in >Die Rote<[148], stößt er durch Zufall auf die fernen Gegenden seiner Sehnsucht:

> *Er hatte den Indischen Ozean erwischt und er las die Namen Bengalen und Chittagong und Kap Comorin und Sansibar und er dachte [wie der Berichtende in Die Kirschen der Freiheit, S. Th.]¹⁴⁹, wozu bin ich auf der Welt, wenn ich nicht Sansibar zu sehen bekomme und Kap Comorin und den Mississippi und Nantucket und den Südpol* (SR, 77).

Eine nähere Betrachtung dieser Passage zeigt, dass die in ihr nur scheinbar angestrebte topographische Genauigkeit keine bestimmende und lokalisierende Funktion besitzt. Sie dient vielmehr der Betonung des *Gleichzeitigkeits- als des offenen Charakters* einer Örtlichkeit, die sich dem poetischen Subjekt als Rettungs*möglichkeit* bietet. Bei den zuletzt erwähnten Orten (Kap Comorin und der Mississippi einerseits, Nantucket und der Südpol andererseits) handelt es sich, von Rerik aus gesehen, um geographisch vorhandene und sehr entlegene Gegenden, die dazu, untereinander, eine zusätzliche Entfernung aufweisen. Durch die selbstverständliche Art und Weise, wie der Text diese Gegenden stilistisch in einem Zuge nennt und gleichzeitig *miteinander*

---

[148] Vgl. >Die Rote<, S. 12.
[149] Vgl. >Die Kirschen der Freiheit<, S. 32. Hier heißt es: „Wie lange lebte man denn? Dreißig, fünfzig, siebzig Jahre vielleicht. Mußte in dieser Zeit den Dschungel gesehen haben, die Wüste, die Kette der Himalaja, von Darjeeling aus, und die Türme von Manhattan. Wozu war einem sonst die Welt gegeben? [...] immer weiter gehen , alles zurücklassen, neue Berge, Ebenen, und die nie erblickte See".

verbindet („wenn ich nicht Sansibar zu sehen bekomme *und* Kap Comorin *und* den Mississippi *und* den Südpol"[150]), lassen sich diese Orte formal zu einem einzigen Begriff zusammenfassen, der stellvertretend für die Ferne und das Offene schlechthin steht. Dadurch ist gleichzeitig die Aufhebung einer genauen bzw. partiellen Teil-Örtlichkeit intendiert. Der Ort der Sehnsucht ist für den Jungen alles Weite und Offene, das keine topographische Eingrenzung kennt, denn letztere erlebt er ohnehin in seiner unmittelbaren, einengenden Umgebung. „Sansibar" wird somit zum Inbegriff einer magischen Welt, zur Quintessenz einer orientierungslosen Suche nach einer *fernen und grenzenlosen Mitte* als Kompromiss:

> *Man mußte Rerik verlassen, erstens, weil in Rerik nichts los war, zweitens, weil Rerik seinen Vater getötet hatte, und drittens, weil es Sansibar gab, Sansibar in der Ferne, Sansibar hinter der offenen See, Sansibar oder den letzten Grund (SR, 77).*

Dass dieses „Sansibar hinter der offenen See" nicht Schweden ist, das der Junge mit Knudsen, Judith und der Holzfigur am Ende erreicht, dass das Verlangen nach Weite über die unternommene Seereise hinausgeht und die Suche nach anderen Horizonten keineswegs eingestellt ist, dokumentiert eine Textstelle am Ende des Romans, an der der Junge Bilanz zieht und das Prozesshafte seines Unternehmens unterstreicht:

> *Ich bin ‚raus, es hat wunderbar geklappt, ich bin in Schweden, ein paar Tage bleib ich hier und dann geh ich irgendwohin und melde mich und sag, daß ich ein Politischer bin. Und dann geht es immer weiter, dann kommt vielleicht Amerika und der Mississippi oder Sansibar und der Indische Ozean (SR, 147).*

4.3.3. Die Resignation

Doch der Junge muss den Traum von einer Existenz jenseits des Bestehenden vorläufig aufgeben, denn er hat inzwischen eingesehen, dass er, erstens, kein *„Politischer"* ist und dass er, zweitens, die er-

---

[150] Hervorhebung im Zitat, S. Thabet.

sehnte Freiheit nicht erlangen kann, solange er von der Welt der Erwachsenen abhängig bleibt: „*Erst wenn Knudsen abgefahren ist, dachte er, bin ich wirklich frei*" (SR, 147). Für ihn hat sich nichts geändert. Nach diesem – wenn auch abenteuerlichen – Ausflug in die Fremde kündigt sich die Rückkehr nach Rerik als eine resignierte an. Die Suche nach Möglichkeiten des (endgültigen) Entkommens muss erneut dort beginnen, wo sie ursprünglich eingesetzt hat: „*Der Junge blickte nicht mehr in den Wald zurück, als er den Steg betrat. Er schlenderte auf das Boot zu, als sei nichts geschehen*" (SR, 147).

Diese Resignation ist gleichzeitig ein indirekter Hinweis auf die Vergeblichkeit des Reisens, dessen Faszination Andersens Protagonisten von unendlichen Möglichkeiten der Selbstentfaltung träumen lässt. Es ist auch dieses Reisen, so widersprüchlich es scheinen mag, das die Faszination der Freiheit zum Ausklingen bringt und die Figuren mit den konkreten Grenzen des Realen erneut konfrontiert. Im Gegensatz zur erdachten Reise ist die reale nichts anderes als eine Bewegung im Endlichen und im begrenzt messbaren Raum. Zu einer sochen Erkenntnis kommt der ehemalige Spanienkämpfer Fabio Crepaz in >Die Rote<, der, bei der Betrachtung einer mittelalterlichen, die Erde als Scheibe darstellenden Landkarte es vermisst, nicht auf einem solchen „flachen Teller" (R, 125) zu wohnen:

> Jedesmal, wenn er sich den Ball imaginierte, langweilte er sich; er ist eine vorgetäuschte Unendlichkeit, dachte er; weil die Kugel keine Ränder besitzt, kommt man immer wieder dort an, wo man begonnen hat. Weil die Erde eine Kugel ist, reise ich nicht gerne, habe ich noch, von Spanienabenteuer abgesehen, kaum aus dem Veneto entfernt. Reisen hätte Sinn, wenn man irgendwo einmal dorthin käme, wo die Erde zu Ende ist (R, 125).

Diese Gedanken Fabios, der sich von der Revolution losgesagt hat und in Venedig „ein Inseldasein", „ein Insel-Leben in einem festen Netz von Gewohnheiten" (R, 127) führt, sind die Illustration einer zwiespältigen inneren Verfassung, bei der das Subjekt sich für Augenblicke von der Vorstellung eines unendlichen Raums leiten lässt, sich jedoch dieser Vorstellung als einer falschen Annahme und reinem Produkt der Phantasie nicht hingibt. Hier kommt dem Verharren in einem bestimmten Ort und der Bewegung, als einem zu Ende durchlaufenen Kreis *zwischen* Ausgangspunkt und Ziel, die gleiche Bedeutung zu. Die herkömmliche Topographie bietet Fabio Crepaz nichts Neues insofern, als sie ihm eine Begegnung mit dem Irrealen nicht erlaubt. Dieses Irreale wäre der endlose und immaterielle Raum, die Zeitlosigkeit und das Nichts, ein All ohne jeglichen Halt, durch das man unaufhaltsam fallen könnte:

> Wer an die Scheibe, an den Teller, an die flache Schüssel glaubte, der glaubte daran, daß der Mensch, wenn er den äußeren Rand des Weltmeeres erreichte [...], in das All hinausblicken konnte, in das All oder in das Nichts. Wie mochte es dort aussehen [...], wo die Zeit endete und es nur noch Raum gab, den unendlichen Raum? (R, 125)

In der weiteren Verfolgung dieses zentralen Gedankens zeigt sich der Wunsch einer totalen Identifikation mit der Leere:

> Man würde fallen, ohne jemals aufhören zu fallen [...], in einen Sturz ohne Aufschlag fallen [...], und schließlich würde man fallend sterben und tot weiterfallen und fallend sich auflösen, ein Partikel anorganischer Materie, zerstiebend in der Unendlichkeit (R, 126).

Somit dient die falsche Topographie Fabios Einbildung lediglich als Anregung, als Auslöser vielfältigster Vorstellungen und Gedankenausbrüche, die der Reflektierende sonst in seinem alltäglichen, räumlich begrenzten Lebenshorizont nicht erlebt.

Ein ähnliches Bild von der Erde zeichnet Gerhard Roth in seinem Roman >Winterreise<. Seiner reisenden Hauptgestalt Nagl lässt Roth diesen Planeten als „eine vereinsamte, saphirblau und weiß gemaserte Kugel in der Schwärze des Universums" erscheinen, „wie er sie auf farbigen Fotografien gesehen hatte". Und, im Anschluss an diese Stelle, fährt der Text fort:

> Er fuhr in der Eisenbahn und bemerkte, daß er über die Erde dachte, wie über eine fremdes Gestirn, dem man aus der Unendlichkeit des Raumes nicht ansehen konnte, daß Menschen es bewohnten, als lebte er selbst nicht auf ihm, sondern außerhalb. Er hatte das Gefühl, als sei er aus der Erde gefallen[151].

Sowohl bei Andersch als auch bei Roth drückt die Darstellung des ozeanischen Gefühls die totale Einsamkeit aus. Der gemeinsame Wunsch Crepaz' und Nagls, in der absoluten Leere des Kosmos auf-

---

[151] Gerhard Roth, Winterreise, a.a.O., S. 11.

zugehen und sich darin aufzulösen, bleibt dennoch unterschiedlich motiviert. Für Fabio Crepaz ist dieser Wunsch in erster Linie ein Gedankenspiel, eine Meditation über eine Hypothese, deren Wahrhaftigkeit durch das Gegebene von vornherein widerlegt wird. Dadurch tritt auch eine Desillusionierung des Subjekts ein. Letzteres wird stationär, und die ihm angemessene Existenzweise, als fortgesetzte Suche nach dem Neuen, sieht es nicht mehr im ständigen Ortswechsel. Roths Protagonist vermittelt hingegen das beinahe verbindliche Bild, das er von sich selbst, der Erde und der Unendlichkeit des Raums *entwirft*. Für ihn ist seine unmittelbare Umgebung das Entfremdende, das „Gewöhnlichste und Normalste [...], das sich tausendfach wiederholte"[152], die Erde selbst, in ihren alltäglichsten Erscheinungsformen. Seine ununterbrochenen Reisen durch Italien sind mehr als ein Indiz äußeren Zwangs. Sie stellen zusätzlich die subjektive Bemühung dar, dem im eigenen Kopf lebenden Schema von einer Existenz jenseits des objektiv Vorhandenen nachzugehen. Durch die ständige Bewegung im Raum glaubt das Ich, die Örtlichkeit und das Reale aufzuheben, zugunsten einer nur in der Einbildung lebenden Welt: Die wirkliche Welt erscheint Nagl als eine unlösbare Masse von Gletschern, Eisbergen und Schneewüsten, eine einsame Kulisse, die ihm die Lust an der eigenen Einsamkeit noch stärker verspüren lässt. Auch am Ende der >Winterreise< rückt die Erzählung von der Suche nach dieser Einsamkeit nicht ab. Nagls Ausbruch aus der Wirklichkeit findet als Sprengung der realen Grenzen durch die Bewegung in der Realität statt, als „Winterreise" durch die Kälte:

> Er dachte daran, daß das Eis in der Arktis ‚Ewiges Eis' hieß. Das Eis war blau. Er dachte an Spitzbergen [...] Von Mestre nahm er einen Bus zum Flughafen Marco Polo und löste ein Ticket nach Fairbanks, Alaska[153].

In Roths Roman besitzt das Reisen nicht mehr die Funktion eines ‚rettenden' Motivs, das die Autonomie des poetischen Subjekts fördert und seine Suche nach Horizonten der Selbstfindung unterstreicht. Nagls innere Verfassung ist gekennzeichnet durch eine erschreckende Hoffnungslosigkeit, seine wiederholten Aufbrüche sind nicht allein der Ausdruck einer Flucht aus dem Bestehenden und einer Sprengung vertrauter Grenzen. Eher stellen sie die bewusste und unendliche Su-

---

[152] Ebd.
[153] Ebd., S. 107.

che nach Kälte und Einsamkeit, die Aufgabe der eigenen Autonomie, dar.

Im Gegensatz zu Roth bleibt das Reisemotiv bei Andersch stets verbunden mit Hoffnung und Aussicht auf Veränderung. Die Nicht-Erfüllung der Erwartungen Andersch'scher Figuren löst einen Prozess des Nach- bzw. Umdenkens aus, an dem die Vergeblichkeit des real stattfindenden Reisens sichtbar gemacht wird. Die Gestaltung eines solchen dichterischen Motivs dient bei Andersch letzten Endes lediglich dazu, die im Erzählten als erst verfolgte Hauptthematik, die Problematik der Freiheit, zu erhellen. Stets wird dabei das Reisen als Möglichkeit der ersehnten Rettung eingesetzt. Zwar treten Anderschs Gestalten ihre real stattfindenden Reisen an, in der Hoffnung, sie möglichst unendlich fortzusetzen, doch die Erkenntnis, dass das Reisen am Ende an Sinn verliert, weil Erwartung und Reise als konkretes und nachvollziebares Ergebnis auseinanderklaffen, führt sie zu dem Entschluss, die ständige Suche nach anderen Orten einzuschränken (Franziska, Efraim), sie abzubrechen und zum Ursprung zurück zu kehren (der Junge) oder auf sie gänzlich zu verzichten (Gregor, Fabio).

Andersch lässt seine Protagonisten reisen, nicht – wie in Roths >Winterreise< oder noch bei Koeppen – damit bei ihnen das anfängliche Gefühl des Nicht-dazu-Gehörens und der Einsamkeit sich in der Fremde immer neu steigert und zum eigentlichen Zweck der Suche wird. Die in Anderschs Romanen unternommenen Reisen werden in erster Linie im Hinblick auf die Möglichkeit einer Aufhebung der Enfremdungssituation thematisiert. Bleibt die Erfüllung einer solchen Erwartung aus, so werden sowohl das Reisen selbst als auch der Aufenthalt in der Fremde in Frage gestellt. Ein Prozess der Desillusionierung setzt damit unweigerlich ein:

> *Eigentlich wollte ich ja spurlos verschwinden, aber das hat eben nich geklappt. Es war eine romantische Idee [...] Was wollte ich eigentlich hier in Venedig? Es war lächerlich, ein Fehlstart (R, 81),*

stellt Franziska in >Die Rote< fest. An anderer Stelle fragt sie sich:

> *Aber was erwarte ich denn vom Ausland?, daß es dort anders sei? was habe ich von Italien erhofft?, daß es dort Geheimnisse gibt?, fremde Rituale oder die Rituale der Fremde, in die man aufgenommen wird, um fortan im Ge-*

heimnis zu leben? [...] es ist einfach dumm, daß eine Frau [...] wie ich solchen Illusionen nachhängt (R, 82).

Von der Verlockung des Reisens verspricht sich in diesem Sinne auch Gregor aus >Sansibar< nichts Entscheidendes. Nachdem er sich der Rettung Judiths und der Holzfigur vergewissert und damit seinen privaten Auftrag ausgeführt hat, verabschiedet er sich in Rerik von den Reisenden – ohne den Wunsch, mitzufahren, ganz unterdrücken zu können – und kehrt in die Stadt zurück. Er „ging zwischen den Vögeln hindurch [...], zwischen Vögeln, die sich auf der Wanderschaft befanden, und Vögeln, die hierbleiben und sich in den Winterstürmen wiegen würden" (SR, 133). Die Entdeckung eines neuen Sinns für seine künftige Arbeit, dass nur die individuell motivierte Entscheidung zur Tat die Entfremdung aufhebt, führt Gregor zu der Erkenntnis einer Veränderbarkeit der Welt, trotz Verharren im Bestehenden. Das Weggehen erweist sich für ihn nur solange als Rettung, wie die Existenz des Menschen unmittelbar gefährdet ist:

> Als er aufsah, erblickte er die Türme von Rerik in der Ferne. Von hier aus gesehen waren sie keine schweren roten Ungeheuer mehr [...] Das graue Morgenlicht [...] zeigte die Gegenstände ohne Schatten und Farben, es zeigte sie beinahe so, wie sie wirklich waren, rein und zur Prüfung bereit. Alles muß neu geprüft werden, überlegte Gregor (SR, 134).

4.4. Das Ausreißen als Biographie

Von grundlegender Bedeutung für die Erforschung der dichterischen Tragweite des Reisemotivs in Alfred Anderschs Erzählwelt ist die Berücksichtigung der in seinem 1952 erschienenen autobiographischen Bericht >Die Kirschen der Freiheit< dargelegten Fuchtproblematik. In diesem Erstlingswerk fasst der Autor die Geschichte seines Lebens zusammen, deren Höhepunkt er in seiner 1944 in Italien erfolgten Fahnenflucht sieht. Dieser Desertion von der deutschen Truppe, die Andersch in erster Linie als Akt des politischen Widerstandes versteht („Mein ganz kleiner privater 20. Juli fand bereits am 6. Juni statt" [KF, 74]), gehen Reflexionen über Mut, Angst, Absurdität des Eides, aber vor allem andere Fluchtmomente voraus. Im Wesentlichen dreht es sich um die frühe, wegen gegensätzlicher politischer Anschauungen im Elternhaus eingetretene Abwendung von der familiären Sphäre, den Bruch mit der Kommunistischen Partei, in die der Jugendliche bereits mit fünfzehn Jahren eintritt und der er vier Jahre später (als Jugendfunktionär), nach dreimonatigem Aufenthalt im Konzentrationslager Dachau, den Rücken kehrt. Seine Enttäuschung über den Fall der Münchener Räterepublik, deren Revolutionäre der damals Fünfjährige auf dem Wege zu ihrer Hinrichtung sah, der Ausbruch aus dem Gymnasium und die Rebellion gegen das kleinbürgerliche, von der Figur des Vaters beherrschte Familienleben führten bereits zu einem ersten Versuch, in der Welt der Dichtung und der Kunst den notwendigen Schutz zu suchen:

4.4.1. Die Reise in die Kunst

> Vergaß die Toten der Revolution, die Langeweile von Neuhausen, die Schulmisere, die Deklassiertheit meiner kleinbürgerlichen Familie [...] und begann mein eigenes Leben, indem ich durch die Gitterpforte der Pubertät und des Schlosses zu Schleißheim in den Park der Literatur und der Ästhetik eintrat (KF, 20).

Ebenfalls in die Kunst flüchtete Andersch, als der Nationalsozialismus sich etablierte. „Ich ignorierte die Gesellschaft, die sich rings um mich als Organisationsform den totalen Staat errichtete. Der Ausweg, den ich wählte, hieß Kunst" (KF, 45), berichtet er über seinen Ausstieg aus dem Vertrauten. Diese Flucht ins Irreale einer Ersatz-Welt wird an anderer Stelle deutlicher interpretiert:

> Der Preis, den ich für die Emigration aus der Geschichte bezahlte war hoch [...] Ich antwortete auf den totalen Staat mit der totalen Introversion. Das war im Sinne Kierkegaards die ästhetische Existenz, marxistisch verstanden der Rückfall ins Kleinbürgertum, psychoanalysiert eine Krankheit als Folge des traumatischen Schocks, den der faschistische Staat bei mir erzeugt hatte (KF, 46).

Doch dieses zweite Leben fungiert im Bericht lediglich als Tarnungsmaßnahme, als eine Etappe des Wartens auf bessere Möglichkeiten, auf die eigentliche Tat und jenen Augenblick, in dem die

Freiheit erlebt werden soll. Bereits am Anfang des Berichts kündigt sich eine solcher Möglichkeiten an, als Wunsch nach Entdeckung neuer Räume: „Fortgehen, dachte ich [...], immer weiter gehen, alles zurücklassen, neue Berge, Ebenen, und die nie erblickte See" (KF, 32).

In >Die Kirschen der Freiheit< beschreibt Andersch nicht nur die Umstände, die zu seiner Fahnenflucht geführt haben. Darin versucht er auch, diese Flucht, den Erzählverlauf stets unterbrechend, zu rechtfertigen. In ihr sieht er rückblickend – im existentialistischen Sinne – eine freie Wahl, einen Akt individueller Entscheidung zur Freiheit. Mitten im Bericht stößt der Leser auf folgende Eklärung:

> Mein Buch hat lediglich die Aufgabe, darzustellen, daß ich, einem unsichtbaren Kurs folgend, in einem bestimmten Augenblick die Tat gewählt habe, die meinem Leben Sinn verlieh und von da an zur Achse wurde, um die sich das Rad meines Seins dreht. Dieses Buch will nichts als die Wahrheit sagen, eine ganz private und subjektive Wahrheit (KF, 71).

An einer weiteren Textstelle fällt die Formulierung knapper aus: „Mein Buch hat nur eine Aufgabe: einen einzigen Augenblick der Freiheit zu beschreiben". Unter „Augenblick der Freiheit" versteht Andersch die absolute Freiheit, jenen „winzigen Bruchteil einer Sekunde, welcher der Sekunde der Entscheidung [zur Fahnenflucht] vorausgeht", den „Atemhauch zwischen Denken und Vollzug" (KF, 84), d.h. zwischen Entscheidung und Tat.

Der Ort, an dem diese individuell konzipierte Freiheit stattfindet, wird im Bericht durch Bezeichnungen wiedergegeben, die das Gefühl der Leere und der Einsamkeit vermitteln. Es handelt sich um wiederkehrende Chiffren, wie „Nacht" und „Wildnis" („Aufgenommen von der Nacht und der Wildnis der Freiheit" [KF, 60]; „Die Freiheit lebt in der Wildnis" [KF, 112]), „Niemandsland" („Ich hatte mich entschlossen, ‚rüber zu gehen, weil ich den Akt der Freiheit vollziehen wollte, der zwischen der Gefangenschaft, aus der ich kam, und derjenigen in die ich ging, im Niemandsland lag" [KF, 81]), das „Nichts" („Die Freiheit ist das Alleinsein mit Gott oder dem Nichts" [KF, 113]) oder die „Wüste":

> Auf meiner Karte trug das Gebiet die Bezeichnung >Campagna diserta<. >Diserta<, dachte ich, der gleiche Wortstamm wie >désert<, die Wüste, also

das richtige Gebiet für Deserteure. Deserteure sind Leute, die sich selbst in die Wüste schicken (KF, 128).

Anderschs nachdrückliche Betonung der privat-subjektiven Komponente in seinem Freiheitsbegriff durch dessen unmittelbare Verknüpfung mit abstrakten, poetischen Chiffren für Verlassenheit und Leere lässt gleichzeitig eine Abkehr von einer konkreten, im ökonomisch-politischen Sinne konzipierten Freiheitsauffassung deutlich erkennen. Jenseits des „Haufens" und der „Kameraden" (KF, 67), spiegelt eine solche Entscheidung im Falle Anderschs eher die starke Desillusion wider, die bei ihm – neben der Enttäuschung über die Lähmung der KPD – auch als Folge des Ausbleibens jener erhofften politischen und gesellschaftlichen Veränderung in den Nachkriegsjahren einsetzte. Anders als z.B. bei Wolfgang Koeppen oder Hans Erich Nossack, die, abseits jeglicher Form organisierten literarischen bzw. politischen Engagements stehend, sich von vornherein konsequent für den schriftstellerischen Alleingang entschieden, glaubte Andersch nach seiner Rückkehr aus der Kriegsgefangenschaft in den USA an eine „Synthese von Freiheit und Sozialismus"[154] und plädierte in diesem Sinne für ein vereintes, auf seine Jugend sich stützendes Europa:

> Sozialistisch – das meint in diesem Fall, daß Europas Jugend links steht, wenn es sich um die soziale Forderung handelt. Sie vertritt wirtschaftliche Gerechtigkeit und weiß, daß diese sich nur im Sozialismus verwirklichen läßt. In einem wirklichen Sozialismus, nicht in sozialen Reformen[155].

Spätestens mit dem Verbot der von Alfred Andersch und Hans Werner Richter gemeinsam herausgegebenen Zeitschrift >Der Ruf< seitens der amerikanischen Militärbehörde (April 1947) entfachte sich der Streit um den Realismusbegriff. Die „Literatur aus Wahrheitsliebe"[156] wurde zur Literatur der eigenen Wahrheit. Im Sinne einer existentialistisch-freiheitlichen Emanzipation versuchte Andersch 1948, sich mit dem kulturellen Erbe der Vergangenheit auseinderset-

---

[154] Vgl.: Volker Christian Wehdeking, Der Nullpunkt. Über die Konstituierung der deutschen Nachkriegslitratur (1945-48) in den amerikanischen Kriegsgefangenenlagern, Stuttgart 1971, S. 115.

[155] Alfred Andersch, Das junge Europa formt sein Gesicht, in: Der Ruf, H. 1, 1946, S. 22.

[156] Alfred Andersch, Deutsche Literatur in der Entscheidung. Ein Beitrag zur Analyse der literarischen Situation. Karlsruhe 1948, S. 19.

zend, die Aufgabe der Dichtung außerhalb der tradierten realistischen Leitbilder anzusiedeln:

> Heute nun, da die Brüchigkeit aller sich uns anbietenden objektiven Wertsysteme immer sichtbarer wird, da uns nichts bleibt als die schlechthinnige Existenz des Menschen, erscheint uns ein Realismus, der sich an propagandistische Vorzeichen bindet, doppelt absurd[157].

An solchen Äußerungen werden bereits die ersten Merkmale einer Distanzierung von einer Tendenz-Literatur sichtbar. Sein Plädoyer für eine die Realität *darstellende* und gleichzeitig *entlarvende* Schreibweise, ohne sich auf einen doktrinären Realismus zu berufen, fasst Andersch – im Sinne seiner Freiheitskonzeption – als Beitrag zu einer ungebundenen Literatur auf, denn „die Wahrheit [...] spricht immer für sich selbst, sie hat keine Tendenz und keine Predigt nötig"[158]. Angesichts der Zerstörung Deutschlands, erklärt sich diese Haltung allgemein aus einem sich verbreitenden Misstrauen – vor allem der *Jungen Generation*[159] – gegenüber Organisationen und Theorien heraus. Ihre Rechtfertigung findet sie in erster Linie in Anderschs politischen Erfahrungen und existentialistischer Position. Der Flucht aus der tendenziös ausgerichteten Dichtung entspricht auf der anderen Seite der Bruch mit der politischen Doktrin, die den Spielraum individueller Freiheit einschränkt[160].

---

[157] Ebd., S. 20.
[158] Ebd., S. 19.
[159] Auf literarischer Ebene ist in diesem Zusammenhang auf die Auffassung der „Jungen Generation" von einer ‚tabula-rasa-Situation' hinzuweisen. Das Elend, die Zerstörung und die Zrückgeworfenheit des Menschen auf sich selbst führten in der Dichtung zur Darstellung eines existenzphilosophisch gefärbten Humanismus, dessen Mittelpunkt das Schicksal des einzelnen wurde. Vgl. hierzu Emmanuel Mouniers Ausführungen bezüglich der Rolle, die die Existenzphilosophie in jener Zeit spielte. Emmanuel Mounier, Existenzphilosophie und Aktivismus, in: Merkur 1947/48, S. 679 f. Zur Problematik der sprachlichen Erneuerung: Urs Widmer, 1945 oder die „neue Sprache". Studien zur Prosa der „Jungen Generation", Düsseldorf 1966.
[160] Die proletarische Literatur kritisierend, schreibt Andersch: „Wenn irgend etwas die proletarische Literatur hindern könnte, zum wichtigsten Formelement der geistigen Produktion zu werden, dann nur ihre allzustarke Bindung an eine erklärende Dogmatik der gesellschaftlichen Vorgänge, ihr Glaube an eine wissenschaftliche Methodik, der sie in die Gefahr der Trockenheit bringt. Alles Gerede von der Dialektik darf nicht vergessen lassen, daß die

Die im Bericht >Die Kirschen der Freiheit< dargelegte Fahnenflucht bildet die zentrale Grunderfahrung Alfred Anderschs, die Achse, um die sein weteres literarisches Schaffen kreist. Was darin anfangs vor allem als Selbstrettung und persönliche Entscheidung zur Verwirklichung der absoluten Freiheit jenseits von Macht und Terror dargestellt und gerechtfertigt wird, entwickelt sich später zum dominierenden Gestaltungsprinzip seiner Prosa. Aus der autobiographischen Begebenheit, der Desertion von der deutschen Truppe, wird eine Flucht schlechthin, ein *künstlerisch-dichterischer* Ausbruch aus der Gesellschaft.

---

dialektische Dynamik im Menschen, in seiner persönlichen Freiheit, begründet liegt, und nicht in soziologischen Gesetzen". In: A. Andersch, Deutsche Literatur in der Entscheidung, a.a.O., S. 22.

5. MAX FRISCH

> Mais les vrais voyageurs sont ceux-là seuls qui partent
> Pour partir; coeurs légers, semblables aux ballons,
> De leur fatalité jamais ils ne s'écartent,
> Et, sans savoir pourquoi, disent toujours: Allons!
>
> Charles Baudelaire, >Les Fleurs du Mal<

5.1. Die begrenzte Wirklichkeit

Max Frischs Romane handeln von Menschen, die stets damit beschäftigt sind, die Frage nach dem Sinn des Lebens in der Gemeinschaft neu zu formulieren. Sie erleben sich als Gefangene ihrer unmittelbaren Umwelt und fühlen sich in ihrer engen Ich-Bezogenheit als Opfer einer äußeren beschränkten Wirklichkeit. Hierin stellt das Reisen das dichterische Merkmal dar, das die Unvereinbarkeit von Gegebenem und Empfundenem, gleichzeitig das Bild einer – wenn nur scheinbaren – Autonomie des Subjekts reflektiert.

5.1.1. Das Reisen in >Die Schwierigen<

Bereits in seinem „allzu jugendlichen Roman"[161] >Jürg Reinhart. Eine sommerliche Schicksalsfahrt<, den er 1934 veröffentlichte und

---
[161] Tagebuch 1946-1949, F.a.M. 1976, S. 278, (Bibl. Suhrkamp. 261.).

1943 und 1957 unter dem Titel >J'adore ce qui me brûle<[162] neu herausgab, gestaltet Frisch das Reisemotiv in vollem Umfang. In diesem an Kellers >Der Grüne Heinrich< stark orientierten Erstlingswerk, das die Bürger-Künstler-Problematik thematisiert, setzt die Erzählung mit einer Reise des Hauptprotagonisten durch Griechenland ein.

Draußen vor Athen, bei einer Abendgesellschaft begegnet Reinhart, der „sich auf der Durchreise befand [...], als gänzlich Unbekannter" (Schw, 1O)[163], der in langweiliger Ehe lebenden Yvonne Hinkelmann. Die gewöhnliche Frage nach dem, was sie eigentlich sei, die ihr Reinhart stellt, löst bei ihr nicht nur unmittelbare lange Reflexionen über die Unwirklichkeit ihres Daseins aus, sie führt später auch zur Trennung von ihrem Mann. Nach Jahren treffen die sich nun Liebenden in der Heimat zusammen und verleben gemeinsam einen glücklichen Sommer. Reinhart, der inzwischen Maler geworden ist, spürt die eindeutige Diskrepanz zwischen seiner eigenen Welt als der eines Künstlers und der bürgerlichen. Er scheitert in seiner Liebe zu Yvonne und in seinem Beruf als Maler, wird Diener und begeht schließlich Selbstmord.

Nicht das eigentliche Thema des Romans scheint hier neu zu sein, denn vor Frisch haben etliche Autoren – und nicht nur im 20. Jahrhundert – das Bemühen des einzelnen Künstlers um Welterfahrung, sein Ringen mit sich selbst und sein Scheitern an der Wirklichkeit, dargestellt. Neu sind in erster Linie die poetischen Mittel, die Frisch in >Die Schwierigen< verwendet, um die Unvereinbarkeit zwischen innerer Disposition und äußerer Realität zu veranschaulichen. Demnach thematisiert der Text das Reisen sowohl in seiner realen Darstellungsweise als auch in seiner erträumten Variante. Zeigt Frisch zu Beginn der Erzählung den Helden auf einer Durchreise, in einem noch nicht belasteten Verhältnis des jungen Menschen zu seiner Um-

---

[162] Der Titel von 1943 lautet: >J'adore ce qui me brûle oder die Schwierigen<. Nach der Fassung von 1957 entschied sich Frisch für den Titel: >Die Schwierigen oder j'adore ce qui me brûle<. Im Folgenden wird aus letzterer Fassung mit Kurztitel zitiert.

[163] Max Frischs fiktionale Texte:
HF: Homo faber, F.a.M. 1976, (Bibl. Suhrkamp. 87.).
G: Mein Name sei Gantenbein, F.a.M. 1976, (st. 286.).
Schw: Die Schwierigen oder J'adore ce qui me brûle, Zürich und Freiburg i. Br. 1977.
St: Stiller, F.a.M. 1976, (st. 105.).

welt, lässt er ihn, in fremder Umgebung, sich seines unbeschwerten Daseins erfreuen und den Versuch unternehmen, Kontakt mit der bürgerlichen Welt anzuknüpfen, so tritt insbesondere mit der Rückkehr in die Heimat das erträumte Moment des Reisens stärker hervor. Hier lernt der Leser in Reinhart den Künstler kennen, der, „schrankenlos frei, herrgöttlich, ohne jede Geschwisterschaft zu den Menschen, den Spießern" (Schw, 257), die Wirklichkeit von der inneren Anschauung her erschließt. Da Reinhart die Fremde in der Heimat nicht mehr unmittelbar erleben kann, taucht sie ihm bis zum Ende des Romans als Bild und Vorstellung einer das Ich emanzipierenden Möglichkeit auf. An der Sehnsucht nach ihr kristallisiert sich im Werk immer wieder die Flucht aus dem Bestehenden und dem Alltäglichen heraus. Ob bei seinen Spaziergängen und auf seinen Wanderungen mit Yvonne, im Zusammensein mit Hortense, bei seiner künstlerischen Arbeit oder in Augenblicken ungestörten Alleinseins, Jürg Reinhart erblickt die Realität nicht in ihrer Eigengesetzlichkeit als solcher, sondern stets in ihrer Opposition zum Anderen, Weiten und Unerreichbaren:

> Manchmal saß Reinhart in seinem Zimmer, die Hände in den Hosentaschen wie einer, der überhaupt nirgends mehr daheim ist; es war ihm dann als schlügen wir alle die Flügel auf den Boden wie die angeschossene Krähe. Es fehlt die Luft, die uns trägt; es fehlt ein Unsichtbares, ein Außermenschliches, das großer als unser Ich ist, so groß, daß wir unser Ich vergessen (Schw, 258).

Nicht nur Reinhart „fehlt die Luft, die uns trägt", nicht nur er wird von der Sehnsucht nach unergründlicher Ferne ergriffen. Auch bei anderen Figuren veranschaulicht der Text nicht selten deren innere Disposition durch das Reflektieren von poetischen Bildern aus dem Umfeld des Reisens und des Aufbruchs.

Noch scheint das Dilemma der Kommunikationslosigkeit überwindbar zu sein, wenn das Erzählte zu Beginn den inneren Ausbruch Yvonnes aus ihrem vertrauten und konventionellen Leben von einem realen begleiten lässt. Gelangweilt von der Ehe, entschließt sich die Fünfundzwanzigjährige zum Verreisen. Das Reisen als Suche nach Horizonten der Selbstverwirklichung erscheint ihr als die einzig adäquate Form des Handelns, als Ausweg aus der Einsamkeit. Ihr Abschied von ihrem Mann erfolgt wortlos und findet – bezeichnenderweise – auf einem Schiff satt. Denn „es ist ja alles so klar. Was soll sie erklären, wozu das Gefeilsch?" (Schw, 24) An anderer Stelle fungieren Motive des Weggehens als Ahnung und Ankündigung von Heinrich Hinkelmanns (Yvonnes Ehemann) Selbstmord, seiner bevorstehenden Reise in den Tod:

> Am Abend jenes Tages, im Besitz ihres Nein, fand Hinkelmann sich zielloser als je [...] Zum ersten Mal in seinem Leben [...] dämmerte ihm ein Abgrund. Grauen eines anderen und traumdunklen Daseins [...] Er sah die lautlosen Segler auf dem herbstlichen blinkenden See, wie große Schmetterlinge in der schrägen Abendsonne, und unter den gelben Alleen gingen die fremden Leute mit maßlos verlängerten Schatten, dazu das verlorene Hupen der Wagen (Schw, 35).

In der Verbindung von Motiven des Weggehens („Segler") mit Chiffren des Todes („Schatten", „Schmetterlinge", „Hupen") zeigt der Roman an dieser Stelle, dass die Darstellung des Aufbruchs zugleich einen der Idee der Freiheit und Selbstentfaltung entgegengesetzten Effekt bewirken kann. Auch am Tag, an dem Jürg Reinhart sich das Leben nimmt, wird das Atmosphärische, die alles beherrschende Stimmung, ähnlich wiedergegeben: „Draußen schwebt ein Segler vor blauem Gewölk, ein Falter auf versponnenem Blinken, Tücher voll flimmernder Stille [...] Und alle Welt hält ihren Atem an, bevor sie in Asche der Dämmerung fällt" (Schw, 277 f.).

In >Die Schwierigen< spielt die Darstellung der äußeren Kulisse, die Beschreibung der Natur, die zusehends mit dem Auge des Malers gesehen wird, eine wichtige Rolle. Sie fungiert nicht nur, wie Eduard Korrodi es formuliert, als die „große Konstante"[164], die, im Gegensatz zu den Menschen, das Synonym von Beständigkeit darstellt. Sie ist auch das Spiegelbild und der Gradmesser dessen, was die Figuren im Roman als erdrückend empfinden. Das Äußere steht für das Beengte und Beengende zugleich, das die Protagonisten einerseits immer bestrebt sind aufzuheben, ihm jedoch andererseits nicht entrinnen können. Die Enge und die Leblosigkeit des Umgebenden bedeuten eine Stille des Geistes, seine Gefangenschaft im Heimatlichen, in der Starre und Regungslosigkeit von Raum und Zeit: „Seit Wochen war es, als stünde der Sommer sozusagen still wie das weiße Gewölk über

---

[164] Eduard Korrodi, Ein Roman von Max Frisch. J'adore ce qui me brûle oder Die Schwierigen, in: Über Max Frisch II, Hrsg. Walter Schmitz, F.a.M. 1976, S. 176, (es. 852.)

dem See, das täglich ein Gewitter versprach; Schwärme von Mücken standen in der Luft. Alles stand. Die Bäume standen, als grünten sie ewig. Überall hatte die Zeit ihr Gefälle verloren" (Schw, 85). Lediglich in Augenblicken der Erinnerung an andere Orte („eine ferne Erinnerung an die Flöten der griechischen Hirten" [Schw, 71]) oder im Traum von einer grenzenlosen Welt, die durch das bloße Aussprechen eines Wortes in greifbare Nähe rückt, hebt sich der Stillstand alles Wirklichen auf, indem er in eine „Brandung der Sehnsucht" (Schw, 275) umschlägt und zu einer gedanklichen Suche nach unerforschten fremden Gegenden wird:

> Was übrigens die Pläne anging, so gab es keinen Zweifel, daß eigentlich nur das Meer in Frage kam. Wie weit wurde die Welt unter diesem Wort! Alles öffnete sich in Bläue, und zumal für Jürg, der eigentlich kein Zuhause hatte, war es die eigentliche Heimatlichkeit der Ferne (Schw, 85).

Wie ein roter Faden zieht das Fernemotiv durch den ganzen Text. Der Roman bringt es stets als eine das Erzählte graduell störende Dissonanz und ein stilistisches Verrücken von Realität und Vorstellung, Bestehendem und erdachter Rettung. Als poetisches Bild kehrt ein solches Motiv immer wieder in die Phantasie des Subjekts zurück, um einem *unergründlichen Draußen* Ausdruck zu verleihen.

Auch dort, wo es sich offensichtlich um die Darstellung anderer Sachverhalte dreht (z.B. um die Darlegung einer zwischenmenschlichen Beziehung), versteht sich der Erzähler darauf, diese Thematik mit dem Motiv des inneren Ausbruchs in Verbindung zu bringen. An einer Stelle des Romans zeigt Yvonne dem Maler Reinhart Fotografien von früher unternommenen Reisen. Über eine dieser Aufnahmen, die Yvonne in Paris in Begleitung eines Mannes zeigt, bringt der Text:

> Einer hält sie im Arm, drückt sie an sich und zeigt mit der Hand in die Ferne, während ihr Haar in die Stirne weht... Das war auf dem Eifelturm, ein Herbstmorgen mit versponnener Bläue über den endlosen Dächern (Schw, 73).

Es fällt auf, wie der Text hier im Sinne der Hauptgestalt spricht. Die Art und Weise, wie die Photographie bechrieben bzw. interpretiert wird, verrät einiges über den Wunsch des Betrachters selbst, sich außerhalb der bestehenden Grenzen zu begeben. Paris kommt an dieser

Stelle nicht nur als die ersehnte Fremde vor, es fungiert auch als der Ort, in dem die Menschen zueinander finden können, als eindeutiger Kontrast zur eigenen Situation in der entfremdenden Heimat.

Über >Die Schwierigen< hat Max Frisch 1975 gesagt: „>J'adore ce qui me brûle< ist noch der Versuch, die bürgerliche Welt zu lobpreisen, sie ernst zu nehmen, sie zu bejahen; der Versuch, diese Welt affirmativ darzustellen"[165]. Dass dieser Wunsch scheitert, wird in diesem ersten Roman dadurch deutlich, dass Jürg Reinhart die Ursache dafür nicht in der Gesellschaft sucht oder findet, sondern auf die (eigene) Unzulänglichkeit des Menschen als Bürgers zurückführt. In seiner Eigenschaft als Maler, der dazu die Wirklichkeit lediglich aus der Sicht des entfremdeten Künstlers sieht, der über das Leben nur noch ästhetisch-abstrakt reflektieren, es aber nicht in seiner Spontaneität ertasten und verstehen kann, geht er an der Realität vorbei und verfehlt somit, als Mensch, den Sinn seiner Existenz. Sein Versuch, trotz der sich auftuenden Kluft, auf die Wirklichkeit einzugehen, scheitert immer wieder an der übertriebenen Poetisierung ebendieser Wirklichkeit.

Am Reisemotiv wird in >Die Schwierigen< in erster Linie der Rückzug auf eine innere Reflexionsstufe veranschaulicht. Nicht die innere Unruhe als Folge des Zerwürfnisses mit dem Faktischen bildet hier das poetische Moment, sondern allein das Nichterfüllen ichbezogener Wünsche, ein Ungenügen an der Welt, das zur Flucht aus der Realität führt.

5.1.2. Die Poetik des Draußen in >Stiller<

In Max Frischs 1954 veröffentlichtem Roman >Stiller< berichtet ein Mann, der sich selbt und seiner Umwelt fremd geworden ist, von den Stationen seines Ehelebens, von seinen unzähligen Reisen und verschiedenen Aufenthalten in der Fremde. In seinen Aufzeichnungen, die er während der Untersuchungshaft verfasst, schildert er die Umstände, die zu seiner Verhaftung geführt haben: Bei seiner Rückkehr in seine Heimat (die Schweiz), die er vor sechs Jahren verlassen hat,

---

[165] Max Frisch, Über >J'adoer ce qui me brûle oder die Schwierigen<, in: Über Max Frisch II, a.a.O., S. 177.

wird Stiller an der Grenze festgenommen. Er behauptet, sich durch einen amerikanischen Pass ausweisend, ein gewisser Mr. White zu sein. Ein Mitreisender und *Illustrierten-Leser* erkennt ihn jedoch während der Fahrt als den *ehemaligen* Bildhauer Stiller wieder, der seinerzeit, als er das Land verließ, der Spionage verdächtigt wurde. Nun sitzt er in seiner Gefängniszelle und versucht, schreibend, das Bild zu widerlegen, das die Gesellschaft sich von ihm gemacht hat.

Der Roman setzt mit einem für den weiteren Verlauf des Erzählten charakteristischen Satz ein: „Ich bin nicht Stiller!" (St, 9) Bereits hier kündigt sich der Versuch an, die neu angenommene Identität gegenüber der eigentlichen hervorzuheben. An diesem ersten Satz der Aufzeichnungen wird aber gleichzeitig die Opposition von subjektiver und objektiver Wirklichkeit sichtbar. Der Gegensatz ‚Ich (Mr. White) – Stiller' kennzeichnet keineswegs nur die Bewusstseinslage dessen, der ein anderer sein möchte, er unterstreicht ebenso die unüberbrückbare Kluft zwischen Ich und Gesellschaft: Der Name „Stiller", den der Sprechende von sich weist, steht für eine vergangene Lebensweise, mit der er lange gebrochen zu haben glaubt. Mit ihm verbindet der Ich-Erzähler alles Gesellschaftlich-Bürgerliche, das ihn vor sechs Jahren zur Flucht veranlasst hat. In diesem Namen konzentriert sich die Enge der Heimat, die Gefangenschaft der Ehe und nicht zuletzt das verdrängte Bewusstsein einer bislang gescheiterten Existenz.

Der beengende Charakter der äußeren Wirklichkeit kommt am Anfang des Romans deutlich zum Ausdruck. In seiner Konfrontation mit dem Offenen der Bilder aus der Fremde gewinnt er zunehmend an darstellerischer Durchdringung. Durch das stilistische Zusammendrängen unterschiedlicher Gegebenheiten zu Beginn der Aufzeichnungen gelingt es dem Text, das Gefangenschaftsgefühl des ‚Helden' zu steigern: Stiller wird auf der Fahrt *festgenommen*, er *kehrt* in die Schweiz *zurück*, wird mit dem *Stiller* von damals konfrontiert und in ein *Gefängnis* eingeliefert. Das Erdrückende seiner Lage wird umso markanter, als er sprechend, und von der Position des Inhaftierten ausgehend, vergeblich versucht, die ihn erstickende Enge zu sprengen:

> Ich sitze in meiner Zelle, Blick gegen die Mauer, und sehe die Wüste. Beispielsweise die Wüste von Chihuahua. Ich sehe ihre große Öde voll blühender Farben, wo sonst nichts anderes mehr blüht, Farben des glühenden Mittags, Farben der Dämmerung, Farben der unsäglichen Nacht (St, 26).

Ein besonderes Merkmal, an dem der Roman >Stiller< die vom ‚Helden' begrenzt empfundene Wirklichkeit veranschaulicht, stellen die Illustrierten dar. Sie repräsentieren jene ungebrochen weiterlebenden, weil stets allenthalben propagierten starren Denkmuster, die die Menschen dazu verleiten, eine gesellschaftlich vorgeschriebene Rolle anzunehmen. Ähnlich den „Kulturfilmen" (St, 25), von denen der Gefängniswärter andernorts spricht, symbolisieren sie etwas Überkommenes, zugleich die Vergangenheit und die Gegenwart als Unwirkliches. Wie eine Bedrohung mutet die Erwähnung der Illustrierten an einer Stelle des Textes an:

> Sind Sie nicht Herr Stiller? Ich [...] verstand nicht, hielt meinen amerikanischen Paß in der Hand, während der Schweizer, in seine Mundart verfallend, eine Illustrierte aufblätterte (St, 12).

Und auf die Diskrepanz zwischen Bild und Wesen eingehend:

> Es war das erste Mal, daß mein Paß in Zweifel gezogen wurde, und all dies nur, weil dieser Herr mich mit einem Bild in seiner Illustrierten verwechselte... [...] Es war ein Herr Doktor, wie es sie zu Tausenden gibt (St, 12).

Als der Wärter dem Gefangenen Einzelheiten über Stillers vergangenes Leben erzählt, fragt ihn dieser, woher er denn das alles wisse. Darauf antwortet der überraschte Knobel: „Woher!' [...] – aus der Illustrierten" (St, 126). All diese Beispiele betonen den Wiederholungscharakter des Konventionellen und Alltäglichen, vor dem sich Stiller fürchtet und flieht:

> Wiederholung! Dabei weiß ich: alles hängt davon ab, ob es gelingt, sein Leben nicht außerhalb der Wiederholung zu erwarten, sondern die Wiederholung, die ausweglose, aus freiem Willen (trotz Zwang) zu seinem Leben zu machen, indem man anerkennt: Das bin ich!... Doch immer wieder (auch darin die Wiederholung) genügt ein Wort, eine Miene, die mich erschreckt, eine Landschaft, die mich erinnert, und alles in mir ist Flucht, Flucht ohne Hoffnung, irgendwohin zu kommen, lediglich aus Angst vor Wiederholung – (St, 69)

Diese Angst vor der Wiederkehr des Gleichen als solcher wie vor der wiederholten Konfrontation mit bestimmten Merkmalen vertrauten Lebens („Wort": Sprache, „Miene": Menschen, „Landschaft": Land) steigert sich zu einer allumfassenden Abneigung gegen alles

Schweizerische, das im Roman zum Inbegriff beschränkter Wirklichkeit, borniertet Lebensweise und geistiger Unfreiheit wird.

5.1.3. Die „bloße Addition" in >Homo faber<

Besteht Stillers Dilemma darin, dass er mit seiner Umwelt stets kollidiert und den Konflikt mit ihr in ein inneres Zurückweichen und eine Suche nach Möglichkeiten der Selbstverwirklichung im Raum übergehen lässt, so verkörpert Walter Faber, die Hauptgestalt des 1957 erschienenen Roman >Homo faber<, jenen Menschentypus, dessen Verhältnis zur Welt wie zu sich selbst ausschließlich durch seine berufliche Tätigkeit definiert wird. Sein eigenes Leben gestaltet er nach reinen rationalen Gesichtspunkten, er meidet jegliche Art von Romantik, die ihn von seinem scheinbar selbstvorgezeichneten Weg abbringen könnte. Als Ingenieur und Montageleiter von Kraftwerken in zahlreichen Ländern ist er ein ständiger Reisender. Seine Bewegungen im Raum sind jedoch alles Andere als das Zeichen einer empfundenen Disharmonie mit der Welt, in der er lediglich Fakten und technisch Umwandelbares sieht:

> Ich habe mich schon oft gefragt, was die Leute eigentlich meinen, wenn sie von Erlebnis reden. Ich bin Techniker und gewohnt, die Dinge zu sehen, wie sie sind. Ich sehe alles, wovon sie reden, sehr genau; ich bin ja nicht blind (HF, 28).

Für ihn gibt es kein Schicksal, sondern nur Zufälle, die das Leben von außen beeinflussen:

> Ich glaube nicht an Fügung und Schicksal, als Techniker bin ich gewohnt mit den Formeln der Wahrscheinlichkeit zu rechnen. Wieso Fügung? [...] Ich brauche, um das Unwahrscheinliche als Erfahrungstatsache gelten zu lassen, keinerlei Mystik; Mathematik genügt mir (HF, 25 f.).

Auffallend am oben Zitierten ist die Verbindung der Berufsbezeichnung „Techniker" mit dem Adjektiv „gewohnt". Hier zeigt sich nicht nur, dass der Mensch Faber im Fachmann aufgegangen ist, sondern auch, dass das Technische zur eigentlichen Richtschnur geworden ist, an der jegliche Lebenserfahrung sich messen und erklären lässt.

Doch trotz starken Vertrauens auf die eigene Lebenstüchtigkeit und die beruflichen Erfolge, trotz eines festen Glaubens an die Logik unerschütterlicher Gesetzmäßigkeiten, muss Faber am Ende Scheitern. Selbst dort, wo der Ingenieur-Beruf, als die Summe aller *Erlebnisse*, den Techniker als eine autonome Individualität zu bestätigen scheint, bietet Faber das Bild eines erschütterten Menschen, der sich verrannt und den Sinn des Lebens verloren hat.

Da er die Wirklichkeit lediglich als äußere Erscheinung sieht und sie, wie ihm gelegentlich vorgeworfen wird, „nicht als Gestalt, sondern als bloße Addition" (HF, 212) versteht, entgeht ihm das Zeitliche seiner Existenz. Er wird von der Zeit überrannt und er trägt in seiner Ahnungslosigkeit zum Tode seines eigenen Kindes bei. Auf einer Reise mit dem Schiff von New York nach Europa begegnet Walter Faber Sabeth, einem jungen Mädchen, mit dem der fünfzigjährige Junggeselle eine Liebesbeziehung beginnt, ohne zu wissen, dass es sich dabei um seine und Hannas Tochter handelt. Hanna heißt jene Frau, mit der Faber einundzwanzig Jahre zuvor sich verheiraten wollte, aber nicht konnte, und die er seitdem aus den Augen verloren hat. Eine weitere gemeinsame Reise führt Sabeth und ihren Vater über Frankreich nach Italien und Griechenland, wo auch die Mutter lebt. Bei einem Ausflug mit Faber wird Sabeth von einer Schlange gebissen, sie fällt und zieht sich eine Schädelbasisfraktur zu, an deren Folgen sie ein paar Tage später in einem Athener Krankenhaus stirbt. Nach einem letzten Dienstflug nach Venezuela kehrt Faber nach Griechenland zurück, um bei Hanna zu bleiben. Hier stirbt er bald darauf an Magenkrebs.

Während die objektive Wirklichkeit in >Stiller< den offensichtlichen Gegenpol zur subjektiven Ebene darstellt, den Angelpunkt, an dem das Scheitern des poetischen Subjekts *manifest* wird, tritt in >Homo faber< eine scheinbar eingehende Symbiose zwischen Ich und Welt ein. Diese nur vordergründig motivierte Übereinstimmung mit der Realität liegt allein in der forcierten Transzendierung des Gegebenen seitens der Hauptfigur begründet. Faber sieht die Welt mit den Augen dessen, der die Empirie zum Richtmaß seines Lebens gemacht hat und glaubt – oder aus Erfahrung weiß –, dass das Dasein in seiner Komplexität durchaus schematisch zu erklären sei. Als Techniker versteht er das Leben als Summe erklärbarer äußerer Erscheinungen; die Welt reduziert er auf ein Beherrschbares, das sich dem Wissen und dem Geschick des *homo faber* unterwirft und widerstandslos verändern lässt. Die Realität bildet für ihn insofern kein Hindernis, als sie sich, als Gegenstand technischen Kniffs, bezwingbar erweist. Darauf gründet sich die Individualität des Technikers, der sein inneres Leben ignoriert, für die tieferen Zusammenhänge seiner Existenz blind wird und alles Nicht-Technische als *wertlose* Sentimentalität abtut.

Erst nach Sabeths Tod und der mit ihm verbundenen Erkenntnis der eigenen Schuld entschließt sich Faber, über sein bisheriges Leben zu berichten. Dass der Verfasser seinen Bericht nicht als Geständnis bislang begangener Fehler bzw. als Darlegung eigener Unzulänglichkeiten auffasst, ist seinem ständigen Versuch abzulesen, die Zufälligkeit der Geschehnisse, die den Zusammenbruch herbeigerufen haben sollen, deutlich in den Vordergrund zu stellen. Das Abfassen des ersten Teils des Berichts stellt vielmehr die Reaktion eines betroffenen Menschen dar, der, obwohl ganz im Bewusstsein seiner Schuld, vor allem seine Einsamket und Verzweiflung loswerden will. Nach dem Tod seiner Tochter, und nachdem er nun weiß, dass er deren Vater ist, fliegt Faber nach Caracas – sich die notwendige Distanz zum Ort des Geschehens und damit zu seinem wirklichen Leben (Sabeth – Hanna) schaffend –, um die Konstellation der Ereignisse rückblickend aufzuzeichnen und sich selbst, wie Hans Geulen in seiner Studie über >Homo faber< schreibt, „unschuldig schuldig"[166] zu geben. Doch von Belang ist hier nicht die Deutung von Fabers Geschick oder gar der Versuch, mystisch-schicksalhafte Züge in seinem Leben aufzuzeigen. Vielmehr interessiert uns die Frage nach dem Verhältnis des poetischen Subjekts zum Dasein, zu seiner Welt, die er durch Tempo übersieht und *reisend nicht erlebt*.

5.1.4. Die Überlistung des Vertrauten in >Mein Name sei Gantenbein<

In >Stiller< und >Homo faber< versucht ein Ich seine Erlebnisse zu erfahren, indem es sie in ihr jeweiliges räumliches und zeitliches Gefüge stellt und als *Geschichte* erzählt. Das Fiktive der hier erzählten

---

[166] Hans Geulen, Max Frischs >Homo faber<. Studien und Interpretationen, Berlin 1965, S. 94.

Geschichte reflektiert immer noch Erlebtes und spiegelt die Auseinandersetzung zwischen innerer Disposition und Faktischem auf der Folie eines für das Ich immerhin verbindlichen Lebensvorgangs. In dem Roman >Mein Name sei Gantenbein<, 1964, hingegen, tritt der verbindliche Charakter der als Erfahrung dargestellten Geschichte restlos zurück. Das Erlebte bildet hier nun nicht mehr den Ausgangspunkt einer erzählerisch vermittelten Erfahrbarkeit von Ich und Welt. Deshalb wird die Erfahrung, am Anfang des Romans, nur kurz skizziert und wartet noch darauf, in Geschichten veranschaulicht zu werden. Es handelt sich nicht mehr um den Bericht als solchen, um eine getreue Rekonstruktion des Vergangenen, sondern um seine literarische Darlegung als Möglichkeit, in der Vielfalt erfundener Erzählsequenzen: „Ein Mann hat eine Erfahrung gemacht, jetzt sucht er die Geschichte seiner Erfahrung..." (G, 8). Da die Sprache die Wirklichkeit bestenfalls be-schreiben und keineswegs erfassen kann („Man kann alles erzählen, nur nicht sein wirkliches Leben" [St, 64]), bleibt die fiktive Vergegenwärtigung von Erlebtem auf das Ausbreiten diverser Vorstellungs*möglichkeiten* und Entwürfe des Selbst und der Welt angewiesen. Im Wiederholungsprozess beliebig fingierter Erlebnismuster spiegelt sich die Haltlosigkeit der äußeren Erscheinungen für das reflektierende Subjekt, das die objektive Welt nur noch in ihrer systematischen Zerlegung in vorgestellte *Teil-Welten* sieht. Durch die künstlich-künstlerische Dislokation objektiver Werte ergibt sich auch eine Verlegung der erzählerischen Grundposition. Den beliebigen Entwürfen von der Welt und vom eigenen Leben entsprechen auf der anderen Seite Selbstprojektionen des Ich. Nicht mehr die dargelegte und handlungstragende Geschichte bildet hier den Orientierungspunkt des Erzählten, sondern die jeweilige Sichtweise der Figuren, das „Offen-Artistische"[167] des Erzählvorgangs, das Spiel der Eventualitäten, das zwar keine Chronologie der Ereignisse (Story) kennt, doch nicht ohne Zusammenhang dasteht.

In >Mein Name sei Gantenbein< handelt es sich wie in >Die Schwierigen< und in >Stiller< wieder um das Scheitern der Ehe. Eine Frau hat ihren übertrieben eifersüchtigen Mann verlassen. Um sich

---

[167] Heinz Gockel verwendet diese Bezeichnung als Überschrift einer Studie über Max Frisch. Vgl.: Max Frisch. Gantenbein – das offen-artistische Erzählen, Bonn 1976.

die Umstände, die zu dieser Situation (Erfahrung) geführt haben, vergegenwärtigen zu können, geht der nun alleingebliebene Mann die Stationen dieser Erfahrung durch. Er stellt sie sich vor. In der hypothetischen Rekonstruktion des Erfahrenen nennt sich der Icherzähler Gantenbein und spielt die Rolle eines Blinden. Bald überträgt er den imaginierten Sachverhalt auf Personifikationen seines eigenen Selbst, auf den Architekten Svoboda und den Kunsthistoriker Enderlin. Da er merkt, dass letztere Figuren dafür nicht ganz geeignet sind, die gemachte Erfahrung zu veranschaulichen, stellt er das Spiel der Möglichkeiten ein, um in *einem* Ich einen letzten Halt zu suchen: „Mein Name sei Gantenbein" (G, 236). Der scheinbar blinde Gantenbein erweist sich als diejenige Figur, die, durch das Tragen der Maske (Blindenbrille, Blindenrolle etc.), ihre Rolle am besten spielt und dadurch ihre Umwelt durchschaut.

Anders als in >Stiller< stellt >Mein Name sei Gantenbein< zudem keine Anklage gegen die Gesellschaft dar. Seine literarische Aussage besteht lediglich darin, dem Ich dazu zu verhelfen, seinen eigenen Standort zu bestimmen. Das Spielerische („Ich probiere Geschichten wie Kleider!" [G, 20]), das in diesem Werk zur Grundvoraussetzung des Erzählten erhoben wird („‚Jedes Ich, das sich ausspricht, ist eine Rolle'" [G, 44]), dient dazu, das Selbstbewusstsein des einzelnen zu wecken und die unendlichen Möglichkeiten, sich selbst zu erleben, der Uniformität herkömmlicher Daseinsformen entgegenzusetzen.

Bildet dieser Gesichtspunkt formal (Wechsel der Geschichten) und inhaltlich (Entlarven durch Maske/Rollenspiel) eine Art Überlistung und ein Auf-Distanz-Halten der beschränkten Wirklichkeit, so stellt die Thematisierung des Reisens im Roman die komplementäre, leitmotivisch verfolgte Möglichkeit, sowohl Raum als auch Zeit den Regeln des *erdachten Spiels* zu unterwerfen.

5.2. Die Überwindung des Bestehenden

5.2.1. Die erzählte Reise als biographischer Exkurs in >Stiller<

Als Bericht eines vergangenen Lebens, das sich angesichts einer gegenwärtig erdrückenden Lebenslage als Ausbruch aus dem Vertrauten manifestiert, setzt sich der Roman >Stiller< aus verschiedenen erzählerischen Episoden zusammen, die nicht nur die vielen real unternommenen Reisen der Hauptfigur wiedergeben. In ihrer darstellerischen Verdichtung und thematischen Wechselwirkung spiegeln diese Erzählsequenzen auch die Grundintention des Gesprochenen wider, die Suche nach sich selbst, in der Form eines langen, ausschweifenden Blicks in die eigene Vergangenheit (Biographie). Ein solches Herauskristallisieren eigener Identität mit sprachlichen Mitteln verleitet in erster Linie zu einer umfassenden Vergegenwärtigung räumlich und zeitlich zurückliegender Erlebnisse, wobei dieses bereits Erlebte, als Kontrast zum Jetzigen, ausschließlich inneres Geheimnis des reflektierenden Ich bleibt. Der Roman stellt in seiner formalen Ganzheit eine Reise in eine andere Welt dar. Dabei lassen sich drei Ebenen der dargestellten Reise voneinander unterscheiden. Die erste Darstellungsebene bezieht sich auf jene Zeit, die Stiller in der Schweiz mit seiner Frau verlebte, die zweite handelt von einem Aufenthalt in der Fremde, die dritte weist eher einen gleichnishaften Charakter auf und reflektiert, in der Form erzählter Geschichten und Märchen, die innere Disposition des poetischen Subjekts.

Was die erste Darstellungsebene betrifft, so erwähnt Stiller – außer der Erinnerung an eine Reise nach Davos, wo seine Frau in einem Sanatotium für Lungenkranke sich aufhielt, und an eine Reise nach Paris, die ihn dorthin geschäftlich führte – lediglich eine Fahrt nach Pontresina:

> Am anderen Morgen – nach einer Scherbennacht – verabschiedeten sie sich auf dem kleinen Bahnhof von Pontresina. Sibylle blieb stehen, als der Zug endlich zu fahren begann, wie eine Skulptur auf ihrem Sockel, und beide, Stiller am offenen Fenster, Sibylle auf dem Bahnsteig, hoben ihre Hand zum Gruß (St, 307).

Diese Textstelle steht am Ende eines vergeblichen Versuchs Stillers, sein zerstörtes eheliches Leben durch ein Verhältnis mit Sibylle, der Frau des Staatsanwaltes, zu vergessen. Auch hier sieht er sich getäuscht. Seine Reise, die er ursprünglich als einen Schritt in Richtung Selbstverwirklichung verstand und die ihm die vermisste Wärme bringen sollte, trägt zu seiner weiteren Entfremdung bei. Das Beengende und Erdrückende[168], das er hinter sich gelassen zu haben

---

[168] Vgl. >Stiller<, S. 295 ff.

glaubt, erfährt Stiller wiederholt mit Sibylle, wobei der kurze Pontresina-Aufenthalt dafür eine gleichnishafte anschauliche Illustration darstellt.

Hat Stiller zu dieser Zeit die große Reise in die Fremde noch nicht angetreten, so veranschaulicht er am Ausbruch anderer Menschen aus dem konventionellen Leben eine deutliche Parallele zur eigenen Situation. Unmittelbar nachdem er die Abschiedsszene in Pontresina beschrieben hat, berichtet Stiller von Sibylles Entschluss, ihren Mann zu verlassen, um in Amerika, „wie man so sagt, ein neues Leben" (St, 309) zu beginnen. Ähnlich Stiller, lässt sich auch Sibylle von einem unwiderstehlichen Verlangen nach Ferne leiten. Das Ausland erweist sich aber bald für sie nicht mehr als das Land, in dem sie menschliche Beziehungen aufbauen kann:

> Traf man sich zufällig, tönte es genau wie beim erstenmal: Hallo Sibylle! und auf der anderen Seite war keine Spur von Enttäuschung [...] Und das war für Sibylle wohl das Traurige; nach zwanzig Minuten ist man mit diesen Menschen so weit wie nach einem halben Jahr, wie nach vielen Jahren, es kommt nichts mehr hinzu (St, 313).

Hier kommt noch einmal das Empfinden der Fremde als Provisorium zum Ausdruck, das Max Frisch unermüdlich in seinen Romanen thematisiert, nämlich, dass das Ausland in erster Linie ein Gefühl ist, das dem Menschen in seiner unaufhörlichen Suche nach Selbstverwirklichung innewohnt, und nicht ein Ort, an dem sich Endgültiges anbahnt: „Das Leben (so sagte sie) gefiel ihr sehr, ohne daß es sie begeisterte; sie genoß die Fremde" (St, 311).

> Ich sehe ihn – nennen wir ihn Rolf – beispielsweise in seinem Nachtzug, den er blindlings bestiegen hatte, gleichgültig, wohin die Reise nun ging, froh wie ein Flüchtling, froh, daß um Mitternacht überhaupt noch ein Zug fuhr. Im Fahren, dachte er, erträgt es sich vielleicht leichter [...] Und vom Überfahren der Grenze, mag sein, versprach er sich auch etwas. Je weiter, um so besser! (St, 202)[169].

Mit diesen Worten leitet Stiller die Flucht seines Freundes, des Staatsanwaltes Rolf, ein, der, in die Situation des verlassenen Ehe-

---

[169] Vgl. in diesem Zusammenhang die Willkür, die auch die Reisebewegungen der jeweiligen Hauptgestalten bestimmt, in: Gerhard Roth, Winterreise, a.a.O., S. 43 und 62. Vgl. ferner: Alfred Andersch, Die Rote, a.a.O., S. 12.

manns geraten, alles hinter sich lässt und die Fremde aufsucht. Dennoch geht es hier weniger um die Darstellung der Reise als äußeren Zeichens der Unvereinbarkeit von Ich und Vertrautem, als vielmehr um die sie parallel begleitende und als Gleichnis für die innere Spaltung des heutigen Menschen fungierende Geschichte. Die vom Rechtsanwalt erzählte und von Stiller aufgezeichnete „Geschichte mit dem fleischfarbenen Kleiderstoff" (St, 202) spielt sich in Genua ab. In dieser Stadt schwatzt ein Matrose dem Staatsanwalt ein Paket mit fleischfarbenem Kleiderstoff auf. Um sein ganzes Geld gebracht, versucht Rolf seinerseits, die Stoffware weiter zu verkaufen. Auch sein Versuch, das ihm lästig gewordene Paket sogar unentgeltlich los zu werden, scheitert. Niemand will ihn von seiner Last befreien. Kurz bevor sein Zug nach Zürich abfährt, wirft er das Paket in eine Bahnhofstoilette[170]. Was es mit dieser seltsamen Geschichte auf sich hat, erfährt diesmal der Leser aus einer späteren, Stiller gegenüber dargelegten Erkenntnis des Rechtsanwalts:

> Unser Bewußtsein hat sich im Laufe einiger Jahrhunderte sehr verändert, unser Gefühlsleben sehr viel weniger. Daher eine Diskrepanz zwischen unserem intellektuellen und unserem emotionellen Niveau. Die meisten von uns haben so ein Paket mit fleischfarbenem Stoff, nämlich Gefühle, die sie von ihrem intellektuellen Niveau aus nicht wahrhaben wollen (St, 321).

Die Unwirklichkeit dieses Lebens, die den einzelnen mit sich selbst uneins macht, beruht angesichts uneingeschränkter Identifizierung mit der von der Gesellschaft auferlegten *Rolle* notwendigerweise auf Selbstüberforderung und Selbstbelügen. Die oben erwähnte Reise nach Genua und die mit ihr zusammenhängende Geschichte stellen im Roman den Beweis dafür dar, dass der Prozess der Selbstfindung keineswegs mit dem bloßen Ausbruch aus dem Gewohnten als dem Ort, in dem sich Konflikte entwickeln, beginnt. Jenseits der Stätten seiner Zuflucht hat der Mensch vor allem zu sich selbst zurückzukehren, denn „diese Traumorte, diese Inseln der Sehnsucht stehen nicht für sich allein. Sie sind dichterische Abbilder, nach außen verlegte Paradiese, die der Mensch zunächst und vor allem *in sich selber* finden müßte"[171].

---

[170] Vgl. hierzu >Stiller<, S. 204 ff.
[171] Eduard Stäuble, Max Frisch. Gesamtdarstellung seines Werkes, St. Gallen 1971, S. 46.

Diesem Grundsatz folgend demonstriert >Stiller< am Genua-Aufenthalt des Staatsanwaltes die Vergeblichkeit des Reisens bei anhaltender innerer Spaltung des poetischen Subjekts. Da der Reisende die Kluft zwischen Intellekt und Gefühlsleben nicht überwinden kann und stets bestrebt ist, letzteres (als Paket mit dem fleischfarbenen Kleiderstoff) seinem reflektierenden Bewusstsein unterzuordnen und zu ignorieren, wird ihm seine Begegnung mit der Fremde zur Qual.

Die Fahrt nach Genua bringt nichts Befreiendes für den orientierungslos ausbrechenden Staatsanwalt mit sich. Die Schwierigkeiten in der Ehe, die er durch seinen plötzlichen Aufbruch hinter sich zu lassen glaubte, beschäftigen ihn in seinem Zugabteil weiter. Er fühlt sich überrannt von den sich zusammentragenden Geschehnissen; von seiner Frau, der er mit Großmut diese oder jene „Maskenball-Liebelei" (St, 208) gegönnt hat, fühlt er sich verraten:

> Pläne von knäbischer Rachsucht gingen ihm durch den Kopf; die Warterei in dieser Bahnhalle machte ihm seine Ziellosigkeit noch bewußter. Plötzlich krähte irgendwo ein Hahn, kurz darauf ein zweiter, ein dritter, schließlich krähte ein ganzer Güterzug voll Geflügel (St, 202)[172].

Die Verlassenheit und Hilflosigkeit des Staatsanwaltes werden deutlicher dargestellt an der Hervorhebung der trostlosen Atmosphäre der Stadt Genua. Immer dort, wo der Fremde an seine Frau, ihr Verhältnis mit dem ihm noch unbekannten Stiller oder an ihre zuletzt ausgesprochenen Worte denkt, erfolgt eine bedrückende Beschreibung der äußeren Kulisse. In der Unwirklichkeit der Umgebung spiegelt sich Rolfs innerer Zustand wider. Das äußere Treiben interessiert ihn keineswegs, das Leben am Hafen lässt ihn unberührt. Das Meer und die Schiffe erscheinen ihm nicht mehr als Träger einer befreienden Sehnsucht:

> „Ob wir uns scheiden lassen oder wie das nun alles wird", hatte sie gesagt, „das weiß ich selbst noch nicht. Ich möchte jetzt nur, daß du mich in Ruhe läßt" [...] Er hatte nicht die mindeste Lust, die Reize von Genua kennenzulernen [...] Das Meer zeigte sich als graues Blei mit Flecken von schillerndem Öl [...] Ab und zu hörte man ein schütteres, vom Wind verblasenes und in Echos versplittertes Tuten, wußte nicht woher und wozu, denn keiner der großen Dampfer entschloß sich wirklich zur Abfahrt [...] In der Ferne die aufgetürmte Stadt am Hang, Genua, fast schon wieder unwirklich...Ferner

---

[172] Das Krähen des Hahns steht bei Frisch als Metapher für den Verrat.

hatte Sibylle gesagt: „Ich möchte jetzt nicht, daß du weitere Fragen stellst [...] Ich bitte dich jetzt nur, daß du mich in Ruhe läßt" (St, 203 f).

Eine weitere Stelle bringt einen deutlicheren Vergleich zwischen Sibylles Betrug und der Unwirklichkeit der Stadt Genua zur Sprache:

> Die mittägliche Sommerhitze selbst in dieser Schattengasse [...], in dieser Gasse der schimmligen Armut, wo die Ausgüsse über die Mauern rinnen [...], immer und immer und immer wieder ist es einfach da, ihr Gesicht voll Glück mit einem anderen Mann, es ist kein böser Traum, sondern wirklicher als dieses Genua mit seinen Gassen (St, 206 f.).

Die gerade gemachte Erfahrung mit dem Herrenkleider-Stoff-Schwindel auf Sybilles Betrug übertragend, betont der Text das Labyrinthische der Stadt als Illustration einer ausweglosen Situation:

> Das etwas moosige Renaissance-Tor, wo der Genueser [einer der beiden Schwindler] verschwunden war, führte bei näherer Besichtigung überhaupt nicht in ein Haus, sondern in die nächste Gasse hinüber. Und dort stand Rolf, als begriffe er jetzt erst: Sibylle in den Armen eines anderen Mannes, richtig, das war es ja (St, 207).

Die Notizen über seine Einsamkeit und abermaligen enttäuschenden Erfahrungen mit Frauen beginnt >Stiller< mit einer kurzen Darstellung seines früheren Lebens, vor seiner Ehe mit Julika. Darin kommt das Bild jenes Bildhauers vor, der des Lebens in der Menge überdrüssig wird und den Ersatz für die verloren gegangene Kommunikation mit den Menschen in der Kunst sucht. Doch auch hier gelingt es ihm nicht, die für seine Selbstverwirklichung notwendige Distanz zu wahren. Entweder hebt sich der Zustand des Alleinseins dadurch auf, dass der Künstler sich in seiner Arbeit von äußeren Maßstäben und Normen leiten lässt:

> Ganz im Anfang meiner Künstlerei [...] vermochte ich es beinahe, in einem wirklichen Sinn allein zu sein in der Hoffnung, in Lehm oder Gips mich verwirklichen zu können; aber diese Hoffnung währte nicht lang, und schon war der Ehrgeiz da, die Freude in Hinsicht auf Anerkennung, die Sorge in Hinsicht auf Geringschätzung (St, 335).

Oder die Kommunikation lässt sich durch den Künstler gedanklich herstellen bzw. künstlich aufrechterhalten:

> Irgendeinen inneren Ausweg fand ich stets, eine süße oder eine quälende Erinnerung, ein leidenschaftliches Gespräch mit einem unsichtbaren Menschen, den es meistens überhaupt nich gab, doch ich erfand ihn, um nicht allein zu sein (St, 335).

Besonders in jenen Augenblicken der Flucht, in denen das Reisen das Moment innerer Spannung und anhaltender Diskrepanz zwischen subjektiver und objektiver Realität darstellt, reflektiert Stiller über seine Beziehung zu den Frauen. Auf seiner Fahrt von Spanien (nach dem Bürgerkrieg) in die Heimat stellt er sich z.B. dem Leser seiner Aufzeichnungen als einen Verlierer vor, der unfähig ist, das Alleinsein zu ertragen: „Nächtelang auf meinem Marsch, nächtelang in den Wartesälen Frankreichs rechtfertigte ich mich vor Anja [...], ich war nicht allein". Auch seinen entscheidenden Ausbruch aus der Ehe, seine Flucht nach Amerika „in dem Heck-Laderaum eines italienischen Frachters als blinder Passagier, ein Auswanderer ohne Papiere" (St, 336), begreift der Icherzähler nicht als eine Chance, sich vom Bisherigen zu trennen und seine Frau zu vergessen. Die Auseinandersetzung mit ihr und mit der entfremdenden heimatlichen Welt setzt sich in Gedanken auf der Reise fort. Das Alleinsein erweist sich somit als unmöglich, infolge eines stets anhaltenden inneren Schwankens zwischen Bindung und ersehnter Lossagung vom Herkömmlichen. Das reisende Subjekt befindet sich in einem Schwebezustand, der weder eine Aufgabe des Selbst, d.h. seine Hingabe an das Vertraute meint, noch seine Autonomie und Befreiung bewirkt:

> Ich brauche nur an Foxli zu denken! Oder an die berühmte Mehlsuppe, die dieses Weib nicht zu machen geruht hatte, und an hundert andere Bagatellen, eine lächerlicher als die andere; aber achtzehn Tage und neunzehn Nächte hintereinander im Finstern, wo es irgendwo zwischen den öligen Bohlen heruntertropfte, eine Endlosigkeit mit tropfenden Minuten, sie reichte nicht aus, die Öde zwischen diesem Weib und mir auch nur im raschen Stenogramm der Gedanken zu fassen, wieder stolperte ich umher und schürfte mich an einer rostigen Planke, wieder hockte ich auf einem Bündel von Stricken und leckte das warme Blut von meiner Hand, hockte, stinkend von altem Schweiß und von neuem Schweiß, ungewaschen seit Genua, von keinem Menschen erblickt und blind wie ein Maulwurf, taub vom Gedröhn der Schraubwelle, und keine wache Stunde verging, wo mir nicht irgend etwas einfiel gegen dieses zarte Weib in Davos, und niemand hörte meine lautesten Verwünschungen; aber allein war ich nicht (St, 337 f.).

Das in dieser langen Passage dargestellte Bild der Gefangenschaft, das Stillers Grundsituation illustriert und im Verlauf des Erzählten unermüdlich variiert wird, spiegelt die innere Disposition des poetischen Subjekts wider. Die Beschreibung der äußeren Bedingungen, unter denen der Fliehende reist, seine unaufhörliche Beschäftigung mit seiner Ehe und die offensichtliche, darstellerisch intendierte Übereinstimmung zwischen „Heckladeraum"-Atmosphäre und Leben schlechthin („wieder stolperte ich umher und schürfte mich an einer rostigen Planke, wieder hockte ich auf einem Bündel von Stricken") lassen erkennen, dass das Reisen hier keineswegs den erhofften Wechsel mit sich bringt. Die Hoffnung, durch das Verlassen alles Vertrauten, auch sich selbst zu entkommen, erweist sich für Stiller als Trug. Sein Dilemma besteht darin, dass er zwar seine Rettung durch Verweigerung und Selbstentzug als unmöglich erkennt, sich aber trotzdem nicht fügen kann:

> Unter Weg verstehe ich letzlich noch immer nur die Hoffnung, mir zu entgehen. Diese Hoffnung ist mein Gefängnis. Ich weiß es, doch mein Wissen sprengt es nicht, es zeigt mir bloß mein Gefängnis, meine Ohnmacht, meine Nichtigkeit. Ich bin nicht hoffnungslos genug (St, 343).

5.2.2. Das unaufhaltsame Reisen in >Homo faber<

Als „Tagebuch eines Moribunden"[173], der – um sich die Konstellation der Ereignisse, die zu seiner Schuld geführt haben sollen, zu vergegenwärtigen – sein Leben in geordnete Stationen einteilt, es aber ohne jegliche chronologische Reihenfolge ‚erzählt', ist >Homo faber< der Bericht eines Menschen, der die inneren Zusammenhänge seiner Existenz übersieht und sich lediglich an äußeren Erscheinungen als Fakten orientiert. Glaubt Stiller noch daran, nachdem er sein Scheitern in der Ehe und im Künstler-Beruf erkannt und gestanden hat, die Selbstverwirklichung durch einen totalen Rückzug ins Innere zu erlangen, so erfährt der Techniker Faber in seiner Ingenieur-Tätigkeit eine Art von ihm selbst stets beteuerter Selbstbestätigung. Die durch die Natur des *Berichts* ohnehin mitgelieferte Distanz zum Wesen der

---

[173] Horst Bieneck, Werkstattgespräche mit Schriftstellern, München 1976, S. 26, (dtv. 291.).

Dinge, zur Welt und zum Leben selbst wird zudem durch einen ständigen Ortswechsel und die nichtendenden Reisen verstärkt. Zum *homo faber*, der die Wirklichkeit lediglich auf ihre technische Handhabung und Tauglichkeit hin prüft, kommt der Verlust einer intimen Beziehung zum eigenen Ich hinzu, verursacht in erster Linie durch stetes Reisen und unaufhaltsames Tempo. Die Verflüchtigung bzw. Auflösung der ‚bereisten' (meist überflogenen) Landschaft steht somit nicht nur als Gleichnis für die verloren gegangene Kommunikation mit der Außenwelt und den Menschen, sondern auch als Merkmal einer Selbstüberforderung.

> Wir starteten in La Guardia, New York, mit dreistündiger Verspätung infolge Schneestürmen. Unsere Maschine war, wie üblich auf dieser Strecke, eine Super-Constellation (HF, 7).

Mit diesen Worten setzt Fabers Suche nach einer Erklärung für seine erst spät erkannte Schuld ein. Bereits der Anfang führt den Techniker als einen routinierten Reisenden ein. Gleichzeitig stellt der erste Satz des Romans das Technische, nach dessen Gesetzmäßigkeiten Faber stets zu handeln bemüht ist, in Frage. Auch die bislang als „üblich" geltende Lebensweise, die zur reinen, erstarrten Gewohnheit geworden ist, erfährt hier eine für den weiteren Verlauf des Berichteten symptomatische erste Erschütterung. Die dreistündige Verspätung, mit der die erste dargestellte Reise beginnt, steht am Anfang einer Kette von Begebenheiten, die mit dem Fortschreiten der Geschehnisse als Signal für das Eintreten des Unerwarteten fungieren und die näher rückende Katastrophe ahnen lassen. Es handelt sich um den Schwäche-Anfall Fabers nach der Zwischenlandung in Huston, Texas, um seinen Wunsch, nicht weiter zu fliegen und seine ungewollte Verzögerung des Starts, um die Notlandung in der Wüste von Tamaulipas, Mexiko, und um das darauffolgende viertägige Warten auf Hilfe. Hinzu kommt der plötzliche Entschluss des Reisenden in Mexiko-City, seine Reiseroute zu ändern: Statt seinen Flug nach Caracas, wo seine Arbeit auf ihn wartet, fortzusetzen, reist er über Campeche und Palenque (Mexiko) nach Guatemala, um dort Joachim, Hannas ehemaligen Ehemann, zu besuchen. All diese Verzögerungen und Unregelmäßigkeiten, die auf den ungewöhnlichen Kurs und den seltsamen Charakter der Reise unmittelbar hinweisen, stellen im Berichteten jene Anhaltspunkte dar, deren nähere Betrachtung das Verhältnis von Reisemotiv und innerer Disposition zusätzlich erhellt.

Bereits die Darstellung des ersten Starts in La Guardia lässt das Andersartige der Reise erkennen. Nicht nur die Welt der Technik gerät hier ins Wanken. Der Reisende selbst spürt die ersten Anzeichen der Verlorenheit und der Orientierungslosigkeit, in die ihn das Neue versetzt:

> Ich habe einen Start bei solchem Schneetreiben noch nie erlebt, kaum hatte sich unser Fahrgestell von der weißen Piste gehoben, war von den gelben Bodenlichtern nichts zu sehen, kein Schimmer, später nicht einmal ein Schimmer von Manhattan, so schneite es. Ich sah nur das grüne Blinklicht an unsrer Tragfläche, die heftig schwankte, zeitweise wippte; für Sekunden verschwand sogar dieses grüne Blinklicht im Nebel, man kam sich wie ein Blinder vor (HF, 8).

Diese Textstelle fasst die im Roman aufgerollte Problematik Walter Fabers in dreierlei Hinsicht zusammen. Zunächst stellt sie das Bisherige in Frage, indem sie den routinierten Reisenden aus dem Selbstverständlichen und Gewohnten seiner Lebensweise reißt. Das „Ich habe einen Start bei solchem Schneetreiben noch nie erlebt" bildet einen Kontrast zum „wie üblich" des Romananfangs oder zu manchem nebenbei ausgesprochenen Satz wie „Ich kenne die Strecke, ich schloß die Augen, um weiterzuschlafen" (HF, 9). Das angeführte Zitat bringt zweitens die Brüchigkeit der Welt, in der der Techniker sich bislang sicher gefühlt hat und deren Erstarrung mit dem Fortschreiten des Berichts immer sichtbarer wird, zum Ausdruck: Das Bild des im Dunkel schwankenden und wippenden Flugzeugs ist ein Gleichnis für die Orientierungs- und Haltlosigkeit einer nur auf Vordergründigkeit basierenden Lebensweise. Der dritte Gesichtspunkt besitzt in erster Linie verkündenden Charakter und sagt das Eintreten des Schicksalhaften voraus. Dabei kann das Sich-wie-ein-Blinder-Vorkommen als Anspielung auf Fabers allzu unbekümmerte Haltung gegenüber der Wirklichkeit („Wir befanden uns [ich sah es mit meinem rechten Auge] irgendwo über dem Mississippi [...], ein Flug wie hundert andere zuvor, die Motoren liefen in Ordnung" [HF, 9]) oder als Vorausahnen kommenden Geschehens gedeutet werden.

Nachdem er im Flugzeug die Bekanntschaft mit Herbert, dem Bruder Joachims, gemacht hat, rückt Fabers vergangenes Leben allmählich in den Vordergrund und wird zum Gegenstand unmittelbarer

Reflexion. Dadurch bahnt sich im Bericht auch ein Prozess des Zerfalls an, dessen erste Merkmale sich sowohl bei Faber selbst als auch in der von ihm unmittelbar erlebten Außenwelt bemerkbar machen. Im Houstoner Flughafen überkommt den Ingenieur ein Schwächeanfall. Nachdem er zu sich kommt hat er plötzlich kein Verlangen danach, seine Reise fotzusetzen:

> Ich weiß nicht, wieso ich mich eigentlich versteckte. Ich schämte mich; es ist sonst nicht meine Art, der letzte zu sein. Ich blieb in meinem Versteck, bis ich festgestellt hatte, daß der Lautsprecher mich aufgab, mindestens zehn Minuten. Ich hatte einfach keine Lust weiterzufliegen (HF, 15).

Nach der Notlandung und während des Aufenthaltes in der Wüste von Tamaulipas erfährt der Leser Näheres über Fabers *anderes* Leben. Mit dem Sichtbarwerden der ersten Anzeichen eines Zusammenbruchs der technischen (Fabers) Welt bahnt sich beim Reisenden eine vorsichtige Suche nach menschlichem Kontakt an. In Herbert, dem gegenüber sich Faber, seit dem Start in La Guardia, reserviert-indifferent verhalten hat, glaubt der Techniker zunächst eine Art Rettung vor weiterer unerwünschter Bekanntschaft mit anderen Menschen zu finden:

> Zum Glück, wie sich bald herausstellte, spielte er auch Schach [...], wir setzten uns abseits, um das allgemeine Gerede nicht hören zu müssen[...] Ich schätzte das Schach, weil man Stunden lang nichts zu reden braucht. Man braucht nicht einmal zu hören, wenn der andere redet (HF, 27).

Doch bald erreicht dieser sich anfangs nur zögernd anbahnende Prozess der Rückkehr zu sich selbst einen entscheidenden Wendepunkt: Durch die Begegnung mit Herbert wird der Techniker mit seiner Vergangenheit konfrontiert (durch Herbert erfährt Faber von Hannas und Joachims Scheidung, und dass sie eine Tochter haben)[174]. Plötzlich spürt er ein unerklärliches Verlangen danach, sich mit seinem eigenen, ihm bislang verschlossen gebliebenen inneren Leben vertraut zu machen.

Mit seinem in Mexiko-City unerwartet gefassten Entschluss, sich an die beruflichen Termine nicht zu halten und seine Dienstreise zu unterbrechen, um Joachim in Guatemala einen Besuch abzustatten, be-

---

[174] Vgl. S. 33 f. und 42 f.

ginnt ein Widerspruch in Fabers Haltung sichtbar zu werden. Seine Entscheidung überrascht ihn sogar selbst:

> Ich gelte in beruflichen Dingen als äußerst gewissenhaft, gradezu pedantisch, jedenfalls ist es noch nicht vorgekommen, daß ich eine Dienstreise aus purer Laune verzögerte, geschweige denn änderte [...] Ich weiß nicht, was es wirklich war (HF, 40).

Entschlossener im Ton klingt die Antwort, die er unmittelbar danach auf eine Bemerkung Herberts gibt: „‚Nun warten die Turbinen einmal auf mich', sagte ich, ‚ich habe auch schon auf Turbinen gewartet – nun warten sie einmal auf mich!'" (HF, 40)

Fabers innere Verfassung vor der Überfahrt nach Europa ist gekennzeichnet durch einen Zwiespalt, den die Erzählung seit dem Start in La Guardia durch eine häufige Opposition von erstarrter Lebensweise und Dasein hervorzuheben scheint. Eine solche Konfrontation tritt mit dem Beginn des Reise-Abschnitts Campeche-Palenque-Plantage deutlich in den Hintergrund zugunsten einer Aufwertung des privaten Charakters des Geschehens. Diesbezüglich hat bereits Geulen auf die im Roman mehrfach an entscheidenden Stellen anzutreffenden Signale, die einen Wechsel im Erzählzusammenhang verkünden, wie „*Your attention please!*"[175], hingewiesen:

> Von jetzt ab ist das Geschehen für Faber aktuell auf ihn bezogen. Der Fall eines Schicksals kündigt sich an [...] Alle Entscheidungen, Vorgänge und Eigentümlichkeiten der erzählten Wirklichkeit stehen in einem intentionalen Zusammenhang, weisen daraufhin, daß irgend etwas geschieht, daß die Zufälle bedeuten, die Dinge und Vorgänge eine hintergründige Bewandtnis haben[176].

Mit dem Beginn des Aufenthaltes in Campeche ändert sich auch der gewohnte Reise-Rhythmus selbst. Am Ende einer Textstelle, an der vor allem von einer Zeit unendlichen Wartens berichtet wird, heißt es – in der etwas distanzierten Betrachtung – über das Flugzeug, das bislang als Symbol einer von Hast ergriffenen und somit die Welt übersehenden *Erlebens*weise fungierte: „Meine DC-4 nach Mexiko-City, sie flog gerade über uns hinweg, dann Kurve aufs offene Meer

---

[175] Vgl. S. 12, 13 und 39.
[176] Hans Geulen, Max Frischs ›Homo faber‹. Studien und Interpretationen, a.a.O., S. 65.

hinaus, wo sie im heißen Himmel sich sozusagen auflöste wie in einer blauen Säure" (HF, 42). Faber vermag zwar nicht zu erklären, weshalb der bisherige, durch Tempo bestimmte Lebensrhythmus sich eingestellt hat („Ich stand gelähmt" [HF, 42.]), aber eine deutliche Verlangsamung der Reise setzt spürbar ein. Der Außenwelt wird plötzlich mehr Aufmerksamkeit geschenkt und der Reisende sieht sich gezwungen, bei der ihn umgebenden Welt zu *verweilen*, zu ihrem genauen Beobachter und Be-schreiber zu werden. Auch die Zeit läuft nicht mehr nach einem im Voraus festgelegten Programm ab. Nicht mehr aus Terminen bestehend, vergeht sie als Warten auf nichts Bestimmtes, darauf, dass sich etwas ereignen möge. Die Wahrnehumung ihres Verstreichens reproduziert sich als Wiederholung gleichförmiger Merkmale, die zwar in der Regelmäßigkeit ihres Auftauchens ein Ablaufen der Zeit bewusst werden lassen, aber auf keinen entscheidenden Durchbruch hindeuten.

> Schon in Campeche empfing uns die Hitze mit schleimiger Sonne und klebriger Luft, Gestank von Schlamm, der an der Sonne verwest, und wenn man sich den Schweiß aus dem Gesicht wischt, so ist es, als stinke man selbst nach Fisch. Ich sagte nichts. Schließlich wischt man sich den Schweiß nicht mehr ab, sondern sitzt mit geschlossenen Augen und atmet mit geschlossenem Mund, Kopf an eine Mauer gelehnt, die Beine von sich gestreckt. Herbert war ganz sicher, daß der Zug jeden Dienstag fährt, laut Reiseführer von Düsseldorf, er hatte es sogar schwarz auf weiß – aber es war, wie sich nach fünfstündigem Warten plötzlich herausstellte, nicht Dienstag, sondern Montag. Ich sagte kein Wort (HF, 40).

Hat Fabers Reise seit New York eine Reihe gewollter, jedoch nicht selbstverschuldeter Verzögerungen aufzuweisen, so gerät sie hier vollends ins Stocken. Die in dieser Etappe angetroffene Landschaft stellt für das reisende Subjekt etwas Neues dar, das die Vordergründigkeit bisheriger Lebensweise entlarvt und dem vertrauten Reise-Rhythmus ein Ende setzt. Sie fungiert als Gleichnis für Fabers Bewusstseinszustand, als Spiegel für Kommendes, dessen Ausmaß der Reisende nicht begreifen kann. Kaum mit der Realität unmittelbar in Kontakt getreten, wird Faber die Kluft, die ihn vom wirklichen Leben trennt, sichtbar. Das „Ich sagte nichts", „Ich sagte kein Wort" kann hier als Folgeerscheinung der neu eingetretenen apathischen Situation angesehen werden, als Bestandteil einer allgemein übergreifenden passiven Atmosphäre, in der sogar das Sprechen nicht mehr hilft und zur Last wird. Es kann auch als Ausdruck der zunehmenden Verwunderung des poetischen Subjekts verstanden werden, angesichts der Tatsache, dass es den Zusammenbruch des Herkömmlichen zu erkennen beginnt, zumal diese Stelle einen deutlichen Kontrast zu Fabers durchorganisiertem und sonst stets durch ‚Handeln' bestimmtem Leben bildet. Unter diesem Blickwinkel könnte man ebenfalls das Warten auf den Jeep in Palenque[177] und die Szene mit den Zopiloten und dem Esel[178] sehen.

Der apathische Zustand stellt sich mit dem Beginn der Fahrt nach Palenque ein. Im sehr langsam fahrenden (dreißig Stundenkilometer), aber mit „air-condition" (HF, 42) ausgestatteten Zug gewinnt Faber etwas von seiner Vitalität zurück und setzt seine Fragen an Herbert über Hanna und Joachim fort. Immer wieder wird dieses eher gezwungene und nur Ungewissheit vermittelnde Sprechen („‚Weiß ich nicht.'", „‚Ich weiß es nicht'" [HF, 43]) kontrapunktisch durch das Einblenden der umgebenden Landschaft unterbrochen. Dabei kehrt erneut das Bild der undurchschaubaren und Bedrohung einflößenden Welt zurück, in der der Reisende sich verloren vorkommt:

> Ab und zu hielt unser Zug auf offener Strecke in der Nacht, man hatte keine Ahnung wieso, nirgends ein Licht, nur dank eines fernen Gewitters erkannte man, daß es durch Dschungel geht, teilweise Sumpf, Wetterleuchten hinter einem Geflecht von schwarzen Bäumen, unsere Lokomotive tutete und tutete in die Nacht hinaus, man konnte das Fenster nicht öffnen, um zu sehen, was los ist (HF, 42)[179].

Nach dem Verlassen von Palenque und bevor Faber von den Reise-Begebenheiten auf der Strecke bis zu Joachims Plantage berichtet, verweilt er erstmals länger als bisher bei dem *Hintergrund*, der zu diesem Umweg Anlass gibt. Rückblickend erzählt er von seinem Leben mit Hanna, von den Umständen, die zur Trennung führten, von Joachim, dem Freund, und von dem Kind, das Hanna erwartete. Hier geht Faber auf seine Eigenschaft als Techniker wiederholt ein und unterstreicht – wie an vielen Stellen des Berichts – all das, was ihn

---

[177] Vgl. S. 44 f.
[178] Vgl. S. 65.
[179] Vgl. ferner S. 43 f.

von Hanna und allen Menschen mit einem Hang zum Ästhetischen und Mystischen[180] unterscheidet.

Schließt die Guatemala-Reise mit der Bestattung Joachims ab, der die Einsamkeit und das Klima der Tropen nicht hat ertragen können und sich kurz nach Fabers Ankunft in der Plantage erhängt hat, so stellt die Erinnerung an diese Etappe eine entscheidende Erkenntnis dar im Hinblick auf die bevorstehende totale Veränderung im Leben des Technikers.

Als Erinnerung an bereits Vollzogenes, aber auch als Vergegenwärtigung von Geschehenem, kommt der Darstellung der *Irrfahrt* von Campeche bis zur Plantage eine zentrale Bedeutung zu. Einerseits veranschaulicht sie den inneren Zustand dessen, der – das Vordergründige und Tempomäßige gewohnt – seine unmittelbare Erfahrung mit dem Leben als *erlebtem Vergehen in der Zeit* macht, andererseits steht diese Reise in ihrer Sinnlosigkeit (Das Wiedersehen mit Joachim als deren eigentlicher Zweck bleibt aus und, als Grund, leuchtet nicht ein) als Sinnbild für die Beziehungslosigkeit Fabers zu seinem anderen Leben: Joachims Tod gehört zwar zu jenen schicksalhaften Begebenheiten des Romans, die eine frühzeitige Unterrichtung des Reisenden von der Existenz seiner Tochter verzögern, er weist aber geradezu den Charakter einer Warnung an Faber auf, der, ohne es zu wissen, sich auf die Suche nach sich selbst begibt. Dort, wo am Ende Privates und Vergangenes zum Gegenstand bewusst-unbewusster Suche werden, steht der Tod. Sabeths und Fabers Ende dokumentieren es zusätzlich im weiteren Verlauf des Berichteten.

Ohne auf die zweite große Reise im Roman (New York – Athen) im einzelnen einzugehen – die Aufzeichnungen dieser Reise schildern detailliert Fabers Erlebnisse mit Sabeth und wiederholen ununterbrochen die bekannten Ansichten des Technikers –, wird im Folgenden lediglich ihre einleitende Phase, die Fahrt von New York nach Europa, besprochen. Nicht auf die Besprechung der Zufalls- bzw. Schicksalsthematik soll hier das Augenmerk gerichtet werden, sondern auf die erzählerisch vermittelte unbewusste Rückkehr zu den Gegenden und Stationen *wirklicheren* Seins. Bereits vor Antritt der Reise drückt Walter Faber seine Freude darüber aus. Doch die Verbindung zwi-

---

[180] Vgl. S. 56.

schen Joachims Tod und dem *neuen Leben*, das dem Sprechenden bevorsteht, ist eindeutig:

> Eine Stunde später saß ich in einer Bar, meine Schiffskarte in der Tasche, unten am Hudson, vergnügt, nachdem ich unser Schiff gesehen hatte [...] Ich freue mich aufs Leben wie ein Jüngling, wie schon lange nicht mehr. Meine erste Schiffahrt! [...] Ich dachte an Joachim – Ich hatte das Gefühl, ein neues Leben zu beginnen, vielleicht bloß, weil ich noch nie eine Schiffreise gemacht hatte; jedenfalls freute ich mich auf meine Schiffreise (HF, 77 f.).

Mit dem Auslaufen des Schiffes kehrt der Berichtende in Gedanken zu Joachim und zur Rückfahrt von der Plantage nach Palenque zurück, um die Erinnerung an diese bereits ‚*erlittene*' Strecke als Einleitung zu seiner schicksalhaften Atlantik-Überfahrt fungieren zu lassen. Diese einleitende Passage beginnt mit einer Überlegung Fabers: „Wir hätten Joachim (so denke ich oft) nicht in die Erde begraben, sondern verbrennen sollen" (HF, 83). Denn:

> Feuer ist eine saubere Sache, Erde ist Schlamm nach einem einzigen Gewitter [...] Verwesung voller Keime, glitschig wie Vaseline, Tümpel im Morgenrot wie Tümpel von schmutzigem Blut, Monatsblut (HF, 83).

Liegt hier eine eindeutige Anspielung auf das Weibliche vor, dessen biologische Verkörperung die Frau darstellt, sagt es der Berichtende deutlicher bei der Beschreibung der Landschaft, durch die er und sein Begleiter (Marcel) fahren („Was man im Scheinwerferkegel sah: Gewächs reglos, Geschlinge von Luftwurzeln, die in unserem Scheinwerferlicht glänzten wie Eingeweide" [HF, 83 f.]; „Der Morgen war heiß und dampfig, die Sonne schleimig wie je, die Blätter glänzten, und wir waren naß von Schweiß und Regen und Öl, schmierig wie Neugeborene" [HF, 84]), so spricht es der Schluss der Erinnerung an diese Fahrt durch Schlamm, Regen und Hitze am deutlichsten aus: „Einmal sagte Marcel: Tu sais que la mort est femme! und das letztere verstand ich, denn es sah so aus, genau so, ich lachte laut, ohne zu wollen, wie über eine Zote" (HF, 84).

Der Bericht von den Schwierigkeiten der Rückreise nach Palenque steht hier somit als Gleichnis für die bevorstehende Zusammenkunft mit der eigenen Tochter auf dem Schiff, eine Begebenheit, an der am Ende alles zugrunde geht. Für Faber bedeutet die Begegnung mit Sabeth eine Form des Wiedersehens mit jener Hanna seiner Jugend, eine

Wiederholung: „Sabeth ist jung, wie Hanna damals jung gewesen ist" (HF, 96); „Schließlich gibt es Gesten, die einem gefallen, weil man sie irgendwo schon einmal gesehen hat" (HF, 98). Nicht die Frau als solche interressiert ihn an dem Mädchen, sondern das *déjà-vu*, das eigene Erlebnis als das bisher von ihm unterdrückte Leben. Sabeth zieht ihn an aufgrund ihrer Jugend und ihrer Lebendigkeit; an ihr liebt er allein ihre Freude und Unbekümmertheit, eine Lebensweise, die er selbst nie gekannt hat.

Obgleich Faber sich von Sabeth nicht überfordert fühlt, sein *Glücklichsein* in ihrer Anwesenheit nicht unterdrückt, kann das, was er für sie empfindet nicht als Liebe bezeichnet werden. Auch wenn er später von Heirat redet, so darf dies nicht darüber hinwegtäuschen, dass er seine Verwunderung missversteht und sie als Liebe interpretiert. Dies wird spätestens an einer Stelle des Berichts deutlich, als Faber, angesichts einer ihm nicht passenden Äußerung Sabeths, sein Glücksgefühl für einen Augenblick ignoriert, in seine vertraute Haltung zurückfällt und sein Alleinsein rechtfertigt:

> Ihre Vermutung, ich sei traurig, weil allein, verstimmte mich. Ich bin gewohnt, allein zu reisen. Ich lebte, wie jeder wirkliche Mann, in meiner Arbeit. Im Gegenteil, ich will es nicht anders und schätze mich glücklich, allein zu wohnen, meines Erachtens der einzigmögliche Zustand für Männer, ich genieße es, allein zu erwachen, kein Wort sprechen zu müssen. Wo ist die Frau, die das begreift? (HF, 111)

Dass auch Sabeth diesbezüglich keine Ausnahme darstellt, dass ein Zusammensein mit ihr Faber mit der Zeit keineswegs erträglich ist, dokumentiert folgende Äußerung: „Ich mußte an Ivy denken; Ivy heißt Efeu, und so heißen für mich eigentlich alle Frauen. Ich will allein sein!" (HF, 111)[181]. Damit knüpft der Bericht erneut an jenes Bild an, das bei der Beschreibung der Rückfahrt nach Palenque auftaucht. Jener schlammigen Erde gleich, die ein Vorwärtskommen des Reisenden stark beeinträchtigt, fungiert auch die Frau in Fabers Leben.

Dennoch verstrickt sich der Berichterstatter ahnungslos in das, was er scheinbar leicht von sich fern zu halten glaubt. Seine schicksalhafte Begegnung mit seiner Tochter wirft seine bisherige Haltung aus der Bahn und leitet einen Prozess der *Selbstsuche* ein, der ins Unbewußte

---

[181] Vgl. in diesem Zusammenhang die weiteren Äußerungen Fabers auf S. 112 und 113.

hineinführt. Nach der Reise mit dem Schiff, und durch Zufall, trifft Faber in Paris seinen ehemaligen Lehrer, „Professor O."[182], der damals den Studenten der Technischen Hochschule von der Rückständigkeit herkömmlichen Reisens erzählte („Reisen ist ein Atavismus, es wird kommen der Tag, da es überhaupt keinen Verkehr mehr gibt, und nur noch die Hochzeitspaare werden mit einer Droschke durch die Welt fahren, sonst kein Mensch –" [HF, 127]). Darauf lässt der Techniker seine Arbeit und sein Fliegen ruhen und beschließt, „ein bißchen auszusetzen, ein bißchen Ferien zu machen, frühlingshalber [...] eine kleine Reise" (HF, 127).

5.3. Die erträumte Reise

Entspricht die Thematisierung der realen Reise in >Homo faber< einer in diesem Bericht ausführlich vorgestellten spezifischen Lebensweise, stimmt Walter Fabers ausgeprägter Sinn für Vordergründiges und ubertriebene Sachlichkeit mit der Natur der in seinen lapidaren Aufzeichnungen nüchtern besprochenen Reisen überein, so geht die Darstellung des Reisemotivs in >Stiller< und >Mein Name sei Gantenbein< über diesen Rahmen hinaus. Dies liegt sowohl in der unterschiedlichen dichterischen Motivation der jeweiligen Hauptgestalten als auch in der Grundaussage, die diese drei Werke jeweils zur Sprache bringen, begründet.

Während Stiller und Gantenbein sich selbst und ihre Umwelt anders sehen wollen, aus ihrer vertrauten Umgebung real oder in der Vorstellung ausbrechen, sich nach Weite sehnen und um der Selbstentfaltung willen reisen, betrachtet der Techniker Faber sein von ständigem Ortswechsel bestimmtes Dasein als die ihm adäquate Lebensweise. Da das Reisen zu seinem Alltag gehört, stellt es nichts Ungewöznhliches dar. Zwar sucht auch Faber das Alleinsein, wahrt eine Distanz zu den Menschen und zum gesellschaftlichen Leben schlechthin, aber dies geschieht nur deshalb, weil er in seiner Ingenieur-Tätigkeit eine scheinbare Selbstbestätigung erfährt. Er gibt sich

---

[182] Die Reduzierung des Namens des Lehrers auf das Initial „O." kann als eine Anspielung auf König Ödipus interpretiert werden. Vgl. ferner die Ausführungen über den blinden Armin. S, 228 ff.

mit seiner Umwelt nicht ab, aber er ist nicht bestrebt, die starre Wirklichkeit, in der er gänzlich aufgeht, gegen eine andere einzutauschen. Da Faber jede Art Sehnsucht als sinnlose Träumerei und sentimentale Romantik abtut, stellt sein Reisen, ob realen oder erdachten Charakters, keineswegs ein Moment dichterisch motivierter Flucht dar. Dazu mangelt es ihm an jener entsprechenden inneren Disposition, die Stillers und Gantenbeins Suche nach *anderen* Horizonten zugrunde liegt.

5.3.1. Poetik der Fremde in >Stiller<

„Hirngespinste! Ich soll mein Leben erzählen, und wenn ich versuche, mich verständlich zu machen, sagen sie: Hirngespinste!" (St, 60), notiert Stiller in seinen Aufzeichnungen. Mit diesen Worten unterstreicht er das Auseinanderklaffen von subjektiver und objektiver Wirklichkeit. Er bezieht sich hier auf die Diskrepanz zwischen den ihm gegebenen Mitteln der (Selbst-)Verständigung und der Konvention herkömmlicher Kommunikationsmodi. Dabei dreht es sich nicht nur um einen Umstand sprachlicher Natur, es handelt sich auch um die Darlegung unterschiedlicher inhaltlicher Positionen und Sichtweisen.

Um die Unvereinbarkeit zwischen der inneren Welt, in der der Hauptprotagonist lebt, und dem Bestehenden zu veranschaulichen, bedient sich der Roman >Stiller<, neben der Darstellung der real stattfindenden Reise, mehrfach der poetischen Möglichkeiten der erträumten. Diese Form gedanklichen Ausbruchs illustriert Stillers Situation, entweder indem der Gefangene von sich selbst und von seinem Leben in der Fremde, „was nicht mehr mit Fotos zu belegen ist" (St, 61), berichtet, oder indem er Geschichten bzw. Märchen erzählt, mit deren Hauptgestalten er sich durchaus identifiziert. Diese Geschichten fungieren als Kontrast zur Welt Bohnenblusts, seines Pflichtverteidigers, und Konobels, des Gefängniswärters. Sie geben dem Berichtenden die Möglichkeit, die räumlichen und zeitlichen Kategorien für Augenblicke aufzuheben, seine Problematik mittels Bildhaftigkeit und Phantasie zu erhellen und somit seine Flucht aus dem Vertrauten zu betonen.

Eine der Episoden, die Stiller seinem gutgläubigen und „wie ein Zeitungsleser [...] auf die täglichen Fortsetzungen meiner Lebengeschichte" (St, 125) wartenden Wärter erzählt, setzt mit folgendem Wortlaut ein:

> „Das war in Texas", sage ich, „wie ich noch als Cowboy arbeitete."
> „Cowboy waren Sie auch einmal?"
> „Warum nicht?"
> „Tonnerwetter" (St, 157).

Erwartet der Leser hier eine jener spannenden Geschichten, die Stiller Knobel gewöhnlich auftischt, so sieht er sich an deren Ende – wie der Wärter selbst („Knobel starrt mich nur an" [St, 171]; „Knobel scheint etwas verwirrt zu sein" [St, 172].) – enttäuscht. Der nicht alltägliche Ritt, mit dem die Episode einsetzt, ist schon ein deutlicher Hinweis auf die Eigentümlichkeit des Erzählten: „Ich ritt sozusagen in Gedanken (welcher Art diese Gedanken gewesen sind, interessiert meinen Zuhörer nicht) und ohne ein bestimmtes Ziel" (St, 157). Diesmal erzählt Stiller seinem Wärter von einer seltsamen Grotte, die er in der Wüste entdeckt haben will, und von einem Kampf in dieser Grotte zwischen zwei Freunden (beide heißen Jim). Am Ende sei nur der „Stärkere" (St, 171), James Larkin (Jim) White, aus der Kaverne gestiegen. Nachdem er bereits von dem ‚Mord' an seiner Frau[183], dem

---

[183] Vgl. hierzu die entsprechende Textstelle im Roman, in der Stiller zum ersten Mal seinen ‚Mord' erwähnt und die Gründe, die er dafür anführt. S. 32 f. Es handelt sich an dieser Stelle zweifellos um die Veranschaulichung einer entfremdeten Haltung des ausgestoßenen Menschen, die der Geburt seines geistigen Ich feiert. Es dreht sich aber gleichzeitig um den Ausdruck einer Kommunikationskrise, deren Enstehung dem Auseinanderklaffen zweier Wirklichkeiten entspringt. Das z.B. in >Stiller< sich einstellende Missverständnis zwischen dem Inhaftierten und seinen ‚Gesprächspartnern', vor allem seinem Anwalt Bohnenblust gegenüber, weist eine frappierende Ähnlichkeit mit der Kommunikationslosigkeit jener Gerichtsverhandlung in Hans Erich Nossacks Erzählung >Unmögliche Beweisaufnahme< auf. Im Laufe dieser Gerichtsverhandlung ringen Gericht und Angeklagter vergebens um die Klärung des Begriffs des „Nicht-Versicherbaren". Vgl. Hans Erich Nossack, Spirale, F.a.M. 1972, S. 91-250, (st. 50.). Vgl. ferner Stillers Bericht über seinen Aufenthalt in Oakland und über sein Leben mit der Katze „Little Grey" in der Schindelhütte. Diese Sequenz gibt sein Verhältnis zu seiner Frau gleichnishaft wieder. S. 60 ff. Gegen Ende seiner Aufzeichnun-

an dem Haaröl-Gangster und dem an Joe (dem Mann der Mulattin Florence) erzählt hat, schildert er nun am Beispiel der Höhlen-Episode den Sieg der *neu* gewonnenen Seite seiner Identität über das alte und verwünschte Bild seines Ich (der vierte ‚Mord'). Kennzeichnend für die dargestellte Grotte-Passage ist, dass sie das ‚Geschehen' nicht nur in weite Ferne verlegt, sie illustriert gleichzeitig die innere Verfassung des sprechenden Subjekts, das die Expedition in die unbekannten Regionen seines Selbst antritt. Erneut taucht das Bild dessen, der sich im Labyrinth seines Ich verläuft:

> Beklommen von jedem Hall meiner rutschenden Schritte, der mich hören ließ, wie geräumig sie war, diese Finsternis im Innern der Erde, wie löcherig nach immer weiteren Geheimnissen, die noch kein Mensch betreten hat [...] Hinter mir, kaum von meiner kleinen Laterne verlassen, fiel alles wieder in Finsternis, wie nie gewesen, und es war der Finsternis nicht anzusehen, ob Finsternis des Gesteins oder Finsternis der Leere (St, 161).

Mit dem Abstieg ins Unterirdische, in den „Hades, wie Orpheus ihn betreten hat" (St, 164), beginnt für den nach sich selbst Suchenden das Erkunden jenes von Hans Erich Nossack, in Anlehnung an Georg Büchner, genannten „Gebiet in uns", das „um ein Unendliches größer [ist] als die erforschte und erforschbare Welt"[184]. Immer wieder erwähnt Stiller die Gefahr, die eine solche Unternehmung begleitet: „Atemlos vor Schreck, so klafft es vor meinen Füßen, wagte ich mich nicht zu rühren; ganz einfach: der Schein meiner Laterne fiel auf keinen Boden mehr [...] Jeder Schritt, schien mir, bedeutete Sturz in den Tod" (St, 160). Auch hier glaubt er Sinnbilder des wirklichen Lebens, Zeichen zu erkennen, die den Konflikt der Geschlechter und das Eheproblem widerspiegeln:

> Alles kann man hier sehen, es fehlt nicht an Monumenten des Phallus, die ins Riesenhafte ragen, reihenweise, dazwischen geht man auf Blumenkohl,

---

gen teilt Stiller dem Leser mit: „Einer der Träume: – Im Augenblick, da ich ‚Little Grey' erwürge, weiß ich, daß es gar nicht die Katze ist, sondern Julika, die lacht, ein Lachen, wie ich es nie an ihr gekannt habe". S. 380.
[184] Hans Erich Nossack, Spirale, a.a.O., S. 60.

hält sich an zierlichen Hälsen[185] [...] alles ist hier versammelt wie in einem unterirdischen Arsenal der Metaphern (St, 165).

In dieser „gottverlassenen Finsternis" (St, 168) beginnt der langsame, aber entschieden geführte Kampf beider, von Misstrauen erfüllter Freunde. Während der eine ‚Jim', der neu entstandenen Lage entsprechend, sich nur noch nach dem Herkömmlichen sehnt, hofft der andere darauf, abseits des Vertrauten, das Dasein eines Gescheiterten, wie es Jürg Reinhart in der Rolle des Gärtners Anton am Ende des Romans >Die Schwierigen< noch erlebt, zu führen:

> So, ich weiß nicht wie viele Stunden lang, hielten wir einander in Schach, plaudernd über unsere Pläne da oben auf der grünen Erde; Jim lockte die Stadt, vor allem Neuyork und die Weiber, die er in unserer Ranch so lange vermißt hatte, und mich lockte (in jenen Stunden) das Leben eines Gärtners, wenn möglich in einer fruchtbaren Gegend (St, 168).

Endet die Geschichte der Erforschung der Höhle und des Kampfes beider Männer mit dem Verstummen des Schwächeren, d.h. der biologischen Seite des eigenen Ich, so erhält diese Reise in die entlegenste Tiefe des Selbst lediglich die Funktion eines Wunschbildes, eines Traumes von einem Leben jenseits des Wirklichen. Dadurch unterscheidet sich diese Episode in keinster Weise von Stillers Aufzeichnungen selbst, die, bis zu ihrem Ausklingen, verbissen versuchen, das eigentliche Ich durch immerwährendes Entwerfen neuer Bilder von ihm zu übertrumpfen.

Die eigene Biographie anders zu erleben erweist sich letzten Endes als reine Einbildung; und die gegen Ende dieses Protokolls des Ringens mit sich selbst erreichte Selbstannahme steht in Widerspruch zur dichterischen Tragweite der zahlreichen erzählten Geschichten. Sie lässt sie, erwartungsgemäß, als bloße Träume vom Unbekannten erscheinen:

> Ich hatte die bestimmte Empfindung, jetzt erst geboren zu sein, und fühlte mich mit einer Unbedingtheit, die auch das Lächerliche nicht zu fürchten hat, bereit, niemand anders zu sein als der Mensch, als der ich eben geboren

---

[185] Mehrfach benutzt Stiller die Adjektive „zierlich", „zart" und „grazil", wenn er von seiner Frau oder von der Katze „Little Grey" redet. Vgl. S. 338, 339 und 341.

worden bin, und kein anderes Leben zu suchen als dieses, das ich nicht von mir werfen kann (St, 381).

Charakteristisch für Stillers inneres Leben ist die Geschichte, die er bald seiner Frau (wenn sie ihn im Gefängnis besuchen kommt) erzählen will. Die Episode von Isidor, dem Apotheker, nennt er – im Gegensatz zu den anderen Sequenzen – gleich am Anfang eine „wahre Geschichte" (St, 41)[186]. Zwar hat Stiller deren Begebenheiten nicht erlebt, aber sie rekurriert auf eigene Erlebnisse insofern, als sie auf die plötzliche innere Wandlung des Menschen und auf seinen Traum von einem Aufbruch ohne Wiederkehr eingeht. An dieser Geschichte zeigt sich vor allem die Unvereinbarkeit zwischen vertrauter Wirklichkeit und erdachter Möglichkeit individueller Existenz. An ihr wird auch der Wunsch, den Kontakt mit dem Vertrauten endgültig abzubrechen – wie es Isidor gelungen ist –, deutlich.

Isidor, der es nicht leiden kann, immer gefragt zu werden, wo er gewesen sei, beschließt, nach neun Jahren Ehe, „wie es damals gerade Mode war" (St, 41), eine Reise mit seiner Frau nach Mallorca zu unternehmen. Bereits die Schilderungen vor dem Beginn dieser Reise, die Isidor nie antreten wird, bringen alltägliche und vertraute Erscheinungen als Gegensatz zur eigentlichen, wenn auch anfangs nicht beabsichtigten Reise des Apothekers ins Unbekannte zum Ausdruck: „Das schöne Avignon entzückte sie beide; sie gingen Arm in Arm [...] Das Mittelmeer leuchtete wie auf einem Plakat" (St, 41). An Stiller und seine Überfahrt von Genua nach Amerika erinnernd,

> nach Männerart ein wenig geschlendert [...] fand sich Isidor [...] nicht an der Seite seiner Gattin, sondern auf einem ziemlich dreckigen Frachter, der, übervoll beladen mit lauter Männern in gelber Uniform [...] Isidor sah nur noch, wie die Mole sich entfernte (St, 42).

Nach einem siebenjährigen Aufenthalt in Afrika und Indochina, den er bei der Fremdenlegion zubringt, kehrt Isidor, der während dieser Zeit seine Frau, seine Kinder und seine Apotheke, „wie andere ihre kriminelle Vergangenheit", vergessen hat, heim. An dieser Stelle lässt

---

[186] Vgl. >Mein Name sei Gantenbein<. S. 106. Hier erzählt Gantenbein Camilla, seine Frau habe ein Verhältnis mit einem anderen Mann. Als Camilla ihn fragt, ob er sicher sei, antwortet er: „'Ich kann es mir nur vorstellen'". Und der Icherzähler fügt hinzu: „Das ist das Wahre an der Geschichte".

der Text Isidor an einem „Sonntagmorgen" zum „Geburtstag seiner Gattin" in ungewohnter Kleidung erscheinen; „selbstverständlich trug er auch einen Gürtel mit Revolver" (St, 42). Weiters, und anhand der Darstellung zweier gegensätzlicher Lebensauffassungen, versucht der Text, die Kluft zwischen vertrauter Umgebung und Erfahrung mit der Fremde, dem Unbekannten, zu beleuchten:

> Die Gattin saß sprachlos unter einem neuen Sonnenschirm. Auch den köstlichen Morgenrock, den sie trug, hatte Isidor noch nie gesehen [...] Die Kinder waren selig, mit dem Tropenhelm spielen zu dürfen [...], und als der frische Kaffee kam, war es eine vollendete Idylle, Sonntagmorgen mit Glockenläuten und Geburtstagstorte (St, 43).

Der gespannten *Erwartung* des Lesers, es müsse etwas geschehen, wird auch entsprochen: Als die Frau über das Geheimnis ihres Mannes sich Klarheit verschaffen will und nach dem Ort, wo er gewesen sei, sich erkundigt, „war es für Isidor genug der trauten Heimkehr" (St, 44). Er feuert drei Schüsse „mitten in die weiche, bisher noch unberührte und mit Zuckerschaum verzierte Torte" (St, 44) und verlässt das Haus. Dieser wiederum symbolisch begangene *Mord am Herkömmlichen* – die Torte steht zweifelsohne für das Vertraute und Entfremdende – wiederholt sich bei der zweiten Rückkehr aus der Fremde nach einem weiteren Jahr nicht. Isidor handelt diesmal dort, wo Stiller von einem Dasein in der Fremde nur träumen kann. Gegen Ende der Geschichte, als seine Frau ihm die übliche Frage stellt, heißt es:

> Isidor erhob sich nur, krempelte Hemdärmel wieder herauf und ging durchs Gartentor, um nie wiederzukommen [...] Eine Antwort, wo Papi sich mit dem Rest seines Erdenlebens herumtrieb, kam nie (St, 44 f).

Die dichterische Aussage der Isidor-Episode steht somit in einem widersprüchlichen Verhältnis zu Stillers Haltung. Zwar teilt Stiller mit Isidor das Wissen um die Fremde, aber es gelingt ihm nicht, sich von seiner Vergangenheit und von der Gegenwart zu trennen. Die ihm imponierende Beharrlichkeit des Fremdenlegionärs, nicht in Gedanken zu morden, sondern *schweigend* wegzugehen, um nie wieder zurückzukommen, bleibt bei Stiller ein ersehnter Wunsch. Gerade sein Versuch, die Umwelt *sprechend* von seiner ‚neuen' Identität überzeugen zu wollen, führt am Ende zum Scheitern und zur Resignation:

„‚Ich kenne mich doch langsam. Ich bin schwach'" (St, 429). Das Sich-in-der-Fremde-Befinden ist in erster Linie ein innerer Zustand, eine intime Beziehung zum Unbekannten, die der Mitteilung und der sprachlichen Exposition nicht bedarf. Stillers Expedition ins *Außerhalb* scheitert auch an den Möglichkeiten ihrer sprachlichen Erläuterung. Er selbst kommt dieser wichtigen Erkenntnis nahe, wenn er, die Frage nach dem Leser seiner Aufzeichnungen stellend, sagt:

> Schreiben ist nicht Kommunikation mit Lesern, auch nicht Kommunikation mit sich selbst, sondern Kommunikation mit dem Unaussprechlichen [...] Wir haben die Sprache, um stumm zu werden. Wer schweigt, ist nicht stumm. Wer schweigt, hat nicht einmal eine Ahnung, wer er nicht ist (St, 330 f.).

5.3.2. Die Reise und die unverbindliche Geschichte in >Mein Name sei Gantenbein<

Mit dem Wechsel von der Darstellung des Menschen zur ausschließlichen Darlegung seiner Vorstellungswelt, mit der Verlagerung der gelegentlich erträumten Episode auf die erdachte Geschichte als Mittelpunkt des Erzählten, verwandelt sich die epische Veranschaulichung des Lebens in >Mein Name sei Gantenbein< in eine Ausbreitung erzählerisch-spielerischer Möglichkeiten, die das Beliebige des Lebens lediglich aus dem Blickwinkel des Offenen und Zufälligen nachzeichnen. Die gegebene Opposition von Ich und Welt, wie sie Frischs Romane, vor allem >Stiller<, aufweisen, tritt in >Mein Name sei Gantenbein< in den Hintergrund. An ihre Stelle setzen der Rollentausch und das Spiel der Eventualitäten ein, welche den thematischen Darstellungsvollzug beträchtlich einschränken. Unter solchen Erzählvoraussetzungen verwischen sich jegliche Orientierungsstützen, da bei ununterbrochenem Wandel der Darlegungsperspektiven, Vermehrung der (Spiel-)Figuren und totaler Aufhebung des Realen, die räumlichen Dimensionen nur als *erträumt* zu gelten haben. Dennoch lassen sich in den aufeinanderfolgenden Geschichten – trotz ihres bewusst erdachten Charakters – jeweils bestimmte dichterische Anhaltspunkte herauskristallisieren, an deren Darstellungsweise die innere Disposition des sprechenden Ich erläutert werden kann. Eines dieser poetischen Momente, deren Thematisierung die Grundaussage des Romans (sich selbst und die Welt als eine sich stets erneuernde Geschichte zu erleben) widerspiegelt, stellt das Reisemotiv dar. Doch ein Auseinanderhalten von real stattfindendem und erträumtem Reisen, wie es in den anderen Texten Frischs der Fall ist, kommt hier, angesichts des gänzlich imaginierten Charakters des Erzählten, nicht in Frage.

Bereits die erste Geschichte des Romans stellt den Icherzähler in der Fremde vor, einem „Mann meines Alters" (G, 8.) auf der Spur. Am Anfang der Episode ist die Stadt, in der die Verfolgung stattfindet und die nicht näher genannt wird, Paris. Danach ist die Rede von New York: „Ich hatte eben meinen Rückflug gebucht und war eigentlich im Begriff, die verbleibenden Stunden vielleicht im Central Park zu verbummeln" (G, 10). Gleichzeitig entpuppen sich diese Ortsangaben als unverbindlich insofern, als gewisse, vorher erwähnte Einzelheiten die Verfolgung als ein Vorstellungsprodukt des Icherzählers erkennen lassen: Als erstes meldet der Text den Tod eines Unbekannten infolge eines Autounfalls in einer nicht näher gekennzeichneten Stadt:

> Ich stelle mir vor:
> So könnte das Ende von Enderlin sein.
> Oder von Gantenbein?
> Eher von Enderlin.
> Ja, sage ich auch, ich habe ihn gekannt. Was heißt das! Ich habe ihn mir vorgestellt [...] (G, 8).

Das anfangs nur nebenbei erwähnte Warten „auf jemand" (G, 8) in der Bar einer fremden Stadt wird in einer anderen Geschichte, der im Roman eine zentrale Bedeutung zukommt, ausführlicher dargelegt. Hier (ebenfalls in einer Bar) lernt Enderlin Svobodas Frau kennen. Sie kommt ins Lokal, um ihren Mann, der zu einer Verabredung nicht kommen kann, zu entschuldigen. Sie teilt dem Wartenden mit, Svoboda sei verreist und halte sich in London auf. Mit dieser Begegnung knüpft das Erzählte an die Kernsituation des Romans an: Ein Mann liebt eine Frau, die ihn wegen seiner Eifersucht verlassen hat. Da es diesem Subjekt nicht möglich ist, seine Erfahrung getreu und in der oben angedeuteten Schlichtheit mitzuteilen, versucht er, sie in Form von *erdachten* Geschichten darzustellen. Damit beginnt ebenfalls die Beziehung zwischen Enderlin, dem „fremden Herrn" (G, 57), und der zunächst unbekannten „Dame" (G, 55), die später Lila heißen wird, die in verschiedenen *Rollen* auftritt, ohne dass ihre Empfindungen und Gedanken näher erläutert werden.

Von Bedeutung in dieser Bar-Episode ist die offenkundige Rivalität, die sich aus dem jeweiligen Verhalten des Icherzählers und Enderlins, dieser doppelpoligen Identität, schließen lässt. Während der Ich-Erzähler – er weist die Züge des *verreisten* Svoboda auf – sich wundert, als die Frau von fremden Ländern zu sprechen beginnt („Ich weiß nicht warum, [sie] von Peru redet." [G, 56]), heißt es über Enderlin, den „fremden Herrn": „Peru, sagt er, sei das Land seiner Hoffnung!" (G, 57). Was es mit dem unvermittelten Erwähnen Perus auf sich hat, kann hier zunächst nicht endgültig erschlossen werden. Doch angesichts der offensichtlichen Spaltung des Sprechenden in hoffendes und resignierendes Ich wird ersichtlich, dass der Icherzähler, auf dem Hintergrund dieser Dualität, einerseits die Geschichte *seiner* Liebe zu seiner Frau sich neu vorzustellen versucht, andererseits die Geschichte seiner enttäuschenden Erfahrung mit ihr sich vergegenwärtigt. Mit „Peru" verbindet Enderlin die Hoffnung auf eine Erneuerung dieser Liebe, die Sehnsucht nach Erfüllung und Glücklichsein. Für den Icherzähler, der Enderlins Verhalten gegenüber kein Verständnis zeigt und sich für das ‚Entgleisen' des „fremden Herrn" schämt, besteht diese Hoffnung nicht bzw. nicht mehr:

> Während ich es schon Quatsch finde, was er da sagt, hört sie großäugig zu, es gefällt ihr, scheint es, und man plaudert also von Peru, das ich nicht kenne (G, 57).

Als verlassener Ehemann, der die Erfahrung mit dem Eheglück bereits hinter sich hat („Sie hat Peru mit ihrem Gatten bereist" [G, 57].) und diese Erfahrung lediglich in der Vorstellung, durch die Ich-Projektion ‚Enderlin', wiederholt durchmacht, ist die sprechende Instanz im Roman gleichzeitig das liebende (Gantenbein – Enderlin), das sich abwendende (Icherzähler – Enderlin) und das eifersüchtige (Gantenbein – Svoboda) Ich.

Dass die mit der Liebe gemachte Erfahrung für den Icherzähler nur noch als schwache Erinnerung weiterlebt, dass sie bei ihm keine Hoffnung mehr weckt, ist einer weiteren Stelle zu entnehmen, an der ein deutlicher Zusammenhang zwischen Empfindung und Fremde hergestellt wird:

> Er hätte es nicht für möglich gehalten, genauer gesagt: er dachte gar nicht daran, und als er fühlte, daß seine Hand, die er in der Rocktasche zu haben meinte, über ihre Stirne strich, war er verblüffter als sie. Sie tat, als spürte sie es nicht [...] Sie tat, als nähme sie es als eine Umgangsform von ihm, und man betrachtete also die mürbe Straßenkarte von Peru, die ich als Andenken aufbewahrt hatte seit Jahren [...] Sie nahm an, daß er wirklich nach Peru wollte. Er lächelte, Peru! Das wurde der Name, den er in der Umarmung als einzigen aussprach; aber das wußte er noch nicht, als er lächelte [...] (G, 67 f.).

Hat der Icherzähler andernorts versichert, er habe mit „Peru" nichts zu tun, hat er lediglich Svoboda, der verreist sein soll, im Zusammenhang mit der Reise nach Peru erwähnt, so spricht er nun merkwürdigerweise von sich selbst als von demjenigen, der Peru bereist hat („ich"), also auch von Svoboda, denn dieser „wüßte über Peru viel genauere Auskunft zu geben" (G, 68). Jedenfalls verbinden Icherzähler, Enderlin und Svoboda mit der Chiffre „Peru" eine Zeit vergangenen, herkömmlichen Glücks. Für den Icherzähler und Svoboda ist allerdings von dieser Zeit nichts übrig geblieben.

Immer wieder – wie in der Verfolgungsszene des Anfangs – spricht der Icherzähler seinen Wunsch aus, die fremde Stadt, in der er sich langweilt und einsam fühlt, zu verlassen, und immer wieder kommt kein Aufbruch zustande. Verwirrend bei der ausführlich dargestellten Abreise-Szene ist nicht nur der permanente Austausch der *Spielfiguren*, sondern auch das Ausbleiben jeglicher Handlung bzw. Veränderung der Ausgangspositon. Glaubt der Leser dem Icherzähler seine Eile und seine wiederholten Beteuerungen, abzufliegen („Ich muß zum Flugplatz, Herrgottnochmal, es ist höchste Zeit" [G, 110]), so erfährt er ein paar Zeilen weiter, dass derjenige, der nun zum Flugplatz fährt, Enderlin ist, dem es schwer fällt, sich von der fremden Stadt und von der ‚unbekannten Dame' zu trennen: „Immer wieder, ich weiß es ja schon und doch erschrecke ich reglos, bin ich Enderlin" (G, 110). Während eine Textstelle versichert: „Enderlin möchte fliegen. Je rascher, um so lieber [...] Sein Gepäck ist aufgegeben, und so bin ich frei und ledig [...]" (G, 111), sorgt eine weitere für die nächste Verwirrung („Enderlin ist nervös, ich bin nur gelangweilt [...] Ich achte darauf, daß ich seine Mappe nicht vergesse" [G, 111]), bevor das ununterbrochen beliebige Spiel fortfährt:

> Noch hat er die Wahl.
> Ich bin für Fliegen [...]
> Ich kann mir beides vorstellen:
> Enderlin fliegt.
> Enderlin bleibt [...]
> Also Enderlin bleibt.
> Ich nicht ... [...]
> Einer wird fliegen –
> Einer wird bleiben –
> Einerlei:
> Der nämlich bleibt, stellt sich vor, er wäre geflogen, und der nämlich fliegt, stellt sich vor, er wäre geblieben, und was er wirklich erlebt, so oder so, ist der Riß, der durch seine Person geht, der Riß zwischen mir und ihm, wie ich's auch immer mache (G, 117 f.).

Reist am Ende der Icherzähler ab, so lässt er Enderlin seine Rolle übernehmen, zu seiner Erfahrung zurückkehren, um daraus den Stoff für weitere Geschichten zu schöpfen: „Unversehens hängt alles ineinander, und die Zukunft entpuppt sich als Vergangenheit" (G, 116). Und: „Enderlin weiß nicht, wozu er eigentlich zu dieser Frau fährt, die plötzlich keine Gegenwart mehr hat" (G, 118). Er kehrt in die fremde Stadt zurück, als Enderlin und Icherzähler zugleich. Der nächste Entschluss zum Verreisen ist somit in der darauffolgenden Geschichte vorprogrammiert.

Das, was in >Mein Name sei Gantenbein< zählt, ist nicht, dass abgereist wird oder nicht. Wichtig ist, dass das dargestellte Reisen der Grundintention des Erzählens im Roman entspricht: Nicht in erster Linie ein poetisches Motiv zu sein, an dem eine tiefergehende Problematik veranschaulicht wird, das eine innere Disposition aufzeigt, sondern ein bloßes Requisit, das das Spiel der Möglichkeiten mitträgt. Hier wird kein *Leben* erzählt, es werden keine *Erlebnisse* geschildert, und die ursprüngliche Erfahrung bleibt hinter der beliebig erzählbaren und fortschreitenden Geschichte zurück. Es handelt sich dabei um die stets kreisenden und ununterbrochen das gleiche Schema reproduzierenden Gedanken; sie gleichen jenen Möven, die Gantenbein während der Überfahrt von Neapel nach New York beobachtet:

> Meine Gedanken wie Möven hinter einem fahrenden Schiff, sie folgen und folgen, plötzlich kurven sie ab und hinaus aufs offene Meer, kommen aber wieder, fliegen voraus, immer dieselben, bleiben zurück wie meine Gedan-

ken hinter der Geschichte, die unablässig unter Volldampf weiterfährt (G, 258).

5.3.3. Die suggestive Reise in >Stiller<

> Ich sitze in meiner Zelle, Blick gegen die Mauer, und sehe Mexiko, die schwimmenden Gärten von Mexiko, Gondeln auf bräunlichem Gewässer mit blinkenden Spiegelungen der Bläue, Gondeln, die fast lautlos gleiten, alle mit frischen Blumen verziert, ein Korso auf Kanälen, ringsum die Gärten voll ewigem Frühling, Arkadien, aber indianisch (St, 27 f.).

Mit diesem Zitat knüpfen wir an das anfangs, bei der Vorstellung des Romans >Stiller<, angeschnittene Gefangenschaftsmotiv an. Aus dem Kontrast, der an dieser Textstelle aus der Gegenüberstellung von augenblicklicher Erzählsituation und Rückblende entsteht, ergibt sich nicht nur eine formale Dissonanz zwischen Gegenwart und erinnerter Vergangenheit; daraus setzt sich auch der poetische Gehalt eines inneren Vorgangs zusammen, der die Enfremdung des Sprechenden reflektiert. Die Darstellung dieser erdachten Reise in die entlegensten Gegenden hat mehr als eine den erlebten Augenblick aufhebende Funktion. Das Einblenden solcher Bilder dient nicht ausschließlich der bloßen Erhellung zweier verschiedener Bewusstseinsebenen; in ihm wiederholt sich der Versuch, hinter die Wirklichkeit zu kommen und die eigene Existenz in ihr verständlich zu machen. Auffallend ist hier der Reichtum der Sprache an dichterischen Motiven, die die Fremde illustrieren und die Sehnsucht nach ihr steigern. Um die Aufhebung des bedrückenden Augenblicks, zumindest in Gedanken, zu bewirken, da wo das offene Meer und der freie Himmel nicht explizit erwähnt werden, bevorzugt der Text die „blinkenden Spiegelungen der Bläue" (St, 27 f.), „die Farbe des Geistes, der Sehnsucht, der Himmel, der Weite und alles Unerreichbaren" (Schw, 79).

Mitten im Erzählen seiner vielen Erlebnisse in der Fremde versteht sich Stiller nebenbei darauf, das Fremdländische als Gegensatz zum Heimatlichen hervorzuheben. Daraus wird eine Entlarvung der Welt, aus der er ausbricht und mit der er sich nicht mehr verständigen kann, erzielt. An einer Stelle erzählt der Inhaftierte seinem nach ‚Geschichten' verlangenden Wärter einen weiteren Mord, den er im

Dschungel begangen haben will. Bemerkenswert an dieser Geschichte ist in erster Linie ihre Form als Erzähl*weise*, die den *eigentlichen* Sachverhalt unmittelbar reflektiert:

„Sie sind im Dschungel gewesen, Mister White?"
„Das will ich meinen."
„Tonnerwetter!' sagt er, ‚Tonnerwetter!"
„Sie wissen, was Dschungel ist?"
„Nur so aus Kulturfilmen, Mister White."
„Genau so" [...] „ich wußte doch, daß dieser Schmitz sich in Jamaika umhertreibt, monatelang trug ich den Dolch in meinem linken Stiefel."
„Wer ist Schmitz?"
„Direktor Schmitz!" sage ich.
„Kenne ich nicht."
„Der Haaröl-Gangster!" sage ich, „so ein Millionär, wissen Sie, dem in einem ordentlichen Rechtsstaat nicht beizukommen ist."
„Und den haben Sie mit einem Dolch – ?"
„Klar."
„Tonnerwetter!" sagt er.
„Mit einem indianischen" St, 25).

An diesem scheinbaren Dialog, der nichts Kommunikatives in sich birgt, werden zwei verschiedene Welten miteinander konfrontiert. Die Welt des Wärters (der als einziger im Roman Stiller mit „Mister White" anredet) spiegelt die unfreie und beschränkte Wissens- und Erfahrungssphäre derer wider, die sich kritiklos dem Bestehenden hingeben. Bemerkbar wird die zweite Ebene vor allem dadurch, dass sie, mittels bewusster Übertreibung des Erzählt-Erfundenen, eine ironische Distanz zum Allgemein-Gültigen gleichzeitig herstellt und aufrechterhält.

In >Stiller< verfährt Max Frisch bei der Darstellung der erdrückenden, unwirklichen Realität nicht wie wir es bisher bei Koeppen und Andersch haben beobachten können. Während letztere ihren Figuren noch die Möglichkeit geben, sich in Raum und Zeit zu bewegen, sie die Entfremdung ihrer Umgebung an konkreten Beschreibungen bzw. Empfindungen unmittelbar spüren lassen, geht Max Frisch von der Situation dessen aus, der sich der Außenwelt vollends entsagt, um ihre Unzulänglichkeit und ihre Enge auf der Ebene auseinandergehender Bewusstseinsstufen zu verdeutlichen. Nicht das Wirkliche selbst in seiner übergreifenden, dem Ich sich offenbarenden Seite (z.B. die Stadt) bildet in >Stiller< die Mitte der Reflexion, sondern das symbolhaft bezeichnende Detail, das die topographische Beschränktheit sowie die geistige Enge der Heimat sichtbar macht. Einzelheiten aus der oben angeführten Textstelle wie „Dschungel", „Nur so aus Kulturfilmen, Mister White.", „Jamaika", „Haaröl-Gangster", „in einem ordentlichen Rechtsstaat", „Dolch" und „mit einem indianischen" spiegeln sowohl die totale Unterwerfung des einzelnen den Gesetzen des Gegebenen als auch die Unwirklichkeit dieser sensationell-*märchenhaften* Welt wider. Sogar Begriffe wie „Jamaika", „Dschungel" und „indianisch", mit denen sonst Freiheit und Sehnsucht nach Weite verbunden werden, verlieren im eingeengten Horizont der Heimat ihre ursprüngliche poetische Konnotation und werden zu bloßen Schlagwörtern beschränkter Sicht.

Vergleicht man die dichterische Funktion der Bezeichnung „indianisch" im zitierten ‚Dialog' mit derselben an anderer, bereits oben angeführter Stelle („aber indianisch" [St, 28.])[187], so wird die Diskrepanz zwischen zwei verschiedenen Welten sichtbar. Während die erste adjektivische Form den Repräsentationscharakter einer die Autonomie des Subjekts zerstörenden Existenzweise offenkundig wiedergibt, bedeutet die zweite die Erschließung neuer eigener Möglichkeiten des inneren Ausbruchs. Dabei verkörpern beide Nuancen zwei entgegengesetzte Pole der eigenen Ich-Struktur (Stiller – White). Der eine Pol des Ich ist in seiner bürgerlichen Rolle tief verankert und bekennt sich zum Vertrauten, der andere ist fremd und zieht die Weite und Einsamkeit entlegener Gegenden vor.

In einer Tagebucheintragung vom 5. Januar 1912 beschreibt Franz Kafka das Gefühl, „wie man es durchdringender durch die entferntesten Reisen nicht erreichen könnte", das ihn auf einem Familienabend überkommt. Er spricht von einem Erlebnis, das „man wegen seiner für Europa äußersten Einsamkeit nur russisch nennen kann"[188]. Unmittelbar im Anschluss daran heißt es über dieses Erlebnis: „Verstärkt wird es noch, wenn man zu dieser späten Abendzeit einen Freund ersucht, um nachzusehen, wie es ihm geht"[189]. Dieser Freund,

---

[187] Vgl. >Stiller<, S. 27 f.
[188] Franz Kafka, Tagebücher 1910-1923, F.a.M. 1976, S. 146, (Fischer-Tb. 1346.).
[189] Ebd.

der als Wegbereiter und Modell für das eigene Selbst fungiert, ist in Kafkas 1913 geschriebener Erzählung >Das Urteil< wieder zu finden. Auch hier hat sich der Freund in die äußerste Einsamkeit Russlands begeben und sich von der Familie und der Heimat für immer losgesagt:

> Er [Georg Bendemann] dachte darüber nach, wie dieser Freund, mit seinem Fortkommen zu Hause unzufrieden, vor Jahren schon nach Rußland sich förmlich geflüchtet hatte[190].

In beiden Fällen bedeutet der ‚russische' Aspekt ein Leben in totaler Abgeschiedenheit und Kommunikationslosigkeit, voller Öde und Kälte.

5.4. Unterwegs

Weder das Unbehagen an der Schweiz, der eigenen Nation, noch die Ehe als eine institutionalisierte Form der Haft, auch nicht die Gesellschaft als eine sitens des poetischen Subjekts erlebte und empfundene Öde, bilden für sich ein jeweils selbständiges Thema, dem Repräsentatives in Frischs erzählerischem Œuvre zufallen könnte. Ebenfalls die vor allem in den Romanen >Stiller< und >Mein Name sei Gantenbein< behandelte Identitätsproblematik besitzt keinen verbindlichen Charakter, kämen des Autors epische und dramatische Arbeiten als Gesamtheit in Betracht.

5.4.1. Das reisende Ich und die literarische Fremde

Das Vermissen eines markanten Grunderlebnisses bei Max Frisch[191] darf jedoch nicht dazu führen, in dessen Werk keinerlei Indizien einer

---

[190] Franz Kafka, Das Urteil, in: F. K., Sämtliche Erzählungen, Hrsg. Paul Raabe, F.a.M. 1975, S. 23, (Fischer-Tb. 1078.).
[191] Die Rezeption von Frischs Werk hat im allgemeinen einzelne Motive herauskristallisiert: „Gefangenschaft", „Sehnsucht", „Rolle", „Wiederholung", „Identitätskrise" usf. Diese dichterischen Merkmale tragen zwar alle, ob in

Verbindung zwischen Erlebtem und Dargestelltem, Biographie und Fiktion zu sehen. In seinen dramatischen Werken und insbesondere in seinen Romanen, die wir oben untersucht haben, weisen zahlreiche Details auf biographische Begebenheiten hin. Die einzige Stelle in seinen beiden umfangreichen Tagebüchern (von 1946-49 und 1966-71), die einen Einblick in sein Leben verschafft, ist eine Skizze, die aus dem Jahre 1948 stammt. Diese >Autobiographie< aus dem ersten Tagebuch bildet nur scheinbar einen Kontrast zu den übrigen Beiträgen des Diariums, die nach bestimmten künstlerischen Kriterien der literarischen Gestaltung von Erlebnissen verfahren. Ihr stellt der Autor einen Passus voran, der die Bewusstseinslage des Reisenden in einen Ort wie Paris, das selbst Dichtung geworden ist, widerspiegelt:

Am Vormittag war ich an der Seine, Bücher blätternd, wie es Millionen vor mir getan haben. Es gibt nichts in dieser Stadt, was nicht Millionen schon getan haben, gesehen, gemalt, geschrieben, gelebt. So, auf mich selbst verwiesen, schreibe ich heute über mich selber[192].

Da, wo die Wirklichkeit durch wiederholte künstlerische Reproduktion bzw. Literarisierung keine Möglichkeit ihrer ästhetischen Vermittlung mehr bietet, sieht sich der Dichter auf sein privates Ich zurückverwiesen. Doch auch hier lässt sich dieser Schritt von der Fiktion auf das wirkliche Leben hin nicht problemlos vollziehen. Frisch, der sich stets bemüht hat, das private Ich von dem des Erzählers (auch von dem des Tagebuchschreibers) zu unterscheiden, ist die Erfahrung der Wirklichkeit keine Angelegenheit bloßer Wahrnehmung der Außenwelt, der Herstellung einer Korrelation von Subjekt und Objekt. Für ihn sind Erlebnis und Erfahrung nur dann erfasste Wirklichkeit, wenn sie, als subjektive Meinung, mittels sprachlicher Gestaltung zu einer erzählbaren Geschichte werden, die – als *eine* Möglichkeit des Erlebens unter anderen – beliebig austausch- und somit fortsetzbar ist.

---

ihrer getrennten oder in ihrer gemeinsamen Betrachtung, zum Slbstverständnis einer differenzierten Poetik bei, aber sie haben ihre ursprüngliche Legitimation nicht in einem entscheidenden Erlebnis des Autors, in einem ausdrücklichen Bekenntnis zu einem markanten biographischen Detail.

[192] Max Frisch, Tagebuch 1946-49, a.a.O., S. 274.

Unter das Prinzip der subjektiven Erlebbarkeit und Vermittlung von Wirklichkeit als Fiktion fällt auch Frischs oben erwähnte autobiographische Skizze. Die Aufhebung ihres wahrhaften Charakters durch ihre unmittelbare Konfrontierung im Tagebuch mit dem Fiktiven des bereisten Ortes, der sich als reproduziertes Leben und Wiederholung offenbart, lässt sie als eine beliebige Lebensgeschichte erscheinen. In der Analogie von intim Erlebtem und Gegebenem, vor allem in der formalen Gegenüberstellung von Innen- und Außenwelt (Ich – Paris als Fiktion) wird die gemachte Erfahrung zur Wirklichkeit, was – durch das Erzählen einer abermaligen Geschichte – die Überbrückung der Gegenwart erlaubt. Im Akt des Schreibens vollzieht sich die Begegnung mit der Welt und mit dem eigenen Ich nicht als Mitteilung an den Leser, sondern lediglich als Prozess der Selbstspiegelung und Wiederholung subjektiver Erlebnismuster. „Schreiben heißt: sich selber lesen"[193], bringt das erste Tagebuch; und im Roman >Stiller< fragt sich der Icherzähler zu Beginn seiner Aufzeichnungen:

> Erzählen soll ich! [...] – was soll der Wahrheit schon übrigbleiben, wenn ich ihr mit meiner Feder komme! [...] Wo sollte die Wahrheit, wenn ich sie niederschreibe, denn hin? (St, 18)

5.4.2. Der Aufbruch als Ausdruck existentieller Heimatlosigkeit

Eine der prägnantesten Erfahrungen im Leben Max Frischs sind seine vielen Reisen ins Ausland. Schon vor dem Krieg machte er eine erste große Reise nach Ungarn, Sibirien, Bosnien und Dalmatien. Eine weitere Reise führte ihn ans Schwarze Meer, nach Konstantinopel und zur Akropolis[194]. Nach dem Krieg besuchte er verschiedene europäische Länder, um Menschen zu begegnen, „die nicht meinen, daß sie uns kennen ein für allemal; damit wir noch einmal erfahren, was uns in diesem Leben möglich sei – "[195]. Später bereiste er die UdSSR, die USA, Japan usw. und hielt sich für längere Zeit im Ausland auf.

---

[193] Ebd., S. 22.
[194] Ebd., S. 278.
[195] Ebd., S. 32.

In seiner 1958 gehaltenen Büchner-Preis-Rede sagt Max Frisch:

> Nicht zufällig habe ich mich mit Emigrantentum befaßt! Das Emigrantische, das uns verbindet, äußert sich darin, daß wir nicht im Namen unserer Vaterländer sprechen können noch wollen; es äußert sich darin, daß wir unsere Wohnsitze, ob wir sie wechseln oder nicht, überall in der heutigen Welt als provisorisch empfinden[196].

Betont Frisch in diesen Worten das Verbindende zwischen den Menschen, das Empfinden ihrer Wohnorte als Provisorien, sieht er an anderer Stelle ihre Heimat („Heimat ist unerläßlich, aber sie ist nicht an Ländereien gebunden"[197]) lediglich im Wesen des Menschen selbst, dessen Erreichen auch durch das Medium Sprache möglich ist[198], so ist hier die gemeinte Heimatlosigkeit nicht so sehr eine dem einzelnen auferlegte, als vielmehr eine existentielle, die einem tiefergehenden Durchdringen der Fremde als Lebenshaltung entspringt. Solange er den Gedanken erlaubt, sich in die uneingeschränkte Weite zu begeben, fungiert jeglicher Aufenthaltsort des Menschen somit als eine momentane Heimat:

> Man ist nie da, wo man ist, und dennoch kann es nicht gleichgültig sein, wo man ist; der Ort, wo man ist, gibt den Angelpunkt, damit wir die Ferne in unser Erleben heben können[199].

Frischs kosmopolitisches Denken ist von einer unbefangenen vorurteilslosen Heimatverbundenheit durchdrungen. Sein Plädoyer für ein Emigranten-Dasein und für *die Menschheit* als Symbol einer abstrakten, geographisch nicht zu lokalisierenden Zufluchtsstätte liegt in der Natur seines Schweizertums begründet und entspringt einem gespannten Verhältnis zu einer als geistig eng empfundenen eigenen Heimat. Das Engagement für eine „Vaterlandslosigkeit" versteht Max Frisch dennoch weniger als „Desavouierung des eigenen Menschenschlags", als vielmehr als eine Art persönlicher Freiheit und notwendiger Distanz dem Menschen gegenüber, „indem wir ihn in seiner Realität einmal akzeptieren"[200]. Eine solche Haltung lässt sich jedoch

---

[196] Max Frisch, Öffentlichkeit als Partner, F.a.M. 1976, S. 50, (es. 209).
[197] Max Frisch, Tagebuch 1946-49, a.a.O., S. 404.
[198] Vgl. Ebd.
[199] Ebd., S. 123.
[200] Max Frisch, Öffentlichkeit als Partner, a.a.O., S. 50.

nicht unmittelbar auf die Schweiz als Naturlandschaft übertragen. Zahlreiche Passagen schöner Naturbeschreibungen in seinen Romanen, besonders in >Stiller<, zeugen zwar nicht von einer Liebe zur Landschaft („Ich kenne sie. Liebe ich sie?" [St, 170 f.]), aber sie bringen eine offensichtliche Verbundenheit mit ihr zum Ausdruck. In diesem Sinne schließt sein zweites Tagebuch mit aufschlussreichen Reflexionen ab:

> Der Große Brockhaus meldet zuverlässig: Die dorische Säule, die ionische Säule, die korinthische Säule, wie in der Schule gelernt und später gesehen in Sunion, Korinth, Olympia, Athen, Delphi, Paestum, Selinunt, Baalbeck usw.; aber die Säule, die unsere kleine Loggia hält, erinnert mich nie an Reisen[201].

Diese Stelle veranschaulicht die doppelte Orientierung dessen, der sich nach weiten Horizonten sehnt und sich gleichzeitig seiner *Verwurzelung* in seiner Heimat bewusst ist. Die Säule, die „nie an Reisen erinnert", steht als Kontrast zu allen übrigen, die das Heimweh nach fernen Orten symbolisieren und den Wunsch nach Aufbruch wachhalten. Klaus Haberkamm spricht diesbezüglich von einer „nüchternen, doch intensiven Heimatverbundenheit"[202] und sieht in dieser „Säule, die unsere kleine Loggia hält", gerade das Emblem eines im Alter stärker gewordenen Verbundenheitsgefühls gegenüber der eigenen Herkunft[203]. Doch meist dominiert bei Frisch eine kritische Distanz zur Schweiz, deren Formulierung in seinen Romanen deutlicher fällt und sich zu einer anhaltenden Auseinandersetzung zwischen Individuum und Gesellschaft, Ich und Welt, zu einer Suche nach dem Offenen, steigert.

> Wie klein unser Land ist. Unsere Sehnsucht nach Welt, unser Verlangen nach den großen und flachen Horizonten, nach Masten und Molen, nach Gras auf den Dünen, nach spiegelnden Grachten, nach Wolken über dem offenen Meer; unser Verlangen nach Wasser, das uns verbindet mit allen Küsten dieser Erde; unser Heimweh nach Fremde[204].

---

[201] Max Frisch, Tagebuch 1966-71, F.a.M. 1974, S. 431.
[202] Klaus Haberkamm, Max Frisch, in: Deutsche Literatur der Gegenwart in Einzeldarstellungen, Bd. 1, Hrsg. Dietrich Weber, Stuttgart 1976, S. 358.
[203] Vgl. Ebd.
[204] Max Frisch, Tagebuch 1946-49, a.a.O., S. 25.

Bereits hier kündigt sich das Unbehagen des Tagebuchschreibers an der geographischen Enge seiner Heimat an, die allmählich die Züge einer geistigen annimmt. Was in diesem Passus zunächst vermisst wird, ist die Empfänglichkeit „unser[es] Land[es]" für das Neue und die Begeisterung seiner Menschen für befreiende Ideen. Indem der Text die Verbindung mit anderen Ländern der Welt beschwört, plädiert er vor allem für die Summe jener *kleinen individuellen Freiheiten*, die er dann scharf von jener vermeintlichen gängigen *Freiheit* trennt, die gewohnt ist, die „Schweiz als ein Traumbild, die Schweiz als ein Märchenland"[205] zu präsentieren. Die Überwindung der engen und beengenden Welt alles Kleinen und Beschränkten erblickt Frisch im Akt des Sprechens, als Ausdruck und Realisierung der individuellen Freiheit und als Wagnis zugleich, denn „es gibt keine Freiheit ohne Risiko"[206].

Dem Ausbruch und der Sehnsucht nach der Fremde als dichterischem Motiv kommt sowohl im Leben als auch im Werk Max Frischs eine Schlüsselfunktion zu. Dieses Motiv nimmt nicht nur in seinen Tagebüchern und gelegentlichen Reden einen breiten Raum ein. Es stellt – wie wir es bereits in unseren Untersuchungen gezeigt haben – ebenfalls einen unerlässlichen Bestandteil seiner Romanpoetik dar. Das, was der Diarist, reisend, in engem Bezug auf den jeweiligen Aufenthaltsort, an Beobachtungen und Reflexionen kurz gefasst darlegt, entfaltet sich in seinen Romanen zu einem dominierenden, sowohl die Erzählstruktur gestaltenden als auch die Erzählsituation bestimmenden poetischen Merkmal.

---

[205] Max Frisch, Öffentlichkeit als Partner, a.a.O., S. 9.
[206] Ebd., S. 13.

6. SCHLUSSBETRACHTUNG

Die im Rahmen der vorliegenden Arbeit angestellten Betrachtungen zur Funktion des Reisens lassen erkennen, dass die Thematisierung dieses Motivs im modernen deutschsprachigen Roman keine endgültige, von vornherein fest umrissene poetische Aussage aufweist. Als Unterschied zu anderen dichterischen Merkmalen, deren literarische Darstellung sich meist in ihrer sprachlich vermittelten Bedeutung[207] erschöpft, bietet das Reisemotiv dem Schreibenden ein Spektrum vielfältiger Möglichkeiten, über die im Werk dargelegte Problematik zu reflektieren. Dies liegt zum großen Teil im Reichtum und in der Flexibilität begründet, die sich aus der Vielseitigkeit der jeweiligen Darstellungsform eines solchen Topos sowie aus seiner Gestaltung mit anderen poetischen Momenten (Traum, Phantasie, Grenze usf.) ergeben.

Im zeitgenössischen Roman orientiert sich der moderne Erzähler nicht mehr an einer über allem stehenden und als Wahrheit schlechthin fungierenden Ordnung. Weder die Erzählung der „sich entlarvenden Repräsentanz"[208], wie sie Cervantes' >Don Quijote< darstellt, noch die epische Selbstforschung des Subjekts (seit Sterne, gegen Mitte des 18. Jahrhunderts) bilden den Gegenstand der Darstellung im modernen neueren Roman. Auch das Erzählen jener Romane des 19. Jahrhunderts, die sich noch auf eine gemeinsame Welt des Erzählers und des Lesers beziehen und die Illusion eines bürgerlich-realistisch bzw. naturalistisch gestaltbaren ‚Milieus' anstreben, stellt keinen relevanten Orientierungspol mehr dar. Vielmehr knüpft die Erzählwelt zeitgenössischer Epik an das Ende der Erforschung des Subjekts an, d.h. an den Beginn der literarischen Moderne, in der das Abgründige, die Isolation und die Entfremdung des einzelnen in der Gesellschaft zum Hauptanliegen romanhafter Erläuterung erklärt werden. Hier wird nicht mehr eine Welt dargestellt, deren selbstverständliche Gegensätze ihren Bezugspunkt und Halt in der fingierten Zentrizität des Subjekts finden und ihre Aussöhnung erleben. Damit

---

[207] Gemeint ist sowohl die eigentliche als auch die symbolische Bedeutung.
[208] Helmut Heißenbüttel, Über Literatur. Aufsätze, München 1972, S. 157, (dtv-sr. 84.).

bestehende Unvereinbarkeiten mit der Umwelt behoben werden können, entlarvt das Subjekt nichts mehr, deckt nichts mehr auf, es zeigt lediglich an. Der Roman erzählt nun von der unüberwindbaren Kluft, die das Ich von dem Vertrauten trennt, von dem totalen Bruch mit dem Bestehenden. Demnach hört das Äußere auf, der Anlass einer zentralen bildenden Erfahrung zu sein, um den *Reflexionen* der jeweiligen Figuren Platz zu machen. Den Erzählstoff sucht der Autor nicht mehr unmittelbar in typischen gesellschaftlichen Erscheinungen, vielmehr erwächst er ihm aus der eigenen Bedrängnis und dem Wunsch, ebendiese Bedrängnis sprachlich zu artikulieren. Allein der unlösbare und andauernde Konflikt mit der Gesellschaft sowie der Grad seiner Verinnerlichung – sie machen den Stoff des Erzählens aus – bestimmen zudem Sprache und Stil modernen Schreibens.

Bildet die Thematisierung des Reisens bis zum Ersten Weltkrieg im allgemeinen den poetischen Bestandteil einer noch auf Erbauung bedachten Romanwelt, so bekommt seine Darstellung, besonders im deutschsprachigen Roman nach 1945, einen für diesen Zeitabschnitt geradezu bezeichnenden Stellenwert. An ihm wird die Entfremdung des heutigen Menschen, sein wachsendes Unbehagen an der Gesellschaft und seine Flucht als Kapitulation vor der Wirklichkeit veranschaulicht.

Die Untersuchung des Reisemotivs in den Romanen Koeppens, Anderschs und Frischs hat gezeigt, dass dieses für die Veranschaulichung der inneren Disposition des poetischen Subjekts wichtige Merkmal von seiner herkömmlichen Rezeption (Reise- und Bildungsroman) nichts mehr aufzuweisen hat. Ob es sich um die reale, die erinnerte oder die erträumte Reise handelt, der zeitgenössische Roman verarbeitet das Reisemotiv, um die unstillbare Sehnsucht des heutigen Menschen nach Selbstverwirklichung und Freiheit hervorzuheben. In ihrem äußeren Ablauf und in ihren inneren Manifestationen bietet die reflektiert niedergeschriebene Reise dem Erzähler der Gegenwart die Möglichkeit, die Kunst in sich hineinzutreiben, den „freien Spaziergang durch die Ewigkeit"[209] anzutreten und der Realität den Rücken zu kehren. Vom unbekannten und geschichtslosen „Tynset" spricht der monologisierende und von Aufbruchsgedanken erfüllte Icherzähler in Wolfgang Hildesheimers gleichnamigem Roman ununterbro-

---

[209] Bernward Vesper, Die Reise. Romanessay, F.a.M. 1978, S. 197.

chen. In seiner Isolation von der Außenwelt, mit der er sämtliche Verbindungen gebrochen hat, sehnt sich der Sprechende nach dem undefinierbaren Ort seiner Träume: „Tynset, das klingt nach Winter, es klingt wie die Schellen eines Schlittens von irgendwoher, weist eine Spur irgendwohin, die ich ohne jegliche Bindung in anderen Richtungen betrete, damit sie mich in irgendeine Richtung führe"[210].

---

[210] Wolfgang Hildesheimer, Tynset, F.a.M. 1976, S. 236, (Bibl. Suhrkamp. 365.).

LITERATURVERZEICHNIS

PRIMÄRTEXTE

ANDERSCH, Alfred: Die Blindheit des Kunstwerks. In: Gerd Haffmans (Hrsg.), Das Alfred Andersch Lesebuch. Zürich 1979. (detebe. 205.)

DERS.: Deutsche Literatur in der Entscheidung. Ein Beitrag zur Analyse der literarischen Situation. Karlsruhe 1948.

DERS.: Efraim. Zürich 1976. (detebe. I/VII.)

DERS.: Das junge Europa formt sein Gesicht. In: Der Ruf. H. I. 1946.

DERS.: Die Kirschen der Freiheit. Zürich 1972. (detebe. I/I.)

DERS.: Die Rote. Zürich 1974. (detebe. I/V.)

DERS.: Sansibar oder der letzte Grund. Zürich 1970. (detebe. I/II.)

BAUDELAIRE, Charles: Les Fleurs du Mal. Paris 1954. (Garnier.)

CAMUS, Albert: Die Pest. Hamburg 1974. (rororo. 15.)

CANETTI, Elias: Die Provinz des Menschen. München 1984. (Fischer-Tb. 1677.)

CERVANTES, Miguel de: Don Quijote. F.a.M. 1979. (dtv. 2060.)

FONTANE, Theodor: Effi Briest. Nymphenburger Taschen-Ausgabe in 15 Bänden. Bd. 12. München 1969.

FRISCH, Max: Büchner-Preis-Rede. In: M. F., Öffentlichkeit als Partner. F.a.M. 1976. (es. 209.)

DERS.: Festrede. In: M. F., Öffentlichkeit als Partner. F.a.M. 1976. (es. 209.)

DERS.: Homo faber. F.a.M. 1976. (Bibl. Suhrkamp. 87.)

DERS.: Mein Name sei Gantenbein. F.a.M. 1976. (st. 286.)

DERS.: Die Schwierigen oder J'adore ce qui me brûle. Zürich und Freiburg i. Br. 1977.

DERS.: Stiller. F.a.M. 1976. (st. 105.)

DERS.: Tagebuch 1946-1949. F.a.M. 1976. (Bibl. Suhrkamp. 261.)

DERS.: Tagebuch 1966-1971. F.a.M. 1974.

DERS.: Über J'adore ce qui me brûle oder Die Schwierigen. In: Walter Schmitz (Hrsg.), Über Max Frisch II. F.a.M. 1976. (es. 852.)

GONTSCHAROW, Iwan A.: Oblomov. München 1980. (dtv. 2076.)

GRIMMELSHAUSEN, Hans Jakob Christoffel von: Abenteuerlicher Simplicius Simplississimus. München o. J. (Goldmann Klassiker. 7506.)

HANDKE, Peter: Der kurze Brief zum langen Abschied. F.a.M. 1978. (st. 172.)

DERS.: Interview in *Die Zeit* vom 31.3.1972.

HILDESHEIMER, Wolfgang: Tynset. F.a.M. 1976. (Bibl. Suhrkamp. 65.)

HUYSMANS, Karl-Joris: A rebours. Paris 1926.

KAFKA, Franz: Sämtliche Erzählungen. Hrsg. von Paul Raabe. F.a.M. 1975.

KOEPPEN, Wolfgang: Autobiographische Skizze. In: New York. Stuttgart 1970. (Reclam. 8602.)

DERS.: Büchner-Preis-Rede. In: Büchner-Preis-Reden 1951-1971. Stuttgart 1977. (Reclam. 9332. [3].)

DERS.: In meiner Stadt war ich allein. In: W. K., Romanisches Café. F.a.M. 1976. (st. 71.)

DERS.: Jugend. F.a.M. 1977. (Bibl. Suhrkamp. 500.)

DERS.: Landung in Eden. In: W. K., Nach Rußland und anderswohin. F.a.M. 1973. (st. 115.)

DERS.: Der Sarkophag der Phädra. In: W. K., Romanisches Café. F.a.M. 1976. (st. 71.)

DERS.: Tauben im Gras. F.a.M. 1977. (Bibl. Suhrkamp. 393.)

DERS.: Der Tod in Rom. F.a.M. 1977. (st. 241.)

DERS.: Das Treibhaus. F.a.M. 1976. (st. 78.)

DERS.: Eine unglückliche Liebe. F.a.M. 1977. (st. 392.)

MORITZ, Karl Philipp: Anton Reiser. In: Werke in zwei Bänden. Bd. II. Berlin und Weimar 1976.

NOSSACK, Hans Erich: Der Fall d'Arthez. F.a.M. 1968.

DERS.: Die Schalttafel. In: H. E. N., Spirale. F.a.M. 1972. (st. 50.)

DERS.: Unmögliche Beweisaufnahme. In: H. E. N., Spirale. F.a.M. 1972. (st. 50.)

REUTER, Christian: Schelmuffsky. Stuttgart 1977. (Reclam 4343 [3].)

ROTH, Gerhard: Winterreise. F.a.M. 1979. (Fischer-Tb. 2094.)

STERNE, Laurence: Yoricks Reise des Herzens durch Frankreich und Italien. F.a.M. 1977. (Insel-Tb. 277.)

THÜMMEL, Moritz August von: Reise in die mittäglichen Provinzen von Frankreich. München/Leipzig 1918.

VESPER, Bernward: Die Reise. Romanessay. F.a.M. 1978.

SEKUNDÄRLITERATUR

ANDERSCH, Alfred: Chreographie des politischen Augenblicks. In: Ulrich Greiner (Hrsg.), Über Wolfgang Koeppen. F.a.M. 1976. (es. 864.)

BENSE, Max: Porträt Alfred Anderschs. In: Gerd Haffmans (Hrsg.), Über Alfred Andersch. Zürich 1974. (detebe. 53.)

BRENNER, Peter, J. (Hrsg.): Der Reisebericht. F.a.M. 1989. (st. 2087.)

BIENEK, Horst: Werkstattgespräche mit Schriftstellern. München 1976. (dtv. 291.)

BLOCH, Ernst: Das Prinzip Hoffnung. Bd. II. F.a.M. 1978. (stw. 3.)

BÖLL, Heinrich: Bekenntnis zur Trümmerliteratur. In: Die Literatur. 5. Stuttgart 1952.

BÜHLMANN, Alfons: In der Fszination der Freiheit. Eine Untersuchung zur Struktur der Grundthematik im Werk von Alfred Andersch. Berlin 1973.

DÖHL, Reinhard: Wolfgang Koeppen. In: Dietrich Weber (Hrsg.), Deutsche Literatur der Gegenwart in Einzeldarstellungen. Bd. I. Stuttgart 1976.

DOERK, Berta: Reiseroman und -novelle in Deutschland von Hermes bis Heine. Ein Beitrag zur Entwicklungsgeschichte des Reiseromans. Diss. Masch. Münster 1925.

DURZAK, Manfred (Hrsg.): Die deutsche Literatur der Gegenwart. Aspekte und Tendenzen. Stuttgart 1976.

DERS.: Gespräche über den Roman. F.a.M. 1976. (st. 318.)

EMRICH, Wilhelm: Die Erzählkunst des 20. Jahrhunderts und ihr geschichtlicher Sinn. In: Protest und Verheißung. F.a.M. 1960.

ERLACH, Dietrich: Wolfgang Koeppen als zeitkritischer Erzähler. Uppsala 1973. (Acta Universitatis Upsalensis. Studia Germanistica Upsalensia. 11.)

FOUCAULT, Michel: Schriften zur Literatur. F.a.M. 1988. (Fischer-Tb. 7405.)

FRANZEN, Erich: Römische Visionen. In: Ulrich Greiner (Hrsg.), Über Wolfgang Koeppen. F.a.M. 1976. (es. 864.)

GEULEN, Hans: Max Frischs Homo Faber. Studien und Interpretationen. Berlin 1965. (Quellen und Forschungen zur Sprach- und Kulturgeschichte der germanischen Völker. N. F. 17.)

GOCKEL, Heinz: Max Frisch. Gantenbein – das offen-artistische Erzählen. Bonn 1976.

GRIMM, Reinhold: Romane des Phänotyps – In: Strukturen. Essays zur deutschen Literatur. Göttingen 1963.

HABERKAMM, Klaus: Max Frisch. In: Dietrich Weber (Hrsg.), Deutsche Literatur der Gegenwart in Einzeldarstellungen. Bd. I. Stuttgart 1976.

DERS.: Wolfgang Koeppen. „Bienenstock des Teufels" – Zum naturhaft-mythischen Geschichts- und Gesellschaftsbild in den Nachkriegsromanen. In: H. Wagener (Hrsg.), Zeitkritische Romane des 20. Jahrhunderts. Stuttgart 1975.

HEISSENBÜTTEL, Helmut: Über Literatur. Aufsätze. München 1972. (dtv-sr. 84.)

HELM, Rudolf: Der antike Roman. Göttingen 1956.

JASPERS, Karl: Philosophie. Bd. II. Berlin/Göttingen/Heidelberg 1956.

JENS, Walter: Die griechische Literatur. In: Kindlers Literatur Lexikon. Bd. I. München 1974.

KAYSER, Wolfgang: Die Anfänge des modernen Romans im 18. Jahrhundert und seine heutigen Krisen. In: Vierteljahresschrift für Literaturwissenschaft und Geistesgeschichte. 4/1954.

KERSTEN, Paul: Plädoyer für das Erzählen. In: Gerd Haffmans (Hrsg.), Über Alfred Andersch. Zürich 1974. (detebe. 53.)

KOCH, Manfred: Wolfgang Koeppen. Literatur zwischen Nonkonformismus und Resignation. Stuttgart 1973. (Sprache und Literatur. 88.)

KORRODI, Eduard: Ein Roman von Max Frisch. J'adore ce qui me brûle oder Die Schwierigen. In: Walter Schmitz (Hrsg.), Über Max Frisch. II. F.a.M. 1976. (es. 852.)

KRÜGER, Horst: Wolfgang Koeppen. In: Werner Koch (Hrsg.), Selbstanzeige. Schriftsteller im Gespräch. F.a.M. 1971. (Fischer-Tb. 1182.)

KYRIELEIS, Richard: Moritz August von Thümmels Roman Reise in die mittäglichen Provinzen von Frankreich. Marburg 1908.

LAEMMLE, Peter: „Annäherung an die Wahrheit der Dinge". Wolfgang Koeppens Bildersprache zwischen Utopie und Resignation. In: Text und Kritik. 34. (1972.)

LINDER, Christian: Im Übergang zum Untergang. Über das Schweigen Wolfgang Koeppens. In: Akzente. 19/1972.

DERS.: Schreiben als Zustand. Ein Gespräch mit Wolfgang Koeppen. In: Ulrich Greiner (Hrsg.), Über Wolfgang Koeppen. F.a.M. 1976. (es. 864.)

LUKÁCS, Georg: Die Theorie des Romans. Berlin 1974. (SL. 36.)

MICHELSEN, Peter: Laurence Sterne und der deutsche Roman des achtzehnten Jahrhunderts. Göttingen 1962. (Palaestra. 232.)

MOUNIER, Emmanuel: Existenzphilosophie und Aktivismus. In: Merkur. 48/1947.

PAVESE, Cesare: Das Handwerk des Lebens. F.a.M. 1976. (Bibl. Suhrkamp. 394.)

REICH-RANICKI, Marcel: Alfred Andersch. Ein geschlagener Revolutionär. In: M. R.-R., Deutsche Literatur in West und Ost. München 1966.

DERS.: Der Fall Wolfgang Koeppen. In: M. R.-R., Literarisches Leben in Deutschland. Kommentare und Pamphlete. München 1965.

DERS.: Der Zeuge Koeppen. In: M. R.-R., Deutsche Literatur in West und Ost. München 1966.

RICHTER, Hans Werner: Der Ruf. Hrsg. von Hans Schwab-Felisch. München 1962.

ROHDE, Erwin: Der griechische Roman und seine Vorläufer. Darmstadt 1960.

SARTRE, Jean-Paul: Warum Schreiben? In: J-P. S., Was ist Literatur? Hamburg 1975. (rororo. 65.)

SAUDER, Gerhard: Der reisende Epikureer. Studien zu Moritz August von Thümmels Roman Reise in die mittäglichen Provinzen von Frankreich. Heidelberg 1968. (Heidelberger Forschungen. 12.)

SCHNURRE, Wolfdietrich: Auszug aus dem Elfenbeinturm. In: Schreibtisch unter freiem Himmel. Polemik und Bekenntnisse. Olten und Freiburg 1964.

SCHWARZ, Eduard: Fünf Vorträge über den griechischen Roman. Das Romanhafte in der erzählenden Literatur der Griechen. Berlin 1943.

SEDLMAYR, Hans: Verlust der Mitte. Die bildende Kunst des 19. und 20. Jahrhunderts als Symptom und Symbol der Zeit. Salzburg 1948.

STÄUBLE, Eduard: Max Frisch. Gesamtdarstellung seines Werkes. St. Gallen 1971.

TROMMLER, Frank: Der zögernde Nachwuchs. Entwicklungsprobleme der Nachkriegsliteratur in West und Ost. In: Thomas Koebner (Hrsg.), Tendenzen der deutschen Literatur seit 1945. Stuttgart 1971.

VORMWEG, Heinrich: Deutsche Literatur 1945-1960: Keine Stunde Null. In: Manfred Durzak (Hrsg.), Die deutsche Literatur der Gegenwart. Aspekte und Tendenzen. 1971.

WEBER, Werner: Alfred Andersch. Zu seinem Buch Efraim. In: Gerd Haffmans (Hrsg.), Über Alfred Andersch. Zürich 1974. (detebe. 53.)

WEHDEKING, Volker Christian: Der Nullpunkt. Über die Konstituierung der deutschen Nachkriegsliteratur (1945-48) in den amerikanischen Kriegsgefangenenlagern. Stuttgart 1971.

WEINRICH, Harald: Das Ingenium Don Quijotes. Münster 1956.

WEYRAUCH, Wolfgang: Begleitwort zu Tausend Gramm. Hamburg und Stuttgart 1949.

WICKENBERG, Ernst Peter: Der Erzähler Wolfgang Koeppen. In: Heinz Ludwig Arnold (Hrsg.), Geschichte der deutschen Literatur aus

Methoden – Westdeutsche Literatur von 1945-1971. Bd. I. F.a.M. 1972.

WIDMER, Urs: 1945 oder die „Neue Sprache". Studien zur Prosa der „Jungen Generation". Düsseldorf 1956.

WITTMANN, Livia Z.: Alfred Andersch. Stuttgart/ Berlin/ Köln/ Mainz 1971.

www.ingramcontent.com/pod-product-compliance
Lightning Source LLC
Chambersburg PA
CBHW020123010526
44115CB00008B/948